겨자씨만한 믿음으로 산을 명해 옮기고 싶은 분의 책

겨자씨만한 믿음이 산을 옮긴다

강요셉지음

"…만일 너희에게 믿음이 겨자씨 한 알 만큼만 있어도
이 산을 명하여 여기서 저기로 옮겨지라 하면 옮겨질 것
이요 또 너희가 못할 것이 없으리라"(마 17:20)

성령

겨자씨만한
믿음이
산을 옮긴다

성령

들어가는 말

필자는 20여 년이 넘도록 성령치유 목회를 해오면서 믿음에 대하여 의문이 많았습니다. 대관절 예수님께서 말씀하시는 겨자씨만한 믿음이란 무엇일까? 궁금해하면서 기도 하다가 성령께서 말씀을 알려주셨습니다. "시몬이 대답하여 이르되 선생님 우리들이 밤이 새도록 수고하였으되 잡은 것이 없지마는 말씀에 의지하여 내가 그물을 내리리이다 하고"(눅 5:5). 예수님의 말씀에 순종하여 그물을 내리니까, "고기를 잡은 것이 심히 많아 그물이 찢어지는지라"(눅 5:6). 베드로서는 고기를 잡을 수가 없었으나 예수님의 말씀에 순종하여 그물을 내려 많은 물고기를 잡았습니다. 이런 예수님의 말씀에 순종하고 행하여 기적을 체험하는 믿음이 겨자씨만한 믿음이라고 깨달았습니다.

그래서 믿음은 성령으로 발원해야 합니다. 성령으로 발원한 믿음이 아니라면 하나님을 찾을 필요도 없기 때문에 하나님과 친밀한 관계를 열수가 없습니다. 또한 하나님을 자신의 주인으로 인정할 필요성도 느끼지 못합니다. 자연스럽게 하나님과 관계가 멀어져 예수를 믿으면서도 하나님의 역사와 기적을 체험하지 못하게 됩니다.

그래서 하나님은 믿음은 바라는 것들의 실상이라고 말씀하셨습니다. 믿은대로 역사가 나타나기 때문입니다. 하나님은 주인으로 인정하는 믿음을 보시고 행하시기 때문입니다. 그러므로 믿음이 없이는 하나님을 기쁘시게 할 수가 없습니다. 반드시 성령으로 발원한 믿음이어야 합니다. 믿음이 없이는 하나님의 일을 할 수가 없습니다. 자신은 못하는데 하나님은 하실 수 있다는 믿음이 중요하다는 것입니다. 예수를 믿고 성령으로 거듭난 성도는 믿음에 대하여 바르게 알아야 합니다. 예수를 믿고 성령으로 거듭난 성도는 보는 것으로 행하지 않고 믿음으로 행하기 때문입니다.

믿음은 말씀과 성령으로 개발이 됩니다. 성령이 충만하면 할수록 큰 믿음이 되어 하나님을 기쁘시게 할 수가 있습니다. 성도는 큰 믿음이 되어 하나님을 기쁘시게 하려고 힘써야 합니다. 믿음을 개발하는 방법도 여러 가지가 있습니다. 믿음의 종류에도 여러 가지가 있습니다. 믿음은 반드시 성령으로 발원한 겨자씨만한 믿음이 참 믿음입니다.

우리는 믿음을 개발하되 말씀과 성령으로 겨자씨만한 믿음을 개발해야 합니다. 겨자씨만한 믿음은 이책을 끝까지 읽으면 깨닫게 될 것입니다. 이 책을 통하여 겨자씨만한 믿음을 개발하여 하나님께 쓰임을 받으시기를 바랍니다.

주후 2021년 4월 05일
충만한 교회 성전에서
저자 강요셉목사.

세부적인목차

들어가는 말 -3

1부 겨자씨만한 믿음만 있으면 된다.
1장 기적을 일으키는 믿음이란 -7
2장 믿음이 있고 욕심이 있다. -24
3장 욕심은 기적을 훼방한다. -41
4장 믿음도 있고, 신념도 있다. -56
5장 믿음으로 바라는 것이 이뤄진다. -71
6장 기적은 믿음으로 일어난다. -86
7장 하나님의 살아계심을 믿는 것 -101

2부 하나님을 움직이는 겨자씨만한 믿음
08장 하나님을 움직이는 믿음이란 -116
09장 하나님을 움직이는 겨자씨만한 믿음 -131
10장 하나님이 감동하시는 믿음이란 -147
11장 하나님이 기뻐하시는 믿음이란 -162
12장 하나님이 인정하는 믿음이란 -176
13장 하나님의 사랑을 받는 믿음이란 -191

3부 믿음으로 순종하며 행하는 법

14장 믿음의 사람인가 진단하는 법 -205

15장 영적인 온전한 믿음으로 사는 법 -220

16장 믿음으로 세상을 살아가는 법 -236

17장 보이지 않는 것을 밝게 보는 믿음 -251

18장 믿음으로 행하여 축복 받는 법 -266

4부 5차원의 믿음을 개발하는 비결

19장 응답되는 겨자씨 믿음을 개발하는 비결 -281

20장 기적을 체험하는 믿음을 개발하는 비결 -296

21장 삶을 성공하는 믿음을 개발하는 비결 -310

22장 환란을 이기는 믿음을 개발하는 비결 -324

23장 인내하는 믿음을 개발하는 비결 -339

24장 시험을 통과하는 믿음을 개발하는 비결 -353

1부 겨자씨만한 믿음이면 된다.

11장 기적을 일으키는 겨자씨만한 믿음이란

(막 11:20-24)"그들이 아침에 지나갈 때에 무화과나무가 뿌리째 마른 것을 보고, 베드로가 생각이 나서 여짜오되 랍비여 보소서 저주하신 무화과나무가 말랐나이다. 예수께서 그들에게 대답하여 이르시되 하나님을 믿으라. 내가 진실로 너희에게 이르노니 누구든지 이 산더러 들리어 바다에 던져지라 하며 그 말하는 것이 이루어질 줄 믿고 마음에 의심하지 아니하면 그대로 되리라. 그러므로 내가 너희에게 말하노니 무엇이든지 기도하고 구하는 것은 받은 줄로 믿으라. 그리하면 너희에게 그대로 되리라"

예수님께서 말씀하시는 겨자씨만한 믿음이란 어떤 믿음일까요? 제일 중요한 것이 자신은 예수님을 믿을 때 죽었고, 다시 예수님으로 살아나 예수께서 주인으로 살고 계신다는 것을 믿는 것입니다. 겨자씨만한 믿음은 예수님께서 자신의 주인으로 계시면서 자신을 통하여 기적을 일으킨다는 것을 믿고 행동하는 것입니다. 자신은 예수를 믿고 죽었으니 예수님께서 자신의 주인이심으로 모든 일을 주님이 하신다는 것을 믿고 담대하게 행하는 것입니다. 이러한 겨자씨만한 믿음이 없으면 예수를 30년을 믿어도 기적을 체험하지 못합니다. 기적은 자신의 주인이신 하나님께서 행하는 것이기 때문입니다.

겨자씨만한 믿음이란 자신은 할 수 없지만 자신의 주인이신 하나님께서 하신다는 믿음으로 성령께서 감동하시는 계시를 받아 담대하게 말을 하고 행하는 것입니다. 성령으로 충만한 살아있는 생명 있는 믿음입니다. 믿음의 말을 선포하고 행동하는 것입니다.

모세가 하나님께서 홍해를 가르신다는 믿음으로 홍해를 향하여 지팡이를 내민 것입니다. 그런 믿음의 행동을 보신 하나님께서 홍해를 가르신 것입니다. 모세가 홍해를 가른 것이 아닙니다. 모세의 믿음의 행동이 홍해를 가르게 된 것입니다.

우리가 하는 말 중에는 하나님의 권세를 작동시켜 기적을 낳게 하는 말들이 있습니다. 우리에게 성공을 가져다주는 신비의 언어들이 있습니다. 우리가 가진 권세를 능력으로 나타나게 하는 말들이 있습니다. "죽고 사는 것이 혀의 권세에 달렸나니"(잠 18:21). 역사상 성공한 사람들은 연구해 보면 그 배경에는 성공을 만들어 준 말이 있습니다. 반대로 실패한 사람의 배후엔 언제나 실패의 언어가 있습니다. 말은 보이지 않지만 무한한 창조력과 힘을 가진 인생의 최대의 에너지입니다. 마치 태양 에너지가 모든 생물을 살게 하듯이 말도 사람의 모든 운명과 환경을 변화시키고 움직이게 하는 생명 에너지를 갖고 있습니다. 기적을 체험하는 믿음이란 하나님께서 기적을 일으킬 것을 믿고 말을 하고 행하는 것입니다.

예수님께서는 제자들에게 믿음이 무엇인지를 가르치시기를 원하셨습니다. 그래서 예수님은 하루 베다니에서 제자들을 데리시고 이른 아침에 예루살렘으로 들어가는 길에 감람산 기슭 무화과 단지를 가시게 되셨습니다. 그곳에는 무화과나무가 많이 모여서 자라고 있었습니다. 그 중에 가장 잎사귀가 무성한 무화과나무 밑에 가서 주님께서 무화과를 찾았습니다. 그런데 성경은 분명히 말하기를 그 때가 무화과의 때가 아니었다고 말했습니다. 무화과 때가 아닌데도 불구하고 주님이 무화과나무 밑에서 무화과를 찾으시다가 무화과가 없으니까, 주님께서 그 무화과를 보고 말씀하시기를 이제부터 영원토록 사람이 네게서 열매를 따먹지 못하리라 그렇게 말씀하시고 그냥 그곳을 지나가셨습니다.

하루 종일 예루살렘에서 일하시고 난 다음에 저녁에 베다니로 나왔다가 그 이튿날 아침에 또다시 제자들을 데리고 아무 말도 안 하시면서 모른 체하고 그 무화과나무 단지를 지나는데 베드로가 가만히 보니까 어제 예수님이 저주하신 그 무화과가 뿌리부터 나무 위에까지 완전히 말라 버린 것을 보았습니다. "주여! 어제 주님께서 저주하신 무화과나무가 말랐나이다."

그러자 예수님은 그 자리에서 제자들을 바라보시고 믿음에 대한 중대한 교훈을 가르쳤습니다. "하나님을 믿으라. 누구든지 저 산더러 명하여 저 바다에 던지라하고 그것이 이룰 줄 마음에 믿고 의심하지 아니하면 그대로 되리라. 무엇이든지 기도하고 구한 것은 받은 줄로 믿으라. 그리하면 그대로 되리라, 서서 기도할 때 아무에게나 혐의가 있거든 용서하라. 그래야 하늘에 계신 너희 아버지도 너의 죄를 용서하여 주시리라." 이 주님의 가르침 속에 굉장히 큰 믿음의 비결이 들어 있습니다. 이 그리스도의 말씀을 상고해 봄으로 우리의 삶 속에 기적을 체험하는 믿음이 무엇인지를 깨닫고 행하여 하나님께서 일으키는 기적을 체험하며 살아갑시다.

첫째, 하나님을 믿으라. 그렇게 말씀하셨습니다. 본래 하나님을 본 사람이 없는데 어떻게 하나님을 믿을 수가 있습니까? 평생에 보지 못한 분을 믿으라고 하면 믿을 수 있겠습니까? 그러나 여기에 예수님께서는 하나님을 믿으라고 말하셨습니다. 역사상 하나님을 계신 그대로 보여주신 분이 오직 이 땅에는 한 분이 계십니다. 그분이 바로 성자 예수님이신 것입니다.

우리는 하나님을 본적이 없으되 예수님은 우리가 역사적으로 보고 말씀을 듣고 알고 있습니다. 그런데 이 예수님을 아는 것이 바로 하나님을 알고, 예수님을 믿는 것이 하나님을 믿는 것입니다. 하나님과 예수님은 하나이시기 때문인 것입니다. 성경은 거기에 대해서 무수히 증거하고 있습니다.

요한복음 1장 1절로 3절에 "태초에 말씀이 계시니라 이 말씀이 하나님과 함께 계셨으니 이 말씀은 곧 하나님이시니라. 그가 태초에 하나님과 함께 계셨고 만물이 그로 말미암아 지은 바 되었으니 지은 것이 하나도 그가 없이는 된 것이 없느니라."고 하심으로 예수님과 하나님은 동시에 같이 계셨으나 하나님은 예수 그리스도를 통해서 만물을 지으셨기 때문에 지은 것이 하나도 그가 없이는 된 것이 없다고 하십니다.

그래서 우리는 하나님은 인류의 구원을 계획하신 하나님이시고, 예수님은 구원을 이루어 보이시는 예수님이시고, 성령님은 우리에게 이 모든 것을 보지 않고 믿게 하시는 것입니다. 성령은 우리에게 믿음을 주시고 하나님이나 예수님이 하신 모든 것을 믿게 하는 것입니다. 그래서 믿음은 성령의 충만과 비례하는 것입니다. 그리고 예수님은 완전한 하나님이 완전한 사람으로 오셨기 때문에 예수님을 본 자는 하나님을 본 것입니다.

또한 요한복음 1장 14절로 18절에 보면 "말씀이 육신이 되어 우리 가운데 거하시매 우리가 그의 영광을 보니 아버지의 독생자의 영광이요, 은혜와 진리가 충만하더라. 요한이 그에 대하여 증언하여 외쳐 이르되 '내가 전에 말하기를 내 뒤에 오시는 이가 나보다 앞선 것은 나보다 먼저 계심이라 한 것이 이 사람을 가리킴이라' 하니라. 우리가 다 그의 충만한 데서 받으니 은혜 위에 은혜러라. 율법은 모세로 말미암아 주어진 것이요. 은혜와 진리는 예수 그리스도로 말미암아 온 것이라. 본래 하나님을 본 사람이 없으되 아버지 품속에 있는 독생하신 하나님이 나타내셨느니라."

여기에 우리가 보니 하나님의 품속에 계신 독생하신 예수님이 나타내셨다고 했으니, 이는 독생하신 하나님을 우리에게 보여 주었다고 말한 것입니다. 그러므로 하나님의 모든 영광은 예수님 안에 있는 것입니다. 그러므로 하나님 아버지가 어디에 계시냐? 예수님 안에 계신 것입니다. 예수님과 하나님 아버지는 분리하려고 해도 할 수 없는 일체가 되는 것입니다.

히브리서 1장 3절은 "예수님은 하나님의 영광에 광채시오, 그 본체의 형상이라"고 말한 것입니다. 그러므로 주님께서 하나님을 믿으라. 그렇게 말씀하실 때는 나를 믿으라. 그렇게 말씀하시는 것과 똑같은 것입니다. 예수님을 본 자는 하나님을 보았습니다.

요한복음 14장 7절로 11절에 "너희가 나를 알았더라면 내 아버지도 알았으리로다. 이제부터는 너희가 그를 알았고 또 보았느니라. 빌립이 이르되 주여! 아버지를 우리에게 보여 주옵소서 그리하면 족하겠나이다. 예수께서 이르시되 빌립아 내가 이렇게 오래 너희와 함께 있으되 네가 나를 알지 못하느냐 나를 본 자는 아버지를 보았거늘 어찌하여 아버지를 보이라 하느냐, 내가 아버지 안에 거하고 아버지는 내 안에 계신 것을 네가 믿지 아니하느냐 내가 너희에게 이르는 말은 스스로 하는 것이 아니라. 아버지께서 내 안에 계셔서 그의 일을 하시는 것이라. 내가 아버지 안에 거하고 아버지께서 내 안에 계심을 믿으라. 그렇지 못하겠거든 행하는 그 일로 말미암아 나를 믿으라."라고 말씀하시는 것입니다.

그러므로 오늘 하나님 아버지를 믿는다는 것은 바로 예수님을 믿는 것을 말한 것입니다. 예수님을 아는 것은 바로 하나님 아버지를 아는 것입니다. 하나님 아버지 안에 예수님이 계시고, 예수님 안에 하나님 아버지가 계신 것입니다. 하나님 아버지와 예수님은 하나이신 것입니다. 두 인격자이시나 완전히 하나로써 존재하시고 역사하시는 것입니다. 그러므로 하나님을 믿으라는 것은 바로 하나님께서 예수 그리스도를 통해서 우리에게 베푸신 그 은혜를 믿으라는 것입니다. 예수 그리스도를 십자가에 못 박아 몸을 찢고 피를 흘리심으로 우리에게 놀라운 은혜를 제시해 주셨습니다. 바로 그것을 믿으라는 것입니다.

무슨 은혜를 제시해 주셨을까요? 하나님은 그리스도를 통해서 우리에게 용서와 의를 제시해 주십니다. 무조건 믿으면 죄사함을 받고 용서받고 의롭게 되는 길을 열어 놓은 것입니다. 예수 그리스도를 통해서 하나님은 마귀를 내어 쫓아 버리시고, 세상을 내어 쫓아 버리시고, 그곳에 하늘나라와 성령으로 채워주시는 이 은혜를 베풀어 주셨으니, 이것을 믿으라는 것입니다. 하나님을 믿으라는 것은 하나님께서 예수를 통해서 우리의 모든 슬픔을 내어쫓아 버리시고 기쁨으로 채워주시고 우리의 모든 질병을 대속하시고 치료와 건강을 주시는 그 하나님을 믿으라는 것입니다.

하나님을 믿으라는 것은 하나님께서 예수 그리스도를 통하여 우리의 모든 저주의 가시채를 없애 버리시고 우리 저주를 예수님의 몸으로 심판해 버리시고, 저주에서 해방하시고 모든 가난에서 놓여나게 해 주시고, 형통과 복을 주시는 하나님을 믿으라는 것입니다. 예수님이 또 하나님을 믿으라는 것은 하나님께서는 예수 그리스도를 통해서 죽음을 죽여 버리시고 장사지내 버리시고, 사망과 음부를 정복하시고 사흘만에 부활하셔서 보좌 우편에 앉으심으로 우리가 예수 그리스도를 통해서 우리도 사망과 음부를 이기고, 그리스도 안에서 보좌에 앉게 하셨다는 이 사실을 믿으라는 것입니다. 주님께서 하나님을 믿으라는 것은 바로 예수 그리스도를 통해서 나타나신 하나님의 그 위대한 은혜를 우리가 알고 믿으라는 것입니다.

하나님은 오늘날도 말씀을 통하여 나타나신 것입니다. 그러므로 그리스도 예수를 통하여 나타나신 하나님, 말씀을 통해서 우리에게 나타나신 하나님을 믿으라는 것입니다. 로마서 10장 17절에는 "그러므로 믿음은 들음에서 나며 들음은 그리스도의 말씀으로 말미암았느니라."고 하나님 말씀을 듣고 믿고 나가면 하나님을 믿을 수가 있는 것입니다. 이러므로 우리는 하나님을 믿어야 합니다. 이 땅에서 우리 인간의 이성이나 지혜나 총명이나 인간의 경험을 믿고서 살아갈 수는 없습니다. 청춘을 믿을 수도 없습니다. 모든 것은 다 변화되고 지나가고 마는 것입니다. 저도 한창 젊을 때에는 허구한 날 젊음을 유지할 줄 알았는데 이제 나이들어 머리가 희어지고 있습니다. 군대에 있을 때 군장을 두 개씩 받아 짊어지고 총을 내 자루씩 어깨에 메고 뛰었는데 이제 저 한 몸도 뛰기가 힘이 버거워졌습니다. 젊음도 믿지 말고 물질도 믿지 말고, 하늘과 땅을 지으시고 인간의 생사화복을 주장하시며 자신의 일생 갈 길을 이미 정해놓으신 하나님을 믿어야만 되는 것입니다.

그러기 위해서 우리는 날마다 성령으로 충만해야 합니다. 성령으로 충만하여 예수 그리스도 안에서 우리가 하나님을 믿고 나가면 부끄러움을 당치 않을 것입니다. 믿음이란 무엇이냐? 그러므로 예수 그리스도 안에 나타나신 하나님을 믿는 것을 믿음이라고 말하는 것입니다. 예수 그리스도 안에 나타난 하나님 이외에 다른 것을 믿는 것은 기독교적 신앙이 아닌 것입니다. 성령으로 충만하여 예수 그리스도를 통하여 우리에게 보여주신 하나님의 은혜를 믿으시기를 바랍니다.

둘째, 믿음이란 입술의 고백입니다. 따라서 말해봅시다. "믿음이란 입술의 고백이다." 여기 주님께서 말씀하기를 누구든지 이 산더러 들리어 바다에 던지우라 하며 그것을 이루어질 줄 믿고 마음에 의심하지 않으면 그대로 되리라고 하심으로 또다시 믿음이란 입술의 고백이라는 것을 여기에 가르치고 있는 것입니다. 누구든지라고 말했음으로 남녀 노유 빈부귀천 할 것 없습니다. 예수 그리스도를 통하여 하나님을 믿는 사람은 이 신분 이하를 불구하고 누구든지 입술의 고백을 할 수 있습니다. 이 산더러 들리어 바다로 던져라. 산이 바다로 던져 가는 것 보았습니까? 이것은 인간의 생각으로는 불가능한 것입니다.

우리 이성이나 경험을 통해서 볼 때 산보고 던지어서 바다에 던지라고 한다고 바다에 던져집디까? 이 산은 상징적으로 말한 것입니다. 우리의 생애 속에 도저히 불가능하다고 생각하는 것, 내 생각으로는 할 수 없다고 하는 것이라도 하나님께 기도하여 레마를 받아 믿음으로 입술의 고백을 하면 성령께서 기적을 창출한다는 그 말씀인 것입니다. 믿음은 이성으로 판단하고 믿는 것이 아닙니다. 그러므로 이 산이라는 것은 내 인생에 다가오는 도저히 극복할 수 없는 인간의 힘으로 어찌할 수 없는 태산 같은 문제를 말한 것입니다. 내게 다가온 태산 같은 문제가 하나님의 능력으로 옮겨질 수 있다는 것입니다.

그러므로 이것을 옮기는 데는 입술의 시인을 통해서 그 일이 일어난다는 것입니다. 이 입술의 시인은 인간적인 차원에서는 할 수가 없고 성령으로 충만한 초자연적인 영적인 차원에서만 가능한 것입니다. 그러므로 우리가 성령으로 충만하여 마음에 믿고 이것을 이룰 줄 믿고 입술로 고백하는 것은 큰 힘이 있습니다. 성령으로 충만하여 고백하는 믿음의 말은 하나님의 초자연적인 역사가 나타나게 하는 것입니다.

로마서 10장 10절에도 "사람이 마음으로 믿어 의에 이르고 입으로 시인하여 구원에 이르느니라"고 말했습니다. 우리 구원조차도 우리가 믿고 입으로 시인하면 구원에 이른다고 말한 것입니다. 마태복음 18장 18절에 "진실로 너희에게 이르노니 무엇이든지 너희가 땅에서 매면 하늘에서도 매일 것이요 무엇이든지 땅에서 풀면 하늘에서도 풀리리라" 우리가 매고 푸는 것을 무엇으로 합니까? 입술로써 매고 푸는 것입니다. 네 입의 말로 네가 묶였으며 네 입의 말로 네가 사로잡힌바 되었다고 말했습니다. 우리가 입술로 고백하고 땅에서 묶으면 하늘에서도 묶여지고 땅에서 풀면 하늘에서도 풀려진다는 것입니다. 그러나 우리의 입술의 고백을 아무런 믿음 없이 장난으로 하면 소용이 없습니다. 의심을 가지고 입술로 아무리 고백해 봤자 소용이 없지요. 우리가 성령으로 충만한 믿음을 가지고 고백을 해야 합니다.

야고보서 1장 6절에 "오직 믿음으로 구하고 조금도 의심하지 말라 의심하는 자는 마치 바람에 밀려 요동하는 바다 물결 같으니", 히브리서 10장 38절에 "오직 나의 의인은 믿음으로 말미암아 살리라. 또한 뒤로 물러가면 내 마음이 저를 기뻐하지 아니하리라 하셨느니라." 우리가 믿음의 눈으로 말씀을 잘 보면 하나님께서는 이 말씀의 고백을 통해서 천지를 지으셨습니다. 땅이 공허하고 혼돈하며 흑암이 깊음 위에 있고 수면 위에 성령이 운행하실 때에 주님께서 말씀의 고백을 하셨습니다. 빛이 있으라 하매 빛이 생겨났습니다.

궁창 위의 물과 아래 물로 나누어지고 궁창이 나타나라 했을 때 하늘이 창조되었습니다. 그리고 땅에 물질이 나오고 온갖 열매 맺는 과일과 채소가 나타나라 하시매 그 말씀이 나와서 창조했습니다. 일월성신이 나타나라 하실 때 일월성신이 나타났습니다. 공중에는 새가 날고 바다에는 물고기가 헤엄치라고 할 때 그 말씀대로 되었습니다. 땅에 온갖 곤충과 짐승이 생겨나라 할 때 주님께서 말씀으로 말하시매 말씀대로 이루어진 것입니다.

그러므로 우주를 창조하는 근본재료는 하나님의 입에서 나온 말씀이었습니다. 예수님의 생애를 통해서 보십시오. 예수님은 말씀을 통해서 죄를 사하여 주시고, 귀신을 쫓아내시고, 병을 고치시고, 죽은 자를 살리시고, 고통에 걸린 사람을 치유하여 주시고, 바다를 잠잠케 하신 것입니다. 예수님께서는 말씀 외에 다른 수단과 방법으로 이런 일을 한 적이 없습니다. 주께서 말씀하시매 하나님이 그것을 이루신 것입니다. 예수님이 제자들도 말씀을 가지고 사역하셨습니다.

마가복음 16장 20절에 "제자들이 나가 두루 전파할새 주께서 함께 역사하사 그 따르는 표적으로 말씀을 확실히 증거하시니라"고 말씀하셨는데 베드로가 오순절 이후 성령세례 받고 성전미문 가에 태어날 때부터 앉은뱅이 된 사람이 사람에게 뭐라고 말했습니까? "우리를 바라보라. 은과 금은 내게 없으나 내가 내게 있는 것으로 네게 주노니 나사렛 예수의 이름으로 일어나라." 그러자 즉시로 앉은뱅이가 일어나고 말았습니다. 그가 8년 동안 중풍병으로 누워있는 애니아를 바라보고 "애니아야 예수께서 너를 고치시니 일어나라." 그는 일어나버리고 말았던 것입니다. 또한 그가 욥바에 가서 도르가라는 여자가 죽었을 때 그 시체를 다락에 엎어 놓은 것을 찾아가서 기도하고 나서 돌아보고 "도르가야 일어나라." 죽은 도르가가 일어났습니다. 베드로는 말씀으로 역사했지 말씀 외에 다른 것으로 역사하지 않았습니다.

바울도 루스드라에서 복음을 증거할 때 앉은뱅이 된 자가 말씀을 듣고 있는지라. "네 발로 일어서라." 하니 루스드라의 앉은뱅이가 일어나 버리고 말아 버린 것입니다. 잘 알다시피 바울이 드로아에 가서 한방 중까지 설교하다가 유두고가 창문에 앉아 잠이 깊이 들어 떨어져서 죽어 버렸을 때 사람들이 죽었다고 소요를 하니까 바울이 내려가서 그 유두고 위에 엎드렸다 일어나면서 '생명이 이 속에 있다.' 그렇게 말했습니다. 그리고 예수 이름으로 기도하니까, 그 청년이 살아나 버리고 말았던 것입니다.

이처럼 예수 그리스도께서도, 또 주님의 제자들도 말씀으로 사역하셨습니다. 입술로 고백을 통해서 위대한 역사를 베풀어주신 것입니다. 오늘날 이 예수 믿는 사람들은 동일한 하나님의 성령이 우리 속에 계시고, 동일한 말씀이 있으므로 우리의 입술의 말을 통하여 하나님께서 역사하여 주시는 것입니다. 이러므로 말을 통해서 긍정적이고 적극적이며 창조적이고 생산적이며 희망찬 말을 해야지. 부정적이고 패배적이고 파괴적이고 절망적이며 원망과 불평을 말하는 이 말은 무시무시하게 우리의 영혼과 육체와 생활을 파괴하는 것입니다. "우리의 입술의 말로 우리가 묶였으며 우리의 입술의 말로 우리가 잡히게 되었다"고 성경은 말했습니다. 죽고 사는 권세가 입에 있으니 이 입술을 사용하는 자는 열매를 먹으리라고 성경은 말하고 있는 것입니다.

이러므로 믿음이란 무엇이냐? 성령께서 주시는 레마를 받아 입술로 담대하게 고백하는 것입니다. "이 산더러 명하여 저 바다에 던져라 하고 그 말하는 것이 이룰 줄 마음에 믿고 의심하지 아니하면 그대로 되리라"고 말씀하신 것입니다. 우리 예수 안 믿는 세상에도 말이 씨가 된다는 말이 있습니다. 말을 하면 그것이 심어져서 싹이 나고 꽃이 피고 열매를 맺는 것입니다.

셋째, 믿음이라는 것은 "기도하고 고한 것은 받은 줄로 믿으

라." 이것이 바로 주님께서 믿음의 열쇠라는 것입니다. 예수 믿을 때 죽었고 다시 예수로 태어나 예수님의 인생을 살기 때문에 성령의 감동하심으로 기도하는 것은 자기의 욕심이 아니요, 성령의 감동대로 구하고 기도한 것이므로 받은 줄로 믿으라고 했습니다. 기도는 머릿속 기도와 뱃속의 기도가 있습니다. 우리가 그냥 머릿속에서 기도하는 육적인 기도가 있지만, 뱃속에서 우러나오는 성령으로 하는 깊은 영의 기도도 있습니다. 머리(생각으로)로 기도하지 말로 아랫배(성령으로)로 기도해야 합니다. 필자가 지금 여기에 기도하고 구한 것은 받은 줄로 믿으라고 한 것은 머릿속의 기도가 아니라, 배속에서 우러나오는 성령으로 하는 깊은 영의기도를 말하는 것입니다. 뱃속에서 우러나오는 영의기도를 하고 난 다음에는 응답 받은 줄로 믿으라는 것입니다.

어떻게 하면 뱃속에서 나오는 기도를 할 수 있겠습니까? 자신 안 성전에 주인으로 계시는 하나님께 집중하면서 찾으라는 것입니다. 기도의 목표를 분명히 해야 뱃속에서 우러나오는 기도를 합니다. 목표가 없이 그냥 좌왕우왕 두리뭉실하게 생각하며 기도하는 것은 머릿속에서 기도하는 것입니다. 이렇게 생각하며 머릿속으로 하는 기도는 육적인 기도로 영이신 하나님의 응답받지 못합니다. 성령으로 믿음을 가지고 기도해야 응답을 받습니다. 히브리서 11장 1절에 "믿음은 바라는 것들의 실상이요 보지 못하는 것들의 증거니"라고 말했습니다. 내가 바라는 것이 분명해야 믿음이 생겨나는 것입니다. 성령께서 감동하시는 바라는 것에 믿음이 생기는 것입니다.

그리고 이 뱃속에서부터 기도하는 것은 간단명료하게 하나님을 부르며 기도하는 것입니다. 마태복음 6장 7절에 "또 기도할 때에 이방인과 같이 중언부언하지 말라 저희는 말을 많이 하여야 들으실 줄 생각하느니라." 말을 많이 하니까 그 말하는데 바빠서 그만 성령으로 성전에서 분출되는 열정적인 기도를 하지 못합니다. 말하기에 바빠서 중언부언하지 마십시오. 기도할 때 간단 명료하게 "하나님 사랑합니다. 하나님 사랑합니다. 하나님! 이일을 어떻게 해야 합니까? 하나님! 이일을 어떻게 해야 합니까? 하나님! 이일을 어떻게 해야 합니까? 하나님! 제가 무엇이 문제입니까?" 간단명료하게 집중적으로 해야 뱃속에서 나오는 성령으로 하는 영의기도라고 하는 것입니다. 자신의 생각이나 말로 기도한다면 머릿속에 생각한다고 복잡해서 육적이 되어 뱃속의 기도를 할 수가 없습니다. 그리고 이 뱃속의 기도는 거듭거듭 자주자주 시시때때로 기도해야 하는 것입니다. 걸어 다니는 성전의식을 가지고 항상 하나님을 찾고 물어보아야 합니다. 이웃에 사는 부부에게 밤중 찾아가 다른 벗을 위하여 떡 세 덩이를 구할 때에 그냥 구한 것이 아니라 간청했다고 말했습니다.

성경에는 누가복음 18장 1절에 "항상 기도하고 낙망치 말아야 될 것을 저희에게 비유로 하여"라고 말씀하셨습니다. 그러므로 밤중에 친구를 위해서 이웃집에 가서 떡을 구하는 것처럼 간청하는 것입니다. 안된다고 해도 NO라는 대답을 받지 않고 구하고 또

구하고 간청하는 것입니다. 과부가 불의한 재판관에게 나와서 내 원수에게 내 원한을 갚아 주소서. 그는 간청했습니다. 거듭 거듭 또 오고 또 오고 간청했습니다. 그 결과로 그 재판관은 그 기도를 응답해 준 것입니다.

이와 같이 우리가 머릿속이 아니라 뱃속에 기도를 하려면 간청해야 합니다. 또 뱃속의 기도를 하려면 한 서린 기도를 해야 하는 것입니다. 마음에 한이 서려야 됩니다. 마음에 모든 감정을 집중해야 되는 것입니다. 모든 소원과 슬픔과 원한을 함께 합쳐서 한 서린 기도를 해야지 기도를 그냥 장난삼아 하다가 말고 하다가 말면 그렇게 되면 아무 것도 안 되는 것입니다.

누가복음 18장 7절로 8절에 "하물며 하나님께서 그 밤낮 부르 짖는 택하신 자들의 원한을 풀어 주지 아니하시겠느냐 저희에게 오래 참으시겠느냐 내가 너희에게 이르노니 속히 그 원한을 풀어 주시리라 그러나 인자가 올 때에 세상에서 믿음을 보겠느냐 하시니라" 여기에서는 원한이라고 말했습니다. 한 서린 그런 기도를 드려야 되는 것입니다. 그러므로 이 뱃속의 믿음이 생길 때까지 기도해야 하는 것입니다. 머릿속에 기도로서 응답이 오는 것이 아닙니다. 기도를 들으시는 하나님은 영이시기 때문입니다. 기도하고 구하는 것은 받은 줄로 믿으라는 것은 뱃속에서부터 우러나오는 목표를 분명히 하고 간단명료히 기도하며, 거듭거듭 자구 간청하고 한 서린 기도를 통해서 완전히 원수 귀신을 허물어 뜨려버리는 것입니다. 그러면 마음속에 이제는 응답 받았다는 확신이 다가

오고 평안이 다가오는 것입니다. 불안이 사라지고 초조함이 사라지고 막연한 마음이 사라지게 됩니다. 환경에 보증의 역사가 나타나게 됩니다. 이렇게 머릿속 기도가 아닌 뱃속의 기도를 하고 나면 이 뱃속에 하나님의 평안과 확신이 가득해지는 것입니다.

믿음은 사람의 육에서 나오는 것이 아닙니다. 성령으로 장악되어 마음이 열려서 마음 안에 주인으로 계신 예수님으로부터 나오는 것입니다. 그러므로 우리의 마음이 열려야 되는 것입니다. 그리고 성령으로 충만해야 합니다. 믿음이란 보이지 않는 하나님의 말씀을 믿고 행동에 옮길 때 보이는 역사가 나타나는 것입니다. 담대하게 하나님의 말씀을 믿고 선포하고 행동에 옮기는 담대함이 요구되는 것입니다. 내 눈에는 보이지 않아도 하나님이 기적을 행하실 것을 믿기 때문에 믿고 선포하는 것입니다. 성령의 감동에 순종하는 것이 믿음입니다. 성령의 감동이 오면 의심하지 말고 행동에 옮기기를 바랍니다. 그러면 성령께서 그 믿음을 보시고 기적의 역사를 일으키십니다. 성령에 감동을 믿고 행동에 옮겨서 기적의 역사가 나타나지 않으면 믿지 못하게 되는 것입니다. 그러나 성령님은 인격이시기 때문에 우리가 믿게 하기 위하여 보이는 역사를 일으키십니다. 이것을 보증의 역사라고 하는 것입니다. 고로 보이는 것을 보고 믿는 것은 믿음이 아닙니다. 보이지 않는 하나님의 말씀을 그대로 믿고 순종하는 것이 믿음입니다.

2장 믿음이 있고 욕심이 있다.

(약 4:1-3)"너희 중에 싸움이 어디로부터 다툼이 어디로 부터 나느냐 너희 지체 중에서 싸우는 정욕으로부터 나는 것이 아니냐? 너희는 욕심을 내어도 얻지 못하여 살인하며 시기하여도 능히 취하지 못하므로 다투고 싸우는도다. 너 희가 얻지 못함은 구하지 아니하기 때문이요, 구하여도 받 지 못함은 정욕으로 쓰려고 잘못 구하기 때문이라."

우리는 욕심을 믿음이라고 오해하기도 합니다. 분명하게 믿음 과 욕심을 다른 것입니다. 하나님께서 에덴을 창설하실 때에는 욕 심이 없었습니다. 하와가 마귀의 유혹을 받아 선악과를 먹을 때 부터 욕심이 생겨난 것입니다. 에덴에서 쫓겨난 이후에 가인과 아 벨 사이에 욕심으로 인하여 살인 사건이 일어난 것입니다. 하나님 을 자기 혼자 차지하려는 욕심 때문에 생긴 사건입니다(창 4:4-8). 에덴에서 쫓겨난 이후로 일을 해야 하는 것은 세상 모든 생물 의 생존방법입니다. 인류의 조상 아담이 에덴동산 추방 후부터 살 기 위한 일이 시작되었습니다. 자연섭리는 생명연장의 수단으로 일이 진행되면서 고난이 증가됩니다.

세상생명 존재는 강자의 필요가 넘치기 위해 약자의 생명은 희 생됩니다. 동식물의 세계에서 생존경쟁은 단순 먹이 사슬이 전부 입니다. 필요한 영양분을 섭취하기 위해 하나뿐인 목숨을 걸고 매달리는 것이 존재 목적입니다. 사람을 제외한 모든 생명체는 배부름으로 만족하고 그 이상은 욕심내지 않습니다.

그러나 유독 인간의 세계에서는 먹는 것 외에 소유 욕심이 지나칩니다. 단순생명 유지에 꼭 필요치 않은 욕심 때문에 사람의 정신과 육체가 훼손됩니다. 사람은 혼자 살 수 있는 존재가 아니라서 욕심소유 여부가 매우 중요합니다. 사람마다 증식하는 욕심은 지나칠수록 부작용이 크게 됩니다. 사람들이 욕심이 지나쳐 죄에 빠지게 되는 경우가 다음과 같습니다.

사람은 자기 경험에서 소망, 욕심, 욕망으로 무한 발전하게 됩니다. 이루기 위하여 무리하게 되고 욕심이 자라게 됩니다. 사탄이가 미혹과 유혹으로 욕심을 더하기 시킵니다. 사탄의 속성은 다른 사람의 소유를 빼앗아서 자기 것으로 만들려고 하는 것입니다. 사탄은 사람을 이기주의자가 되게 합니다. 하나님의 은혜를 거부하면 할수록 육체의 소욕이 더해져 하나님의 진노를 사게 되는 것입니다. 사람들이 자기 고집, 주장, 아집에 빠질수록 자신도 모르게 마귀의 종이 됩니다. 결국은 살기위해 일을 해야 한다는 착각과 욕심에 끌리고 육체의 소욕에 빠져 영혼이 죽어갑니다.

일 때문에 하나님을 믿지 못하고 가까이 다가가지 못하는 이들은 참으로 불행한 삶을 삽니다. 자신들이야 열심히 먹고 마시며 잘살려 노력하는 것이 헛된 삶입니다.

그러나 똑같은 환경에서 똑같은 시대를 살아도 먹기 위한 삶이 아니라, 믿기 위한 삶은 전혀 다른 것입니다. 믿음은 하나님의 성령의 감동으로 순종하는 삶입니다. 자신의 재능과 지식이 아닌 하나님의 은혜를 사모함입니다. 하나님의 은혜로 이루는 것입니다. 이미 익숙해진 삶이 아닌 새로운 삶을 향한 열정으로 소망이 있습니다. 하나님이 도우시고 책임지시고 기뻐하시며 영혼이 잘되는 상급을 받게 됩니다. 성령의 감동하심으로 변화된 성도는 자신보다 하나님을 더욱 의지하며 기뻐합니다.

실상은 범사에 세상사가 자기선택에 달린 것이 아니고 전적으로 하나님 주권임을 믿게 됩니다. 예수 그리스도의 부활생명 안에 거하는 이들이야 진리로 악한 세상을 이기게 됩니다. 하나님의 독생자의 십자가 고난이 죄와 사망권세를 이김을 아는 것이 복된 일입니다. 하나님이 택하시고 붙들어 인도하시는 믿음 길로 따르면 영생에 이릅니다. "내가 이르노니 너희는 성령을 따라 행하라 그리하면 육체의 욕심을 이루지 아니하리라(갈 5:16)"

크리스천의 영적활동에서 욕심과 믿음을 구별한다면 이렇게 설명할 수가 있습니다. 하나님은 이렇게 말씀하셨습니다. "하나님의 성령으로 봉사하며 그리스도 예수로 자랑하고 육체를 신뢰하지 아니하는 우리가 곧 할례파라(빌 3:3)" 교회에서 봉사하는 것을 보면 하나님께서 축복해주실 것을 바라고 봉사하는 것은 욕심입니다. 그러나 하나님께서 주신 은혜에 감사해서 봉사하는 것은 믿음입니다. 믿음은 하나님께서 축복하실 것을 믿고 봉사하는 것입니다. 헌금도 마찬가지입니다. 하나님께서 헌금을 드리면 축복해주실 것을 바라고 헌금하면 욕심입니다. 그러나 하나님께서 주신 축복이 감사해서 드리면 믿음입니다. 헌금은 하나님의 것을 드리는 것이요, 축복해 주실 것은 믿고 드리는 것입니다. 조건을 달고 헌금하는 것은 욕심입니다.

질병을 치유 받는 것도 마찬가지입니다. 자신의 병을 고쳐주시옵소서, 오로지 자신의 병만 고쳐주실 것을 바라는 기도는 욕심입니다. 그러나 믿음은 하나님께서 자신의 병을 고쳐주실 것은 믿는 것입니다. 하나님의 뜻이 자녀들의 병을 고쳐주시는 것이기 때문입니다. 하나님! 제가 어떻게 해야 이 병에서 자유 함을 누릴 수가 있겠습니까? 하나님! 제가 무엇 때문에 이병으로 고통을 당합니까? 원인을 알려주세요. 하면서 병 치유를 위해 기도한다면 믿음입니다. 기도하면서 성령께서 감동하시는 대로 순종하면 치유가 되는 것입니다.

자녀들은 위해서 기도하는 것도 마찬가지입니다. 하나님! 우리 아들이 직장에 취직하게 하여 주시옵소서. 우리 아들이 하는 사업이 잘되게 하여 주시옵소서, 이렇게 기도하는 것은 욕심입니다. 하나님은 그의 자녀가 하는 일을 축복하시기를 원하십니다. 직장에 취직이 되는 것이 하나님의 뜻입니다. 그렇기 때문에 믿음으로 기도를 해야 합니다. 하나님! 우리 아들이 어떻게 하면 직장에 취직되어 하나님의 영광을 드러낼 수가 있겠습니까? 부족한 부분을 알려주옵소서. 이렇게 직장에 취직에 되는 것은 하나님의 뜻인 줄 믿고, 부족한 부분을 채우려는 기도를 하는 것입니다. 무엇이 부족하기 때문에 취직이 되지 않기 때문입니다. 즉 하나님께서 원하시는 장성한 분량에 차지 않아서 취직이 되지 않는 것입니다. 취직이 되는 것은 하나님의 뜻입니다. 그렇기 때문에 취직되게 하여 주옵소서 하면서 기도하는 것은 욕심입니다.

남편의 사업을 위해서 기도하는 것도 마찬가지입니다. 하나님! 우리 남편이 하는 사업을 축복하여 주시옵소서. 사업이 잘되게 하여 주시옵소서. 이렇게 기도하는 것은 욕심입니다. 하나님의 뜻은 남편의 사업이 잘되는 것입니다. 그렇기 때문에 기도하는 방법을 바꿔야 합니다. 하나님! 우리 남편의 사업이 잘되는 것이 하나님의 뜻인 줄 잘 압니다. 하나님! 우리 남편의 사업장을 친히 운영하여 주시옵소서. 우리 남편은 부사장이요, 하나님께서는 사장님이라는 것을 우리 남편이 믿게 하시어, 매사를 하나님께 기도하여 결정하게 하여 주옵소서, 혹여 라도 우리 남편 독단으로 운영하지 않도록 성령으로 깨닫도록 인도하여 주옵소서. 남편의 사업장이 하나님께서 사장이 되시면 잘되지 않을 수가 없는 것입니다.

교회 사모님들이 기도하는 것도 마찬가지입니다. 하나님! 우리 교회가 부흥 성장되게 하여주옵소서. 이렇게 기도하는 것은 욕심입니다. 교회가 성장되는 것은 하나님의 뜻입니다. 교회는 하나님의 교회입니다. 성령님이 친히 목회하시면 교회가 성장하지 않을 수가 없습니다. 그렇기 때문에 이 사모님은 기도를 바꾸어야 합니다. 하나님! 우리 남편이 목회하는 교회를 친히 성령으로 목회하여 주시옵소서. 우리 남편은 부목사요, 성령하나님께서는 담임목사님이라는 것을 우리 남편 목사님이 믿게 하시어, 매사를 하나님께 기도하여 결정하게 하여 주옵소서, 혹여 라도 우리 남편 독단으로 교회를 운영하지 않도록 성령께서 깨닫게 하시고 인도하여 주옵소서. 성령님이 친히 목회하는 교회가 되게 하여 주옵소서. 남편이 목회하는 교회가 성령하나님께서 담임목사가 되시면 성령의 역사가 일어나지 않을 수가 없을 것입니다. 성장하지 않을 수가 없을 것입니다. 그러나 많은 목회자와 사모님들이 막연하게 교회를 성장시켜 달라고 기도합니다. 교회성장은 하나님의 뜻입니다. 이 장에서는 본문과 말씀을 통해서 예수님의 마음을 이해해가는 시간이 되길 바랍니다.

첫째, 성도가 고통을 당하는 이유가 있다. 믿음생활을 하면서 이 세상이 고통스럽고 힘든 이유는 무엇일까요? 기본적인 것(의식주의 문제)이 허락되지 못해서, 혹은 이러한 기본적인 욕구가 채워지지 못해서 고통 받는 경우는 요즘에는 무척이나 드물 것입니다. 물론 지금도 의식주 문제 때문에 고통 받는 사람들이 있습니다. "주님! 그들을 도와주시고, 그리스도인들이 그들을 행해 달려갈 수 있도록 하소서." 기도합니다.

최소한 우리는 그렇습니다. 그렇다면 우리는 왜 힘듭니까? 믿음과 욕심의 다툼 때문입니다. 우리는 하루 종일 다투기도 합니다. 가정에서도 전쟁이고, 나가서도 전쟁입니다. 그야말로 전쟁 같은 삶입니다. 아이들은 걸을 줄만 알면 가방을 들고 경쟁을 하기 시작합니다. 삶의 출발부터가 전쟁입니다.

왜 우리는 이처럼 전쟁터 속에서 살아가나? 바로 "욕심" 때문입니다. 이 욕심이 우리로 경쟁하게 하고, 싸우게 하고, 다투게 합니다. '야고보서 4장 1절'을 보십시다. "너희 중에 싸움이 어디로부터 다툼이 어디로부터 나느냐 너희 지체 중에서 싸우는 정욕으로부터 나는 것이 아니냐" 그렇다면 "욕심"(정욕)이란 무엇인가요? 욕심이란 자신이 가진 것을 보지 못하고 가지지 못한 것만을 바라보고, 나의 것이 아니라, 남의 것을 탐하고, 주어진 것을 만족하기 보다는 주어지지 않은 것을 원망하는 마음입니다.

자신이 해야 할 일은 하지 않고 달라고 받아내려고 하는 것이 욕심입니다. 예를 든다면 많은 분들이 세상에서 고통을 당하면서 절에도 가보고, 무당에게 가서 점도치고, 굿도 했으나 문제가 해결이 되지 않아 낙심하고 있었습니다. 그러던 차에 옆집에 사는 크리스천에 예수를 믿으세요. 예수를 믿으면 저와 같이 행복하게 세상에서 예수님을 누리면서 살아갈 수가 있습니다.

자신도 예수 믿기 전에는 가정의 문제와 환경의 고통과 질병의 문제로 사면초가에 걸려서 절에도 가보고, 무당에게 가서 점도치고, 굿도 했으나 문제가 해결이 되지 않았습니다. 그렇게 고생할 때 친척의 전도로 예수님을 믿고 온 식구가 교회에 가서 예배드리고 성령 충만을 받으면서 기도하니 문제가 하나씩 하나씩 해결되어 지금 이렇게 행복한 삶을 살고 있는 것입니다. 당신도 예수를 믿고 저와 같이 교회에 다니면서 성령 충만한 믿음생활을 하면 예수님의 은혜로 문제가 해결이 될 것입니다.

그래서 예수를 믿었습니다. 교회에 가서 예배드리면서 기도하면서 봉사하면서 철야하면서 믿음생활을 열심히 하면서 문제만을 해결하여 달라고 기도하였습니다. 그런데 문제가 해결이 되지를 안는 것입니다. 속았다고, 사기 당했다고 생각하고 따지기 위하여 예수를 전도한 성도를 찾아갔습니다. 만나서 자초지종을 이야기하니 이렇게 말하는 것입니다. 아이고! 성도님 순서가 잘못되었습니다. 먼저 성도님을 성전삼고 주인으로 임재하여 계신 하나님께 기도하여 하나님과 관계를 열어야 합니다. 성령께서 감동하시는 대로 순종을 하셔야 성도님 안에서 나오는 하나님의 능력으로 문제가 해결이 되는 것입니다. 성도님은 문제만 해결 받으려는 욕심을 가지고 믿음생활을 했기 때문에 문제가 해결이 될 수가 없었던 것입니다. 먼저 예배드리며 성령으로 기도하여 성령으로 세례를 받아 자신이 하나님의 성전으로 견고하게 지어져서 하나님께서 주인이 되셔야 하나님의 권능으로 문제가 해결이 됩니다.

　지금 성도들 중에는 이렇게 욕심을 가지고 문제만 해결을 받으려고 합니다. 자신을 성전삼고 주인으로 계시는 하나님을 뒤로하고 자기 욕심으로 예수님을 이용하여 문제를 해결하려고 한다는 것입니다. 알아야 할 것은 문제는 마귀와 귀신이 일으킵니다. 마귀와 귀신은 자신보다 강합니다. 자신의 열심과 욕심으로 아무리 명령을 하고 열심히 해도 귀신이 떠나가지를 않습니다. 자신을 성전삼고 주인으로 계시는 하나님께서 자신의 전인격을 장악하여 밖으로 나타나기 시작을 해야 하나님의 능력으로 문제가 해결이 되는 것입니다. 분명하게 하나님께서 예수를 믿도록 한 것은 잘되게 하여 하나님의 영광을 나타내려고 부르신 것이기 때문에 하나님께서 주인 되어야 되는 것입니다.

또한 욕심이 열심과 다른 이유는 욕심은 열심처럼 힘쓰고 애쓰게 하지만, 그 결과를 이미 자신이 정해놓고 달려가는 것입니다. 그래서 욕심은 나를 아프게 하고, 타인을 아프게 합니다. 그 결과를 어떠한 방법으로든 목적을 달성하려 하기 때문입니다. 자신이 갖추어야 할 것은 뒷전이고 목적만 달성하려 하기 때문에 고통스러운 것입니다. 고통스러운 이유는 하나님께서 역사하시지 않는데 자기 힘으로 하려하기 때문입니다.

믿음도 항상 욕심이 문제입니다. 우리가 알면서도 하지 못하는 이유가 바로 이것이 아닐까요? 야고보 사도는 다음과 같이 이야기합니다. '야고보서 4장 2~3절'을 보겠습니다. "너희는 욕심을 내어도 얻지 못하여 살인하며 시기하여도 능히 취하지 못하므로 다투고 싸우는 도다. 너희가 얻지 못함은 구하지 아니하기 때문이요. 구하여도 받지 못함은 정욕으로 쓰려고 잘못 구하기 때문이라"

하나님의 사랑하는 자들이 하나님의 은혜를 누리지 못하는 이유는 "성령으로 기도하지 않기 때문"이라고 합니다. 그리고 기도해도 받지 못할 때에는 바로 "욕심"으로 기도하기 때문이라고 말씀하십니다. 너무나 정확한 말씀입니다. 성령으로 기도하지도 않고, 목적을 이루기 위하여 기도하고, 아무리 기도해도 내 욕심으로만 기도하고, 내 욕심대로 되지 않으면 하나님을 원망합니다.

깨닫고 보면 자신에게 문제가 있었는데 영안이 열리지 않아서 자신의 진면모를 보지 못하기 때문입니다. 우리는 욕심을 버리는 것이 믿음에서의 가장 큰 과제입니다. 하나님께서 원하시는 영적인 수준이 되어 하나님께서 하시는 것을 깨달으면서 따라가도록 믿음을 키워야 할 것입니다.

둘째, 성령의 인도를 따르는 방법. 그렇다면 이 욕심을 어떻게 다루어가야 하겠습니까? 욕심을 어떻게 해야 믿음으로 바뀌겠습니까? 첫째로 "하나님을 가까이 해야 합니다.", "하나님을 가까이 하라 그리하면 너희를 가까이하시리라 죄인들아 손을 깨끗이 하라 두 마음을 품은 자들아 마음을 성결하게 하라(약 4:8)" 하나님께서 자신의 주인이 되게 하라는 것입니다. 하나님과 관계를 열라는 말입니다. "근묵자흑(近墨者黑)"입니다. 어쩔 수 없습니다. 숯을 가까이 하면 숯검정이 묻게 되어 있습니다.

죄와 벗하면 죄를 지을 수밖에 없습니다. 마찬가지로 하나님을 말씀을 기도를 늘 가까이 하면 "손(행실)이 깨끗해지고", "마음(믿음)이 성결하게" 될 수밖에 없습니다. 자신을 성전삼고 주인으로 계시는 하나님께 집중하면서 관심을 가지면 욕심이 변하여 믿음이 되는 것입니다. 성령께서 깨닫게 하시기 때문입니다. 성도가 성령으로 하지 않고는 자신을 정확하게 볼 수가 없습니다. 마귀는 자꾸 다른 사람과 세상에 눈을 돌리도록 역사합니다. 욕심은 마귀가 주는 것입니다. 자신을 보니 못하고 스트레스 받아 고통을 당하라고 주는 것입니다. 더 심하게 말한다면 스트레스 받아 병들어서 죽으라고 욕심을 부리게 하는 것입니다. 성도들을 치유하다가 보면 자신의 마음 안에 스스로 상처를 만드는 성도가 있습니다. 모두 욕심이 과하기 때문입니다. 자기가 해야 할 일은 한 가지도 하지 않고 아니 어려운 것은 뒤로 하고 하나님께서 해주기만을 고대하기 때문에 상처를 받는 것입니다.

분명하게 하나님은 "그런즉 너희는 먼저 그의 나라와 그의 의를 구하라 그리하면 이 모든 것을 너희에게 더하시리라(마 6:33)" 말씀하십니다. 자신이 하나님께서 주인된 성전이 먼저 되어야 자신에게 일어나는 문제가 해결이 되는 것입니다. 하나님께 시간과 마음과 정성을 두려야 합니다. 밖에 있는 능력자에게 관심을 집중하지 말고 자신 안에 하나님께 집중해야 합니다. 이는 내 죄와 욕심을 다스리고, 하나님 나라 갈 때까지 나를 지키는 비결입니다.

둘째로 "겸손하라."입니다. "그러나 더욱 큰 은혜를 주시나니 그러므로 일렀으되 하나님이 교만한 자를 물리치시고 겸손한 자에게 은혜를 주신다 하였느니라(약 4:6)", "나는 본질상 죄인이다. 그냥 내버려두기만 해도 저절로 죄를 저지른다. 나는 하나님을 가까이 하지 않으면 절대로 구원받을 수 없다. 나는 스스로 아무것도 할 수가 없다. 하나님! 어떻게 해야 합니까?" 이런 고백이 바로 겸손입니다. 이런 자들이 은혜도 받고, 욕심도 버리고, 천국도 누리게 됩니다. 이 겸손을 위해서 야고보 사도는 한 구절을 더 이야기합니다. '야고보서 4장 14절'입니다. "내일 일을 너희가 알지 못하는 도다. 너희 생명이 무엇이냐 너희는 잠깐 보이다가 없어지는 안개니라" 아! 우리는 잠시 보이다가 사라지는 안개 같은 존재입니다. 하나님의 도우심이 없이는 한 시간도 살아갈 수가 없는 존재입니다. 이를 알면 겸손할 수 있고, 욕심을 부리지 않을 수 있습니다.

셋째, 하나님께서 주인 되게 하는 것이다. 믿음은 하나님이 주인이 되는 것입니다. 욕심은 자신이 주인 되는 것입니다. 신앙생활을 하다 보면 중요한 교회 행사와 가족 모임이 겹치거나, 직장 휴가 일정이 맞지 않는 경우가 있습니다. 이때 배려를 받기 위해서는 평소 선을 쌓아두는 것이 중요합니다. 직장에서 성실하여 주변 사람들에게 인정받을 수 있어야 하고, 업무도 잘 감당해서 상대에게 피해가 가지 않도록 해야 합니다. 가족에게도 교회 행사에 참석하느라 함께하지는 못하지만 마음은 함께한다고 느낄 수 있도록 감동을 주어야 하지요. 이렇게 선을 쌓아 두어야 하나님의 영광을 가리지 않습니다. 평소에는 자기 좋을 대로 하다가 필요할 때만 "너그럽게 이해해 달라."고 요구하는 것은 믿음이 아니라 욕심입니다. 욕심을 이기는 길이 믿음의 길입니다. 욕심이 모든 싸움의 원인입니다. 그러므로 욕심을 다스리는 것이 행복의 비결입니다. 욕심을 다스리려면 성령으로 충만해야 합니다.

깨닫고 보면 자신의 믿음도 욕심 때문에 망치게 됩니다. 성령으로 기도하지 않아 응답이 없으며, 욕심으로 기도해서 응답이 없는 것입니다. 욕심을 다스리려면, 하나님을 가까이 해야 합니다. 욕심을 다스리려면, 곧 사라질 안개 같은 존재임을 알고 늘 겸손해야 합니다.

누가복음에 나오는 '어리석은 부자의 비유'를 대할 때마다 '이 부자를 왜 어리석다고 하는 것일까?' 하는 의문이 들었습니다. 그는 밭에서 많은 소출을 거두었고, 그것을 다 쌓아 둘 곳이 없어 곳간을 더 크게 지었습니다. 그것을 어리석다고는 할 수 없습니다. 또 "여러 해 쓸 물건을 많이 쌓아 두었으니 평안이 쉬고 먹고 마시고 즐거워하자." 했다고 해서 우매하다고는 할 수 없습니다. 누가 자신의 앞날을 알고 대비할 수 있겠습니까? 한치 앞을 내다보지 못하는 것이 사람입니다.

물론 자신의 생명과 영혼이 하나님께 속한 것임을 알지 못한 어리석음은 있습니다. 그러나 그의 가장 큰 어리석음은 창고가 가득 채워져야 비로소 행복할 수 있다고 착각한 것입니다. 행복은 창고가 가득 채워져야 생기는 것이 아닙니다.

텅텅 비었다 해도 풍성하게 베푸시는 하나님의 은총을 깨닫는다면, 어느 순간에라도 세상이 줄 수 없는 평안과 기쁨을 누릴 수 있습니다. 이런 이야기가 있습니다. 어느 날 황실 이발사에게 금화가 가득 든 항아리 일곱 개가 생겼습니다.

이발사는 뛸 듯이 기뻤습니다. 그런데 살펴보니 일곱 번째 항아리는 금화가 절반만 차 있었습니다. 이발사는 일곱 번째 항아리마저 가득 채우고 싶은 욕심이 들었습니다. 그래서 자신이 가진 돈과 재산을 다 팔아 금화로 바꾸고, 황제에게 자신의 월급을 올려 달라고 요구 했습니다.

그리하여 금화가 생기는 대로 항아리에 넣었지만 어찌된 일인지 항아리는 좀처럼 채워지지 않았습니다. 이발사의 얼굴은 어두워졌고. 모습은 초췌해져 갔습니다. 적은 월급을 받으면서도 행복했던 그가 이제는 채워지지 않는 항아리 때문에 괴로운 인생을 살게 된 것입니다. 욕심의 속성을 보여 주는 이야기입니다. 그렇습니다. 욕심이란 것은 채워도, 채워도 채워지지 않는 것입니다 어쩌면 우리도 평생 그 욕심과 싸우며 살아야 하는지도 모릅니다. 어둠과 싸워서 이길 수 있는 사람은 없습니다.

어둠과 싸우다 보면 오히려 자신도 모르게 싸움의 대장인 어둠을 닮아 가고 있는 것을 발견하게 되는 경우가 많습니다. 어둠을 이기는 유일한 방법은 빛입니다. 빛으로 살아야 합니다. 욕심도 마찬가지입니다.

내 안에 있는 욕심과 대적하면 할수록 무력감만 커질 뿐입니다. 욕심과 싸우는 대신 믿음을 가져야 합니다. 믿음의 자리가 키 커지면 커질수록 욕심의 자리는 사라지기 때문입니다. 무엇을 얻으려고 기도하지 말고 자신 안에 하나님으로 채우려고 기도해야 합니다. 자신 안에 하나님으로 채워지면 이루지 못할 것이 없는 것입니다. 채워도, 채워도 허전한 욕심을 채우려고 애쓰는 대신 성령으로 기도하여 마음에 성령을 채워 믿음의 기쁨을 누리고 있습니까? 믿음으로 순종해야 믿음의 기쁨을 누릴 수가 있습니다.

하나님은 믿음으로 하나님의 의를 이루라고 하십니다. 욕심으로 자기의 소원을 이루라고 하시지 않습니다. 하나님의 뜻을 알았으면 순종이 중요합니다. 하나님은 순종하라고 뜻을 알려주시는 것입니다. 많은 크리스천들이 꿈을 꾼 다음에 해석을 한다고 이곳저곳에 다니면서 해석을 요청합니다. 환상을 본 경우도 마찬가지입니다. 환경에 나타나는 증표에도 마찬가지입니다. 상담이나 예언을 듣는 것도 마찬가지입니다. 모두 하나님의 뜻을 알았으면 순종하는 것이 중요합니다.

그런데 순종하기 쉬우면 문제가 안 되는 데 자신의 생각하고 다르면 순종을 하지 않는 것이 보통입니다. 순종하지 않으려면 무엇 때문에 꿈을 해석하려고 합니까? 환상은 무엇 때문에 보며 해석하려고 노력합니까? 순종하지 않으려면 음성은 무엇 때문에 들으려고 합니까? 상담이나 예언은 무엇 때문에 들으려고 합니까? 순종하지 않으려면 아예 하나님의 뜻을 뒤로 하고 자신의 마음대로 살아가면 되는 것입니다.

치유를 받으려고 해도 부부가 하나가 되어야 한다하면 그렇게 되려고 해야 치유가 되는 것입니다. 자기 마음대로 하는데 어떻게 하나님의 역사로 문제가 해결이 될 수 있겠습니까? 분명하게 성경은 이렇게 말씀하십니다. "내가 그리스도와 함께 십자가에 못 박혔나니 그런즉 이제는 내가 사는 것이 아니요 오직 내 안에 그리스도께서 사시는 것이라 이제 내가 육체 가운데 사는 것은 나를 사랑하사 나를 위하여 자기 자신을 버리신 하나님의 아들을 믿는 믿음 안에서 사는 것이라(갈 2:20)" 예수를 믿으면서 죽은 사람답게 바울과 같이 성령의 의중에 순종하시기를 바랍니다. 예수님은 이렇게 말씀하셨습니다. "그 날에는 내가 아버지 안에, 너희가 내 안에, 내가 너희 안에 있는 것을 너희가 알리라(요 14:20)" 그날이란 예수 믿고 성령으로 세례 받는 날을 말하는 것입니다.

"내가 아버지 안에, 너희가 내 안에, 내가 너희 안에 있는 것을 너희가 알리라" 잘 생각하면서 성령으로 깨달아 보세요. 말씀대로라면 자신이 예수님이요, 예수님이 자신이라는 것입니다. 순종하지 않으려면 하나님의 뜻을 알려고 하지도 말아야 합니다. 하나님의 은혜로 치유를 받으려고 시도도 하지 말아야 합니다. 자기 마음대로 하는 성도가 어떻게 하나님께 치유나 문제 해결이나 복을 받을 수가 없습니다. 순종하지 않는 성도에게 하나님은 아무것도 하실 수가 없습니다.

우리는 아브라함을 본받아야 합니다. 자신에게 한 명밖에 없는 독자를 번제로 드리라고 해도 순종한 것입니다. "손을 내밀어 칼을 잡고 그 아들을 잡으려 하니, 여호와의 사자가 하늘에서부터 그를 불러 이르시되 아브라함아! 아브라함아! 하시는지라 아브라함이 이르되 내가 여기 있나이다. 하매, 사자가 이르시되 그 아이에게 네 손을 대지 말라. 그에게 아무 일도 하지 말라. 네가 네 아들 네 독자까지도 내게 아끼지 아니하였으니 내가 이제야 네가 하나님을 경외하는 줄을 아노라(창 22:10-12)" 하나님께서 아브라함에게 특별한 복을 주십니다. "여호와의 사자가 하늘에서부터

두 번째 아브라함을 불러 이르시되 여호와께서 이르시기를 내가 나를 가리켜 맹세하노니 네가 이같이 행하여 네 아들 네 독자도 아끼지 아니하였은즉, 내가 네게 큰 복을 주고 네 씨가 크게 번성하여 하늘의 별과 같고 바닷가의 모래와 같게 하리니 네 씨가 그 대적의 성문을 차지하리라(창 22:15-17)"

바울도 마찬가지입니다. "여러 날 머물러 있더니 아가보라 하는 한 선지자가 유대로부터 내려와 우리에게 와서 바울의 띠를 가져다가 자기 수족을 잡아매고 말하기를 성령이 말씀하시되 예루살렘에서 유대인들이 이같이 이 띠 임자를 결박하여 이방인의 손에 넘겨주리라 하거늘, 우리가 그 말을 듣고 그 곳 사람들과 더불어 바울에게 예루살렘으로 올라가지 말라 권하니, 바울이 대답하되 여러분이 어찌하여 울어 내 마음을 상하게 하느냐. 나는 주 예수의 이름을 위하여 결박당할 뿐 아니라. 예루살렘에서 죽을 것도 각오하였노라 하니, 그가 권함을 받지 아니하므로 우리가 주의 뜻대로 이루어지이다 하고 그쳤노라(행 21:10-14)"

결국 하나님의 뜻대로 순종하여 예루살렘에서 순교를 당합니다. 이렇게 죽더라도 순종하려면 하나님의 뜻을 구하고 그렇게 하지 않으려면 마음대로 사는 것입니다. 순종하지 않는데 어찌 하나님의 은혜를 받을 수가 있겠습니까? 순종하지 않으면서 하나님께 복만 받으려는 심보가 욕심입니다. 믿음은 하나님의 말씀에 순종하여 이루는 것입니다. 욕심은 하나님께서 원하시는 일은 하지 않으면서 축복만 받으려고 하는 것입니다.

3장 욕심은 기적을 훼방한다.

　(약 1:14-18)"오직 각 사람이 시험을 받는 것은 자기 욕심에 끌려 미혹됨이니, 욕심이 잉태한즉 죄를 낳고 죄가 장성한즉 사망을 낳느니라. 내 사랑하는 형제들아 속지 말라. 온갖 좋은 은사와 온전한 선물이 다 위로부터 빛들의 아버지께로부터 내려오나니 그는 변함도 없으시고 회전하는 그림자도 없으시니라. 그가 그 피조물 중에 우리로 한 첫 열매가 되게 하시려고 자기의 뜻을 따라 진리의 말씀으로 우리를 낳으셨느니라."

　크리스천들이 기적을 체험하면서 믿음생활하지 못하는 것은 욕심으로 행하기 때문입니다. 욕심은 인간적이기 때문에 기적이 일어나는 것을 적극적으로 훼방합니다. 하나님은 자신의 믿음이 욕심이 아닌가 분별하기를 원하십니다. 많은 목회자와 성도들이 믿음이라고 생각하는 것이 욕심인 경우가 많습니다.

　욕심으로 개척목회를 하려고 합니다. 욕심으로 귀신을 축귀하려고 합니다. 욕심으로 내적치유를 받으려고 합니다. 욕심으로 질병을 치유 받으려고 합니다. 욕심으로 환경의 문제를 해결 받으려고 합니다. 욕심으로 능력을 받으려고 합니다. 우리 목회자와 성도들은 자신이 추구하고 있는 영적인 활동이 믿음인가 욕심인가를 분별할 수가 있어야 합니다.

하나님은 우리를 창조하시고 구속하신 주님만 바라보시기 바랍니다. 그러면 말씀 듣는 가운데 기적이 나타날 것입니다. 놀부는 욕심의 대명사입니다. 그러나 흥부도 욕심 부릴 기회가 없었을 뿐 욕심이 없지 않았을 것입니다. 하나님은 우리가 믿음으로 살기를 원하십니다.

욕심으로 사는 사람이 많습니까 아니면 믿음으로 사는 사람이 많습니까? 문제는 신자들이 욕심을 감추어놓고 믿음 있는 것처럼, 사는 사람이 많다는 것입니다. 믿음과 욕심을 구별하지 못하고 열심 있게 믿음 생활하는 분들이 많습니다. 믿음에 대한 기대가 없는 사람은 듣고 싶은 말씀이 없기 때문에 말씀을 듣고 싶지 않아합니다. 바꾸어 말하면 말씀을 못 듣는 사람은 욕심이 가득한 사람입니다. 오늘 왜 욕심을 버리고 믿음으로 살아야 하는지 발견하는 시간이 되시기 바랍니다.

첫째, 욕심으로 믿음생활하면 하나님께서 함께 하지 않기 때문입니다. 우리나라 교회들이 샤머니즘의 신앙의 잔재가 교회에 많이 섞여있습니다. 그래서 세상에서 하는 식으로 욕심을 가지고 믿음생활을 하면서 믿음이 있는 것으로 인정하는 경우가 많이 있습니다. 욕심을 가지고 교회를 다니면서 실상은 믿음으로 착각하는 경우가 많습니다. 자신의 신앙상태는 성령으로 세례를 받고 성령께서 열어준 눈으로만 깨달을 수가 있습니다. 욕심으로 믿음생활을 하면 신앙에 발전이 없습니다. 욕심이 잉태하면 죄를 낳게 되고

(약1:15), 탐심은 우상숭배(골3:15)이기 때문에 욕심은 버려야 하는 것입니다. 자신의 욕구를 채우려고 거짓말하는 사람은 마귀의 영으로 충만한 사람입니다. 마귀는 에덴동산에서 '선악과를 먹어도 안 죽고, 네가 하나님같이 된다'고 아담과 하와를 거짓말로 속였습니다. 마귀의 유혹을 받고 보니 선악과가 먹음직스럽고, 보암직하고 지혜롭게 할 만큼 탐스럽게 보였습니다.

마귀의 말을 들을 때 욕심이 생긴 것입니다. 욕심은 판단을 흐리게 만듭니다. 욕심은 죄의 뿌리입니다. 욕심이 있는 사람은 반드시 죄를 짓게 됩니다. 욕심은 마귀로 발원한 것이기 때문입니다. 마귀는 자신을 보지 못하게 합니다. 다른 사람만 보고 판단하게 하는 악한 것이 마귀입니다. 욕심은 하나님 없이 내가 스스로 나를 채우려고 하는 것입니다. 하나님을 우리 안에 담으면 하나님이 만드신 모든 것이 다 우리 것이 됩니다. 사람은 하나님으로 채워서 하나님 한 분으로 만족하면 나머지는 다 채워지는 존재입니다.

욕심이 무엇인지 정확히 알아야 합니다. 욕심은 하나님 없이 자신의 힘으로 지혜로 땅의 소유로 나를 채워보려는 것입니다. 모든 문제는 여기서부터 시작됩니다. 욕심을 가지는 순간 하나님과 영적으로 단절되기 때문입니다. 아담과 하와가 욕심으로 말미암아 범죄 했고 에덴동산에서 쫓겨나 하나님의 모든 축복에서 끊어졌습니다. 목회자도 욕심으로 목회할 수 있습니다. 순진한 성도들을 속여서 보이는 것에만 추구하도록 설교합니다. 목회자가 욕심을 버리지 못하면 강단에 서서 설교를 하는데 하나님과 관계없는 우수

개 소리와 세상소리 등등으로 현혹시키는 소리를 할 수 있습니다.

둘째, 능력만 받으려는 것은 욕심이다. 능력은 예수를 믿고 성령으로 거듭나 하나님께서 원하시는 수준이 되면 당연하게 나타나는 것이 능력입니다. 그런대도 불구하고 은사나 능력 받는 것에 온 마음을 투자하여 이리저리 능력 있다는 사람만 쫓아다닙니다. 분명하게 자신이 없어지고 성령으로 채워지면 능력은 나타나게 되어있는데 자신 안에 하나님으로 채워지는 일에는 관심이 없고, 그저 능력 있는 사람에게 능력을 받으려고 합니다.

사명이 있으면 사명을 감당할 수 있는 능력을 주신다는 믿음이 중요합니다. 그러니까, 사명을 감당할 수 있도록 마음과 심령을 준비하는 일에 전념해야 합니다. 자신이 성전이 되도록 관리에 집중하라는 말입니다. 자신이 없어지고 온몸이 하나님의 성전으로 견고하게 지어지면 능력은 나타나지 말라고 해도 나타나게 되어 있기 때문입니다. 분명하게 하나님은 하나님께서 사용할 사람에게 능력을 주시고 일하도록 합니다. 이것을 믿는 믿음이 중요합니다.

자신을 준비하는 일에는 게으르고 능력자 사람에게 능력만 받으려고 하는 것이 욕심이라는 것입니다. 욕심을 가지고 능력자에게 능력을 받으려고 하는 발상부터가 잘못된 것입니다. 능력은 능력 있는 사람을 통하여 자신에게 접목되는 것이 아닙니다. 자신 안 성전에 주인으로 계시는 하나님께서 능력으로 나타나시는 것입니다.

이제 부터는 능력 있는 사람을 통하여 능력을 받으려는 발상을 접어야 합니다. 물론 능력 있는 사람을 통하여 자신 안에 하나님과 관계를 열어 자신 안에서 능력이 나타나게 해야 합니다. 그러나 능력 있는 사람만 의지하는 것은 욕심이지 진정한 자신 안에 하나님으로부터 발원한 능력이 아니기 때문에 얼마가지 않아 소멸될 수도 있는 것입니다. 능력 있는 사람을 통하여 자신의 영을 깨워서 자신 안에 계시는 하나님으로부터 능력이 지속적으로 흘러나오게 하시기를 바랍니다.

셋째, 은사만 받으려는 것은 욕심이다. 은사는 자신 안 성전에서 성령으로 분출되는 능력인 것입니다. 은사는 하나님의 사명을 감당하기 위하여 자신 안에서 올라오는 것입니다. 성령의 9가지 은사는 예수를 믿고 성령으로 세례를 받으면 모두 자신 안에 와 있습니다. 자신 안에 와있는 은사를 성령으로 나타내어서 사용하는 것입니다. 그러므로 자신 안이 하나님의 성전이 되는 것이 중요합니다. 은사는 받는 것이 아니고 나타나는 것이기 때문입니다.

그렇기 때문에 은사를 받는 다는 용어부터 잘못된 것입니다. 은사는 성령의 나타남입니다. 자신 안에 성전 된 마음의 밭에서 필요할 때마다 성령께서 은사로 나타나시는 것입니다. 그렇기 때문에 은사의 받으려고 하는 것에 우선하여 하나님과 관계를 열려고 노력해야 합니다. 그런데 하나님과 관계를 여는 일에는 관심을 두지 않고 그저 은사 있다는 사람을 찾아다니면서 은사를 접목 받으려고 합니다. 이것이 바로 욕심으로 은사를 받으려고 하는 것입니다.

은사가 있는 사람을 의지하지 말라는 것입니다. 자신에게 은사를 나타내시는 주체인 자신 안에 계신 성령님이 나타나게 하는 일에 집중하라는 것입니다.

믿음은 "은사는 하나님의 사명을 감당하는 사람들 모두에게 주어진 것이다. 내가 해야 할 일은 내안에 하나님으로부터 은사가 흘러나오도록 관계를 여는 것이다." 라고 믿고 행하는 것입니다. 이것이 아니고 무조건 은사를 받으려고 하는 것은 잘못된 욕심으로 은사를 받으려고 하는 것입니다. 은사를 나타내려는 의식을 바꾸어야 합니다. 은사는 "자신이 하나님의 성전으로 견고하게 지어지고 하나님과 관계가 열리면 은사를 필요할 때 마다 나타나는 것이다." 라고 믿는 믿음이 중요합니다. 그렇지 않고 자신 안에 주인으로 계시는 하나님은 뒷전으로 하고 은사 있다는 사람만 찾아다니는 것은 욕심으로 은사를 구하는 것입니다.

그리고 은사가 나타나면 어떻게 사용하겠다는 확실한 믿음이 있어야 합니다. 은사는 자신이 하나님의 성전 되게 하는 일과 자신의 가정을 성전 되고 천국 되게 하는 일에 사용해야 합니다. 그렇지 못하고 은사가 있다고 자랑하려는 생각과 자기를 들어내려는 생각으로 은사를 나타내려면 시작부터 잘못된 것입니다. 은사는 하나님의 영광을 위하여 사용해야 합니다. 자신을 성전 만드는 일과 가정을 천국 만드는 일에 은사를 사용하기 위하여 은사를 나타내는 것입니다.

넷째, 상처만 치유 받으려는 것은 욕심이다. 예수를 믿고 성령으로 세례를 받으면 내면의 상처가 치유된다는 믿음이 중요합니다. 그렇지 않고 내면의 상처로 인하여 영적으로 정신적으로 육체적으로 문제가 생긴 다음에 내적치유만 받으러 다니는 것은 욕심이라는 것입니다. 물론 상처는 치유 받아야 합니다. 그런데 성령으로 세례를 받아 자신이 하나님의 성전으로 지어지고 하나님께서 주인으로 계시는 영적인 상태를 만들려고 하지 않고 무조건 상처만 치유 받으러 다니는 것은 욕심이라는 것입니다.

믿음은 "하나님께서 내 안에 주인으로 성전삼고 계시면 마음의 상처는 치유가 된다." 여기에 목적을 두는 것입니다. 그렇지 않고 자신 안에 하나님과 관계는 뒷전으로 하고 상처만 치유 받으려고 하는 것은 욕심이라는 것입니다. 욕심으로는 상처가 완전하게 치유되지 못합니다. 자신이 하나님의 성전이 되고 하나님께서 흘러나오는 상태가 되어야 상처가 온전하게 치유되는 것입니다. 상처는 잠재의식에 형성되어 있습니다. 잠재의식은 성령의 역사가 자신 안에서 일어나야 드러나게 됩니다. 그러니까, 성령의 역사 외에 인간적인 수단이나 심리적인 방법으로는 상처치유는 불가능합니다. 그렇기 때문에 욕심으로 상처를 빨리 치유 받으려고 이리저리 돌아다닌다면 더욱 많은 시간이 걸리는 것입니다.

자신이 생명의 말씀과 성령의 역사로 변화되려고 해야 합니다. 그렇게 하려면 자신이 소속된 교회에서 예배시간이나 기도시간에 자신 안에서 성령의 역사가 일어나서 내면의 상처를 치유하려는 의지가 중요합니다. 우리 충만한 교회는 주일날도 상처가 치유됩니다. 필자가 예배를 그렇게 인도하기 때문입니다. 알아야 할 것은 내면의 상처는 단기간에 치유되는 것이 아니고 영원한 천국에 입성할 때까지 해야 되는 것이 상처치유입니다. 왜냐하면 육체와 생명을 가지고 살아가기 때문에 상처를 받지 않을 수가 없는 것입니다. 그래서 예배시간이나 기도시간에 내면에서 성령의 불이 나와서 상처를 배출하는 기도를 숙달하는 것이 중요합니다.

절대로 상처는 어느 한정된 기간에 완전하게 치유되지 않습니다. 지속적으로 생명의 말씀과 성령의 역사가 자신 안에서 일어나 전인격이 성령의 지배와 장악이 되는 만큼씩 치유가 되는 것입니다. 급한 마음을 먹고 상처치유만 받으려고 한다면 욕심이기 때문에 성령의 역사가 강하게 일어나지 않아 마음의 상처를 치유하는 시간이 많이 걸립니다. 물론 상처가 있으면 생활하기에 힘이 들어 치유 받으려고 하는 것은 당연한 것입니다. 필자가 말하는 것은 자신의 전인격이 성령의 지배를 받는 일에 치중하지 않고, 상처치유만 받으려고 하는 것은 욕심이라는 말입니다.

자신이 하나님의 성전으로 견고하게 지어지는 영적활동을 하면서 상처를 치유 받으려고 하라는 것입니다. 하나님은 상처를 통하여 하나님께서 원하시는 영적인 사람으로 변화되기를 소원하십니다. 그러므로 상처치유는 하나님의 뜻입니다. 하나님은 모든 성도들이 상처로 고생하기를 원하시지 않고 치유해주기를 원합니다.

다섯째, 질병만 치유 받으려는 것은 욕심이다. 하나님은 자신의 질병을 치유하여 주시기를 원하십니다. 이렇게 믿고 자신이 하나님의 형상으로 변화되려고 하는 것이 믿음입니다. 그렇지 못하고 병만 치유 받으려고 신유 은사자를 찾아서 이리저리 돌아다니는 것은 욕심이라는 것입니다. 욕심이 있기 때문에 질병이 치유되지 않습니다. 욕심은 육의 활동입니다. 자신의 질병을 치유하시는 하나님은 영이십니다. 욕심이 있어 육체가 된 환자의 질병을 영이신 하나님께서 치유하실 수가 없는 것입니다. 질병의 치유는 성령으로 세례를 받아 환자 안에서 성령의 역사가 불출되는 권능으로 치유가 되는 것입니다. 그렇기 때문에 질병을 치유 받으려면 자신 안에서 성령의 역사가 흘러나오는 영적활동을 해야 합니다.

자신 안에 욕심으로 세상 것들이 주인 되어 있는데 어떻게 영이신 하나님께서 치유를 하실 수가 있겠습니까? 신유의 은사가 있는 능력자가 병을 고치는 것이 아니고 하나님께서 환자의 질병을 치유하시는 것입니다. 환자가 병을 고치려면 하나님의 역사가 일어날 수 있는 영적인 상태를 만드는 것이 중요합니다. 영적인 상태를 만드는 것은 성령으로 세례를 받고 성령의 역사가 자신을 장악하게 하는 것입니다. 신유은사가 있는 자칭 능력자라는 사람도 성령의 역사가 장악을 하여 밖으로 분출되는 상태가 되어야 합니다.

예수님의 인격이 나타나는 사람이어야 합니다. 그래서 신유은사가 있는 사역자의 전인격이 하나님의 성전으로 견고하게 지어지고 하나님과 관계가 열린 사역자가 되어야 하는 것입니다. 환자의 질병의 치유는 사역자에게 역사하는 성령의 역사를 환자에게 전이 시켜서 환자 안에서 성령의 역사가 일어나게 해야 성령의 역사가 질병을 치유하는 것입니다. 절대로 신유은사가 있는 사역자의 능력으로 환자의 질병이 치유되는 것이 아닙니다. 그렇기 때문에 신유은사가 있는 사역자만 의지하는 것은 욕심이요, 인간적인 치유를 사모하는 것입니다. 신유은사가 있는 사람을 통하여 하나님께서 환자의 질병을 치유하시는 것입니다.

그렇기 때문에 자신 안에 주인으로 계시는 하나님께 관심을 집중하고 하나님과 관계를 열어야 합니다. 신유은사자만 의지한다면 절대로 질병의 치유가 되지 않습니다. 자신 안에 하나님께 기도하여 하라는 대로 순종해야 질병이 치유되는 것입니다. 자신의 질병은 자신 안에 계신 하나님께서 치유하시기 때문입니다.

여섯째, 귀신만 쫓아내려는 것은 욕심이다. 믿음은 귀신에게서 자유 함을 받는 것이 하나님의 뜻이라는 것을 믿는 것입니다. 귀신만 쫓아내려고 한다면 죽을 때까지 귀신을 쫓아내야 합니다. 악귀는 사람의 힘보다 강합니다. 그래서 사람의 힘만으로는 악귀를 몰아낼 수가 없습니다. 반드시 악귀보다 강한 성령의 권능을 덧입어야 가능한 것입니다. 축귀사역은 전전으로 성령의 권능으로 하는 것입니다. 귀신축사보다 성령의 지배를 받으려고 노력을 해야 합니다. 귀신의 축사는 사람의 능력으로 하는 것이 아닙니다.

성령의 권세가 귀신을 축귀하는 것입니다. 성령은 어디에 계시는 가 먼저 믿는 자의 영 안에 거하십니다. 성령으로 세례 받은 사람들이 모여 있는 곳에 임재 하여 계십니다. 또 성령으로 충만한 사역자가 영으로 전하는 말씀 안에 역사하십니다. 축귀는 피 사역자의 영 안에 임재 하여 계신 성령의 역사를 일으켜서 성령의 권능으로 밀어내는 것입니다. 능력 있는 사역자가 하는 것이 절대로 아닙니다. 사역자는 귀신의 영향을 받는 자의 영 안에서 성령의 역사가 일어나게 하는 영적인 방법을 알고 있어야 합니다. 저는 축귀사역을 절대로 성령의 임재가 되지 않은 사람은 성령의 임재가 장악될 때까지 기다립니다. 성령님이 장악하시면 사역을 시작합니다.

만약에 사역자가 성령의 임재가 되지 않은 사람을 축귀했을 경우, 그 당시 성령 사역자의 능력으로 악귀가 떠날 지라도 시간이 경과되면 다시 들어갑니다. 왜냐하면 피 사역자가 성령으로 충만한 상태가 아니므로 다시 들어가는 것입니다. 축귀사역을 바르게 하려면 찬송을 뜨겁게 부르고 통성으로 기도를 해야 합니다. 그리고 영의 말씀을 들어야 합니다. 필자의 체험으로는 피 사역자가 깊은 영의 말씀을 잘 알아들어 영적으로 변하는 만큼씩 귀신이 떠나갔습니다. 축귀는 시간이 걸리는 일입니다. 성령님의 일입니다.

자신이 성령으로 완전하게 장악되는 시간이 필요합니다. 자신에게 육체가 남아있는 한 악귀는 떠나가지 않습니다. 악귀는 육체와 생각에 역사할 수 있기 때문입니다. 원래 사람의 육체는 마귀가 주인 이였습니다. 그래서 아무리 성령으로 충만했던 사람도 시기나 질투 혈기 등으로 육체가 되면 마귀가 틈을 탈수가 있는 것입니다.

그래서 하나님은 성령으로 충만함을 받으라고 하시는 것입니다. 그럼 성령으로 충만한 상태는 언제인가, 하나님을 부르고 찾고 생각할 때가 성령으로 충만한 것입니다. 성령으로 충만하려면 항상 하나님을 찾고 부르고 하나님을 생각을 해야 합니다. 우리는 성령으로 충만하다는 계념 이해를 잘해야 합니다. 새벽기도 빠지지 않고 잘 참석하고, 예배를 잘 드리고, 봉사 열심히 하고, 소득의 십일조를 드린다고 성령으로 충만하다고 볼 수가 없습니다. 이렇게 행위로 열심을 내어도 세상에 나가 세상에 빠지면 성령의 충만이 사라지는 것입니다.

왜냐하면 우리에게는 육이 있기 때문입니다. 우리는 성령으로 충만하기 위하여 의지적인 노력을 해야 합니다. 항상 하나님을 찾아야 한다는 것입니다. 성령으로 충만한 상태는 항상 하나님을 찾는 상태입니다. 내 영 안에 성령하나님이 계셔도 찾지 아니하면 주무십니다. 이때는 육성이 되는 것입니다. 축귀사역을 하실 분이나 축귀를 받을 분은 이점을 확실하게 인식해야 합니다. 성령이 임재하여 장악할 때까지 기다리라는 것입니다. 예배나 집회에 참석하여 계속 말씀을 들어서 자신의 문제가 왜 왔는지 이해하고, 안수를 받으면서 소리 내어 기도할 수 있을 때까지 기다립니다.

그래서 마음이 열리고 성령이 그 사람의 심령에서 역사하여 장악하면 축귀를 합니다. 축귀는 그 사람의 영 안에 계신 성령의 권능으로 밀어내는 것이기 때문입니다. 이렇게 하지 않는 축귀는 얼마가지 않아서 다시 귀신에게 눌리게 됩니다. 억지로 축귀하여 기침 몇 번하고 발작했다고 귀신이 떠났다고 볼 수가 없습니다. 이렇게 축귀하고 헌금을 요구하는 사역자가 있다고 들었습니다. 목회자도 속아서 천만 원을 헌금했다는 이야기도 들었습니다. 이는 예수 이름을 빙자하여 사기 치는 것입니다. 이런 부흥사는 지옥 형벌을 피할 수가 없습니다. 속지도 말고, 이렇게 쉽게 축귀를 하려고 하지도 말아야 합니다. 절대로 축귀는 자신의 영속에서 올라오는 성령의 기름 부으심으로 귀신이 쫓겨나는 것입니다.

일곱째, 혈통의 문제만 해결하려는 것은 욕심이다. 예수를 믿고 교회에 나와 성령으로 세례를 받으면 그때부터 성령께서 내면의 상처와 혈통의 문제를 해결하시기 시작을 합니다. 이것을 믿고 성령의 인도를 받는 것입니다. 욕심은 처음 교회에 들어와 자신의 혈통에 문제는 예수를 믿었기 때문에 상관이 없다는 사람들을 말을 철석같이 믿고 혈통의 문제를 등한히 하다가 문제가 생기니 그때서야 이곳저곳으로 능력 있다는 사람과 혈통의 저주를 끊는 다는 사람과, 쓴 뿌리를 뽑는 다는 사람을 찾아가 형통의 문제만 해결하려고 하는 것입니다. 자신과 하나님과 관계는 뒷전으로 하고 욕심을 가지고 혈통의 문제만 해결 받으려고 돌아다니는 것입니다.

제가 잘 아는 어떤 집사는 쓴 뿌리를 뽑는 곳에 다니다가 그곳에 역사하는 더러운 영의 역사로 영적존재들이 침입하여 종전보다 더 영적인 문제가 심해져서 직장도 다니지 못하게 된 것을 목격했습니다. 필자가 그 집사를 생각하면 대관절 무엇 때문에 그곳에 가서 자신을 망가지게 했는지 이해가 되지 않습니다. 혈통의 문제를 영원히 해결 받는다는 감언이설에 속아서 한 번에 쓴 뿌리를 뽑아버리겠다는 욕심 때문에 직장도 다니지 못하고 사람 노릇을 못하게 된 것입니다.

우리 성도들이 알아야 할 것은 자신의 교회가 성령의 역사가 있어 성령세례가 임하고 성령 충만한 역사가 일어나고, 내면의 상처가 치유 되고, 담임목회자가 성령으로 깨달은 진리가 증거 되면 거기서 뿌리를 내리고 자신의 관리를 하려고 해야 합니다. 어떤 특별한 곳이 없다고 인정해야 자신 안에 하나님과 관계가 열립니다. 자신이 하나님께서 원하시는 수준은 자신이 욕심으로 생각하는 것과 같이 단 기간에 되지 못합니다. 성령의 지배와 장악이 되는 만큼씩 성령으로 진리를 깨닫는 만큼씩 혈통의 문제가 없어지는 것입니다. 알아야 될 것은 혈통의 문제는 자신이 성령으로 지배를 당하는 만큼씩 떠나가는 것입니다. 절대로 능력자의 안수 한방이나 쓴 뿌리 뽑는 집회 몇 번 참석하여 해결이 되지 못합니다. 자신 안에 성전이 견고하게 지어지고 성령의 인도를 받으면서 성령으로 진리를 깨닫는 만큼씩 혈통에 역사하는 악한 영들이 정체를 폭로하고 떠나가는 것입니다. 믿음으로 혈통의 문제를 해결하려고 하시기를 바랍니다. 믿음으로 혈통의 문제를 해결하는 방법은 성령의 지배와 인도에 전적으로 따르는 것입니다.

여덟째, 환경의 문제만 해결 받으려는 것은 욕심이다. 하나님은 성도가 하나님의 성전이 되고 가정이 성전이 되기를 원하십니다. 이것을 알고 자신을 하나님의 성전 만드는 믿음생활을 하는 것이 믿음입니다. 욕심을 자신과 하나님과 관계는 뒷전으로 하고 환경의 문제만을 해결해달라고 빌면서 매달리는 것입니다. 환경의 문제를 해결하는 것은 하나님의 뜻입니다. 그렇기 때문에 자신이 해야 할 일은 자신이 하나님의 성전이 되도록 하는 것입니다. 먼저 성전이 되고 하나님과 관계가 열려야 다음으로 환경의 문제가 해결되는 것입니다. 자신을 하나님의 성전 만드는 일은 뒷전으로 생각하고 환경의 문제만 해결하려고 하는 것이 욕심입니다.

절대로 자신과 하나님과 관계가 열리지 않으면 환경의 문제는 해결되지 않습니다. 환경이 일어나는 문제를 해결하려면 먼저 해야 할 일이 있습니다. 가족이 예수님으로 하나가 되는 것입니다. 하나가 되는 것은 예수를 모두 믿었다고 하나가 되는 것이 아닙니다. 성령으로 세례를 받아 성령으로 하나가 되어야 합니다. 성령의 역사가 환경의 문제를 해결하시기 때문입니다. 환경에 문제를 일으키는 존재는 가상적인 존재가 아니고 살아있는 존재입니다. 환경에 문제를 일으키는 존재가 사람보다 강한 귀신이기 때문에 성령의 역사가 일어나야 떠나가기 때문에 성령으로 하나가 되어야 합니다. 가족모두가 성령으로 세례를 받고 한 교회에 출석해야 환경의 문제가 하나님의 방법으로 해결될 수 있는 조건을 갖춘 것입니다. 가족도 하나가 되지 못했는데 어찌 하나님께서 환경의 문제를 해결하시겠습니까? 이는 욕심으로 해결이 불가능한 것입니다.

4장 믿음도 있고, 신념도 있다.

(엡 2:8-9)"너희는 그 은혜에 의하여 믿음으로 말미암아 구원을 받았으니 이것은 너희에게서 난 것이 아니요 하나님의 선물이라. 행위에서 난 것이 아니니 이는 누구든지 자랑하지 못하게 함이라."

크리스천들 중에는 자신의 신념을 믿음이라고 우기는 분들이 있습니다. 분명하게 신념은 믿음과 거리가 먼 것입니다. 신념은 자신의 이성에서 나온 것이고, 믿음은 자신 안에 주인으로 오신 성령님으로부터 발원한 것이기 때문입니다. 하나님은 믿음과 신념을 구별하라고 말씀하십니다. 많은 크리스천들이 믿음과 신념을 구별하지 못하면서 믿음생활을 하므로 믿음생활을 열심히 해도 열매가 없는 것입니다. 열매는 자신 안에 계신 하나님으로부터 나타나는 것입니다.

신념을 가지고 열심히 관념적인 믿음생활을 하니 열매가 없는 것입니다. 열매가 없으면 불평을 합니다. 하나님을 원망하기도 합니다. 예수님을 믿어도 소용이 없다고 불평을 합니다. 원인을 분석하면 자신의 믿음이 잘못되었는데, 영의 눈이 열리지 않아 인간적으로는 깨닫지 못하니 하나님께만 원망을 하는 것입니다. 믿음으로 승리하는 성도님들이 되어야 할 것입니다.

신념이란 좋은 생각, 긍정적 생각, 의심하지 않는 것, 긴 인내의 소망으로 인간적인 목회자가 주장하는 유사복음으로 성경의 믿음과 상관이 없습니다. 믿음이란 위로부터 내려오는 것을 말합니다. "너희는 그 은혜에 의하여 믿음으로 말미암아 구원을 받았으니 이것은 너희에게서 난 것이 아니요 하나님의 선물이라. 행위에서 난 것이 아니니 이는 누구든지 자랑하지 못하게 함이라(엡 2:8-9)" 믿음은 하나님의 선물입니다. 성령으로 발원하는 것입니다. 자신이 하는 것이 아니고 하나님께서 하신다는 믿음입니다.

신념은 교육에 기인한 것입니다. 인간적인 것입니다. 신념은 하나님과 상관이 없는 것입니다. 믿음은 성전된 자신 안의 성령으로 기인한 것입니다. 자신의 주인 된 하나님으로부터 발원한 것이 믿음입니다. 그런 겨자씨만한 믿음이 산을 옮기는 것입니다. "곧 예수 그리스도를 믿음으로 말미암아 모든 믿는 자에게 미치는 하나님의 의니 차별이 없느니라(롬 3:22)", "사람이 의롭게 되는 것은 율법의 행위로 말미암음이 아니요, 오직 예수 그리스도를 믿음으로 말미암는 줄 알므로 우리도 그리스도 예수를 믿나니 이는 우리가 율법의 행위로써가 아니고 그리스도를 믿음으로써 의롭다 함을 얻으려 함이라 율법의 행위로써는 의롭다 함을 얻을 육체가 없느니라(갈 2:16)", "그 안에서 발견되려 함이니 내가 가진 의는 율법에서 난 것이 아니요, 오직 그리스도를 믿음으로 말미암은 것이니 곧 믿음으로 하나님께로부터 난 의라(빌 3:9)"

신념은 인간이 의지에서 나오는 산물이지만 믿음은 '하나님의 선물'(엡2:8)입니다. 신념은 자신이 생각하여 추구하는 지극히 인간적인 것으로 욕심이 될 수도 있습니다. 신념을 이루어 달라고 아무리 세월이 흘러가도 이루어지지 않을 수가 있습니다. 믿음은 하나님께서 자신을 통하여 이루신다는 것을 성령께서 깨닫게 하는 선물입니다. 자신이 하나님의 성전되고 하나님의 형상으로 변하면 반드시 이루어집니다.

신념은 자신이 공부하고 삶을 살아가면서 알게 된 '인간의 자기 발견'입니다. 믿음은 '하나님의 은사'(고전 12:31~13:13)입니다. 신념과 믿음은 엄연하게 차이가 있는 것입니다. 신념은 인간 편에서 갖게 되는 확신이지만, 믿음이란 하나님이란 절대자로부터 온 증거 같은 것입니다. 신념은 '지적인 동의'이지만, 믿음은 '하나님의 계시'(갈3:23)입니다.

그러므로 예수님을 주인으로 영접하지 않는 세상 사람들은 신념으로 살아갑니다. 그러나 예수를 믿어 하나님의 자녀가 되면 성령께서 깨닫게 하는 계시로 알고 믿고 살아가게 되는 것입니다. 그렇기 때문에 믿은 대로 역사가 일어나는 것입니다. 예수님은 마태복음 8장 13절에서 "예수께서 백부장에게 이르시되 가라 네 믿은 대로 될지어다 하시니 그 즉시 하인이 나으니라." 말씀하신 것입니다. 백부장이 믿으니 즉시로 하인이 치유가 된 것입니다.

신념은 인간의 지(知)-정(情)-의(義)가 주체가 되는 삶이지만 믿음은 성령으로 거듭난 영(靈)이 주체가 되어 인간의 지-정-의를 새롭게 바꾸어지게 하는 삶입니다. 이는 물과 성령으로 거듭남으로만 가능합니다. 반드시 예수를 믿고 성령으로 거듭나야 가능한 것입니다. 예수님께서 요한복은 14장 20절에 "그 날에는 내가 아버지 안에, 너희가 내 안에, 내가 너희 안에 있는 것을 너희가 알리라" 하신 뜻을 깨달으면 이해가 쉽게 됩니다. '그 날에는' 이란 예수를 믿고 성령으로 세례를 받으면 이란 뜻입니다.

신념은 인간적인 견해로 보면 지혜롭고 탐스럽게 보이지만, 믿음은 인간적인 견해로 보면 어리석게 보이기 쉽습니다. "육에 속한 사람은 하나님의 성령의 일들을 받지 아니하나니 이는 그것들이 그에게는 어리석게 보임이요, 또 그는 그것들을 알 수도 없나니 그러한 일은 영적으로 분별되기 때문이라(고전 2:14)" 믿음은 성령으로 거듭난 영적상태로 보아야 바로알고 순종하게 됩니다. 믿음은 하나님으로부터 발원한 것으로 인간적인 생각과 눈으로는 도저히 이해할 수가 없는 것입니다.

신념은 예술이나 종교성으로 승화되는 인간의 혼신의 힘이지만, 믿음은 성령의 능력이며, 감춰져 있는 영의 힘입니다. 성령으로 충만해야 깨달을 수가 있고 이루어질 수가 있는 것입니다. 신념은 종교성이나 이념을 발전시키지만, 믿음은 숨겨진 진리의 말씀이 생명을 자라게 합니다. 신념의 주체는 인간 자신이지만, 믿음의 주체는 '예수'(히12:2)입니다. 반드시 예수님을 주인으로 영접하고 성령으로 거듭나야 가질 수 있는 것이 믿음입니다.

신념이 '인간의 자기 의(義)'를 이루는 것이라면. 믿음은 '하나님의 의(義)'를 이루는 것입니다(빌 3:9). "그 안에서 발견되려 함이니 내가 가진 의는 율법에서 난 것이 아니요, 오직 그리스도를 믿음으로 말미암은 것이니 곧 믿음으로 하나님께로부터 난 의라(빌 3:9)” 믿음은 전적으로 자신 안에 주인으로 계시는 하나님으로 난 의요, 자신이 하나님의 역사에 순종할 때 이루어지는 것입니다.

신념은 인간 자신이 목표를 세워 걸어가는 길이요, 믿음은 아브라함처럼 스스로 갈 바를 알지 못하는 길입니다. 성령의 인도를 받는 것입니다. 성령의 인도를 따라가야 이루어집니다. “믿음으로 아브라함은 부르심을 받았을 때에 순종하여 장래의 유업으로 받을 땅에 나아갈새 갈 바를 알지 못하고 나아갔으며(히 11:8)” 아브라함은 전적으로 하나님께서 인도하신다는 믿음으로 따라가니 축복의 땅에 도달한 것입니다.

신념은 ‘각기 제 길로 가는 길’입니다(사53:6). “우리는 다 양 같아서 그릇 행하여 각기 제 길로 갔거늘 여호와께서는 우리 모두의 죄악을 그에게 담당시키셨도다(사 53:6)” 믿음은 성령에 이끌려 하나님께 순종하는 길입니다. “이에 명하여 수레를 멈추고 빌립과 내시가 둘 다 물에 내려가 빌립이 세례를 베풀고 둘이 물에서 올라올 새 주의 영이 빌립을 이끌어간지라. 내시는 기쁘게 길을 가므로 그를 다시 보지 못하니라. 빌립은 아소도에 나타나 여러 성을 지나다니며 복음을 전하고 가이사랴에 이르니라(행 8:38-40)”

신념은 스스로 자부심을 느끼게 되지만, 믿음은 스스로 자랑하지 못하는 것입니다. “너희는 그 은혜에 의하여 믿음으로 말미암아 구원을 받았으니 이것은 너희에게서 난 것이 아니요 하나님의 선물이라(엡 2:8)" 자신을 통하여 하나님께서 이루시기 때문입니다. 믿음대로 이루어지는 것은 전적으로 자신의 신념을 버리고 성령의 인도에 전폭적으로 순종할 때 이루어지는 것입니다. 자신의 의나 신념이 1%라도 결부되면 이루어지지 않는 것이 믿음입니다.

신념은 "할 수 있다. 하면 된다. 해보자"고 외치지만. 믿음은 예수님 안에서 예수님께서 자신을 통하여 기적을 행하시니 "할 수 있다. 하면 된다. 해보자"를 외칩니다. 전적으로 100% 순종하는 자신을 통하여 하나님께서 하시는 것입니다.

신념은 잠시 지나갈 것, 바랄 수 있는 것을 바라지만, 믿음은 영원한 것, 바랄 수 없는 것을 바랍니다. "아브라함이 바랄 수 없는 중에 바라고 믿었으니 이는 네 후손이 이 같으리라 하신 말씀대로 많은 민족의 조상이 되게 하려 하심이라(롬 4:18)" 성령으로 발원한 믿음이 없이는 이룰 수 없는 것이 믿음입니다. 믿음은 절대적인 것(하나님)에 맞닿아 있지만, 신념은 상대적인 것에 맞닿아 있습니다.

믿음은 불변하는 것이지만 신념은 변하는 것입니다. 그렇기 때문에 자신을 믿으면 인생을 망하는 것입니다. 예수를 믿는 우리는 하나님을 믿기 때문에 믿은 대로 되는 것입니다. 믿음은 예수를 믿고 성령으로 진리를 깨닫는 하나님과의 관계에 근거한 것이라면, 신념은 여러 피조물과의 관계에 근거한 것입니다. 그렇기 때문에 신념은 이루어질 수도 있고 이루어지지 않을 수가 있습니다.

믿음이 예수 그리스도와의 관계를 맺음이라면, 신념은 신학이나 교리를 배움으로써 생겨나는 것입니다. 믿음은 거짓 없는 진리로 역사하는 능력이라면, 신념은 그릇된 교리로 역사하는 기적입니다. 신념은 극히 마귀 적이기 때문에 하나님과 상관이 없고 성령의 역사에 순종하지 못하게 하는 대적입니다. 믿음은 성령의 역사로 갖게 되는 확신이라면, 신념은 속이는 영의 역사로 갖게 되는 확신입니다. 귀신들이 허황된 것을 쫓게 하여 망하게 할 수가 있습니다. 세상 사람들이 무당의 말을 듣고 신념을 만들어 살다가 이루어지지 않으니 인생이 망하는 것입니다. 그래서 자책하다가 결국 자살하는 사람이 생기는 것입니다.

믿음은 그리스도가 주인이 되는 것이라면, 신념은 그리스도를 축복의 도구로 삼는 것입니다. "축복하여 주시옵소서, 주시옵소서.", "병을 고쳐 주시옵소서. 병을 고쳐 주시옵소서." 하며 기도하는 사람은 신념을 가지고 기도하는 것입니다. 이루어지지 않습니다. 믿음의 사람은 하나님을 믿으니 하나님께서 축복하여 주신다는 믿음을 가지고 성령의 인도를 받으면서 하나님을 찾고 찾으면서 자신 안에 하나님을 채우는 사람입니다. 하나님께서 채워지니 복을 받는 것입니다. 원래 하나님께서 자신을 부르신 것은 축복하시어 자신을 통하여 하나님의 일을 하시기 위해서 불렀기 때문입니다. 하나님의 말씀에 순종하는 것에 목적을 두고 믿음생활을 하는 사람입니다.

한 평생 믿음으로 사는 성도들이 간혹 있지만, 믿음과 신념 사이에서 오락가락 하는 교인이나 신념으로 사는 종교인들은 더욱 많습니다. 자신을 성찰하여 혹시 자신이 신념의 사람이 아니가 분별해야 해서 바른길로 나와야 합니다. 성령으로 기도하면서 자신을 성찰하는 시간을 많이 가져야 합니다. 성령의 역사가 자신을 보게 하는 것입니다. 믿음은 오직 예수 한 분만 갈망하지만, 신념은 예수님과 함께 재물이나, 성공, 축복, 사람(목사나 신부나 교주)이나 이념 같은 피조물을 창조주와 함께 섬기거나 갈망하는 것입니다.

필자가 거의 매일 강조하는 것이 이것입니다. 교회에 와서 사람을 의식하고 사람에게 무엇을 받으려고 하지 말라는 것입니다. 필자를 바라보고 무엇을 얻으려고 하지 말라는 것입니다. 자신 안에 주인으로 계시는 하나님께 집중하라는 것입니다. 필자는 통하여 전하는 설교를 통하여 진리를 깨닫고, 영을 깨우고, 성령의 역사를 전이 받아 자신 안에 주인으로 계시는 하나님과 관계를 열라는 것입니다. 쉽게 설명한다면 자신 안에 주인으로 계시는 하나님과 관계를 열라는 것입니다.

자신 안에 주인으로 계시는 하나님과 관계가 열려야 어디를 가나 함께하심으로 믿음대로 역사가 일어나는 것입니다. 절대로 자신을 축복의 도구가 되게 하는 분은 자신 안에 주인으로 계시는 하나님이십니다. 하나님과 관계가 열려야 합니다. 먼저해야할 일이 하나님과 관계를 여는 것입니다. 하나님과 관계가 열리지 않으니 인생살이가 고달파지는 것입니다. 예수님을 믿으면서도 예수님을 손님으로 생각하고 매사를 자신의 힘으로 세상을 살아가려고 하기 때문입니다.

세상살이를 하면서 가장 힘들고 어려운 시간을 보낼 때가 있습니다. 그 시간은 하나님에 대한 갈등과 모순이 끓어오를 때라고 할 수가 있습니다. 우리는 가난도 참고, 핍박이나 질병도 잘 감당하고, 연단도 시련도 잘 인내합니다. 그러나 하나님에 대한 갈등과 모순이 있을 때, 도무지 견디지 못합니다.

여기서 말하는, 하나님과의 갈등이란, 하나님의 약속은 있는데 현실은 너무도, 비참한 상황이 펼쳐질 때입니다. 그러니까 이상과 현실의 갭이 클 때, 우리는 사정없이 흔들리고 무너집니다. 분명히 기도하면 크고 비밀한 일들을 보여주신다 하셨습니다. 이것은 하나님의 불변한 약속입니다.

그러나 기도할수록 상황은 더 뒤틀리고, 꼬일 때를 만나게 되는 경우가 있습니다. 이럴 때 우리는 그래도 계속해서 기도를 해야 하는가? 라는 갈등을 하게 됩니다. 믿음으로 사는 자는, 만사형통하며 영혼이 잘됨같이 범사가 잘되고 강건해진다는 것이, 일반적인 성경의 약속입니다. 그런데 우리의 삶은 거꾸로 일 때가 많습니다. 말씀대로 이루지지 않는 경우가 많이 있습니다.

믿음으로 살수록, 만사가 뒤죽박죽이고 영혼이 잘될 때, 오히려 삶은 벼랑 끝으로 곤두박질칠 때가 많습니다.

하나님은 우리를 단련하신 후에, 순금같이 나오게 하신다고 하셨습니다. "그러나 내가 가는 길을 그가 아시나니 그가 나를 단련

하신 후에는 내가 순금 같이 되어 나오리라(욥 23:10)" 그런데 우리의 현실은 단련 받을 수 록 순금은 커녕, 진흙만도 못한 인생으로, 전락할 때가 있습니다. 도대체 무엇이, 어떻게, 잘못된 것인지 혼란에 빠져서 허우적거립니다. 그리고 성경의 모순됨에, 허탈함을 경험하게 됩니다.

믿음의 조상인 아브라함도, 이와 같은 갈등과 모순을 겪었었습니다. 아브라함도 신념을 가지고 자기 생각대로 행동할 때는 이루어지지 않았습니다. 고생만 했습니다. 세월이 흘러서 자신의 신념으로 되는 것이 없다고 체험한 후에 자신의 신념을 버리고, 하나님의 뜻에 전폭적으로 순종하자 믿음대로 이식이 출생하게 된 것입니다. 신념은 불필요한 고생을 하게 하는 욕심에 불과 합니다.

아브라함은 75세에, 열국의 아비가 되고, 하늘의 별과 같은 자손을 이루게 되리라는, 약속을 받았습니다. 그런데 10년이 지나도록 아브라함에게는, 아무런 일이 일어나지 않았습니다. 나이는 들어가는데 아내 사라는 임신은커녕, 주름만 늘어갈 뿐이었습니다. 그러자 아브라함은 불안해 지기 시작했습니다.

그렇다면 하나님의 약속은 무엇인가? 하나님의 약속과 현실이 너무 다름을 인하여, 아브라함은 흔들리기 시작했습니다. 그러자 아브라함은 안절부절못하게 됩니다. 그 결과 하나님을 신뢰하지 못하고, 인간적인 방법과, 사람의 생각으로 하갈을 통해 아들을 낳게 됩니다. 이것은 하나님의 대한 불신이며, 자기 생각이며 믿음이 아닌 신념이었습니다. 그 결과 이스마엘로 인하여, 아브라함은 물론 지금까지도 고통이 이어지고 있는 것입니다.

우리는 여기서 믿음과 신념의 차이를, 잘 이해해야 합니다. 믿음은 하나님으로부터 생긴 것이고, 신념은 내게서 만들어진 것입니다. 내 생각의 산물이라는 것입니다. 우리는 하나님의 약속과 현실 사이에서 갈등할 때, 자기 생각으로 하나님의 일을 하려고 하지 말고 엎드려, 기도해야 합니다. 자신이 하나님의 일을 하려고 하니까, 고통이 찾아오는 것입니다.

우리도 어쩌면 지금, 하나님의 더디심에 대하여, 하나님의 침묵하심에 대하여, 안절부절못하며 이스마엘을 낳고 있는지 모르는 일입니다. 그러나 이스마엘은 하나님의 약속의 성취가 아닙니다. 우리는 이대로 일생을 마치더라도, 하나님께서 하실 때까지 이삭을 기다려야 합니다. 임종 직전에 그 일이 이루어진다하더라도, 말입니다. 하나님께서 하신다고 하셨으니 하나님께서 하실 때까지 하나님께 기도하는 것이 믿음입니다. 그렇게 했을 때 인생 삶이 평안할 수가 있는 것입니다.

우리는 아브라함의 갈등과 혼란 속에서, 우리의 갈등과 혼란을 보게 됩니다. 얼마나 하루 하루가 갈등의 연속이었을까요? 분명히 하나님은 "복의 근원이 되게 하리라." "열방의 아비가 되게 하리라" 약속하셨습니다. 그 약속의 말씀만 믿고 고향과 친척과 아버지 집을 미련 없이 떠난 것 아닙니까? 그런데 현실은 하나님의 약속과 너무도 거리가 있었습니다. 나이는 자꾸 들어가고, 세월이 흘러도 하나님의 약속이 성취되지 않았습니다. 그러자 아브람과 사라가 공모하여 하갈을 통해, 아들을 낳았지만, 하나님은 그 아들이, 아니라 하십니다. 그렇다면 도대체 어떻게, 언제, 하나님은 약속을 이루신다는 말입니까?

우리의 갈등도 다르지 않습니다. 하나님께 부르짖으며, 연단 받으며, 인내하며, 신뢰하며, 좁은 길로 걸어갑니다. 그런데, 하나님은 보이지 않습니다. 하나님의 소리도, 들리지 않습니다. 앞에도 아니 계시고, 뒤에도 아니 계십니다. 이런 때를 아브라함도 만났습니다. 그러나 하나님은 아브라함과 우리의 믿음이 신념이 아닌, 실제적인 믿음(성령으로 발원한 영적인 믿음)이 되기를 기다리시는 것이며, 거기까지 올라오기를 원하시는 것입니다. 그날이 오기까지 우리도 힘들지만, 하나님도 고생이십니다.

결국 세월이 흘러서 아브라함의 나이가, 백세가 되었습니다. 수많은 세월과, 시행착오와, 실패와 연단과 시련을 통해, 아브라함의 믿음이 하나님께서 원하시는 영적인 믿음으로 채워지게 되었습니다. 그러나 이미 아내 사라의 경수는 끊어졌고, 아브라함의 나이도 호호백발이 된 때였습니다. 상식적이고, 의학적이고, 과학적인 모든 가능성이, 끊어진 때였습니다. 이제 인간적인 합리를 통해서 판단했을 때 아브라함의 몸에서, 아이를 낳을 가능성은 0%였습니다. 그러나 인간의 결론이 하나님의 결론이 될 수 없고, 인간의 끝이 하나님의 끝이 될 수 없습니다.

하나님은, 전능하십니다. 이 말은 하나님은 시공을 초월하여 역사하신다는, 의미일 것입니다. 하나님은 죽은 자와 방불한 아브라함과 사라의 몸에, 개입하셨습니다. 그리고 불가능을 가능케 하시며, 없는 것을 있게 하셨습니다. 아브라함은 여기서 하나님의 약속은, 더디지만 반드시 이루어진다는 사실을 경험하게 된 것입니다. 영적인 믿음의, 열매(결과)였습니다.

하나님의 속성은 거짓말은 못하심이고, 반드시 약속은 성취하시는 분이시라는 것입니다. 우리가 못났어도, 믿음이 없어도, 허물이 있어도, 고치시고, 기다리시고, 새롭게 만들어서라도, 그 일을 당신의 영광을 위하여 반드시 성취하십니다. 하나님께서 하실 것은 믿는 사람을 통하여 이루십니다. 여기에 우리의 소망이 있습니다.

세월이 흘러 백 살에 얻은 이삭이, 청년이 되었습니다. 그런데 홀연히 하나님께서 눈에 넣어도 아프지 않을, 그 아들을 제물로 바치라는 것입니다. 여기서 아브라함은, 얼마나 갈등을 했을까요? 이 아들을 바치면 열국의 아비가 되리라 하신, 하나님의 약속은 뭔가? 이 아들을 죽이면 복의 근원이 되리라 하신, 주님의 약속은 무슨 말씀인가? 주실 때는 언제고, 왜 또 달라고 하시는가? 그러나, 아브라함은 하나님을 믿었습니다.

백 살에 아들을 주신 하나님은 어떻게든 이삭을 살려내시든지, 아니면 다른 방법으로, 약속을 성취하실 것이라는 사실과 하나님은, 선하시고 신실하시다는 사실을 절대 믿음, 절대 신뢰가 아브라함 속에 있었습니다. 기다긴 세월동안 성령의 인도를 받으면서 시행착오를 겪으면서 생긴 믿음입니다. 그래서 말도 안 되고, 이

해도 안 되는 하나님의 요구 앞에 절대 순종으로 반응할 수 있었던 것입니다.

그렇습니다. 신념이 아니라, 믿음이 필요합니다. 신뢰는 순종을 못합니다. 그러나 믿음은, 순종을 낳게 됩니다. 안절부절못하고, 죽음을 방불한 현실 앞에서 두려워하며, 초조해 하는 우리에게 필요한 것은 영적인 믿음입니다. 하나님의 뜻을 이루는 것은 신념이 아닙니다. 절대적으로 하나님의 말씀에 순종하는 것입니다. 하나님은 식언치 않으시고, 반드시 약속을 성취하십니다. 우리를 순금같이 나오게 하실 것이며, 소중하고 귀하게 쓰실 것이며, 남은여생을 해같이 빛나게 하실 것입니다. 그 약속의 성취는 우리의 믿음과 순종이 버무려질 때만이 이루어지는 속성을 가지고 있습니다.

그러므로 우리는 하나님이 하시는 일을, 이해하려고 하지 말고 불가능도 가능케 하시고, 없는 가운데도 잇게 하시며, 백 살에도 아들을 낳게 하시는 하나님을 절대 신뢰하고, 기다려야 합니다. 인간적인 방법과 생각으로, 이스마엘을 낳으면 안 됩니다. 불필요한 고통만 따르게 될 것입니다. 하나님이 주시고자 하는, 아들은 이삭입니다. 그 아들은 백 살이 되어야, 얻을 수 있는 아들입니다. 아브라함이 하나님께서 원하시는 믿음이 되었을 때 받을 수가 있는 것입니다. 좀 더 빨리 얻을 수도 있고, 늦어질 수도 있습니다. 전적으로 하나님께서 우리들의 믿음의 성숙을 보시고 결정하시는 것입니다.

자신의 인간적인 지혜와 육신의 힘이 다 빠지고, 모든 인간적인 가능성이 사라지는 때가, 와야 합니다. 자신의 인간적인 욕망이 없어지고 전폭적으로 하나님의 말씀에 순종하는 때가 와야 하는 것입니다. 아직도 의지할 것이 있고, 기댈 사람이 있고, 가능성이 남아 있는 곳에는, 이삭이 태어나지 않습니다. 그곳에는, 이스마엘 뿐입니다. 더 이상, 하나님으로 갈등하고, 하나님의 모순됨을 인해, 서글퍼하지 말고, 백 살이 될 때를 기다려야 합니다. 아무것도 보이지 않고, 들리지 않고, 만져지지 않지만, 하나님은 성전 된 자신 안에서 이삭을 준비하고 계시며, 자신을 위해 아름답고, 위대한 일들을 조금씩 준비하시며, 이루시고 계십니다. 너무 느리고 더뎌 당신의 눈에 보이지 않고, 들리지 않을 뿐입니다. 다만 믿음의 눈으로 보고 기다리는 것입니다.

자신의 힘으로 어떻게 해보려는 인간적인 끈이, 다 끊어져야 합니다. 사람의지하지 않고 하나님만 믿어야 합니다. 더 많이, 온전하게 깨어져야 합니다. 알량한 자존심이 더 많이 부셔져야 합니다. 신념이 믿음으로. 바꾸어 져야 합니다. 기다림마저도 기대마저도, 사라져야 합니다. 인간의 열심과 신념은, 혼적입니다. 혼에는 생명도 없고, 살리는 역사도 없습니다. 하나님은 우리에게 생명의 말씀과 성령으로 발원한 영적인 믿음을 원하십니다. 영적인 믿음만이 영이신 하나님과, 교통할 수 있고 신령한 축복을 담을 수 있기 때문입니다. 하나님과 관계를 열어가면서 하나님께서 하실 것을 믿고 기다리는 믿음이 되어야 합니다.

5장 믿음으로 바라는 것이 실상이 된다.

(히 11:1-3)"믿음은 바라는 것들의 실상이요 보이지 않는 것들의 증거니 선진들이 이로써 증거를 얻었느니라. 믿음으로 모든 세계가 하나님의 말씀으로 지어진 줄을 우리가 아나니 보이는 것은 나타난 것으로 말미암아 된 것이 아니니라."

성령으로 발원한 믿음이 실상이 되는 것입니다. 반드시 성령께서 주신 믿음으로 행할 때 실상이 나타나는 것입니다. 예수님은 우리가 말하는 믿음을 우리의 신발이나 옷이나 음식처럼 현실에 지극히 가깝고 우리가 매일 필요로 여기고 늘 사용하고 체험하는 그러한 것으로 말씀하셨습니다. 그러므로 믿음이란 매일 매일 삶을 만들어 가는 근원적인 힘이라고 주님께서 우리에게 가르쳐 주셨습니다. 오라버니를 잃고 무덤가에 가서 울고 통곡한 마리아와 마르다를 보고 주님께서 "무덤 문을 옮겨놓아라" 무엇 구경하려고 옮겨 놓으라고 한 것이 아닙니다.

마리아와 마르다가 놀래서 "오라버니가 무덤에 들어 간지 나흘이 되어 썩은 냄새가 나나이다." "내가 네게 말하노니 네가 하나님을 믿으면 하나님의 영광을 보리라고 하지 않았느냐?" 주님께서는 문제를 해결하는 열쇠로써 믿음을 말씀한 것입니다. 뭐 무덤에 들어가서 사흘이 되 든 나흘이 되 든 열흘이 되 든 주님이 상관하지 않아요. 믿음이 있는 데는 능치 못하심이 없다는 것입니다. 믿음은 하나님의 능력을 통하게 하는 스위치와 같은 것입니다.

거지 바디매오가 맹인인데 예수께 나와서 "주여! 나를 도와주소서" 하니 "주님은 내가 네게 무엇 해주기를 원하느냐?" "주님 보기를 원하나이다" "네 믿음대로 되라!" 눈을 번쩍 떠서 그냥 보게 되었어요. 예수 그리스도는 어제나 오늘이나 영원토록 동일하다 했는데 그 예수님 오늘 이 자리에 계시므로 보고도 그렇게 말씀하실 것입니다. "네 믿음대로 될지어다." 주님과의 관계는 믿음의 관계인 것입니다. 사랑과 미움이 따르고 기쁨과 슬픔이 다르듯 믿음이 있는 사람과 믿음이 없는 사람은 완전히 다릅니다. 그러므로 오늘 이 말씀을 읽고 완전히 다른 사람이 되시기를 바랍니다.

첫째, 믿음은 바라는 것들의 실상이라고 말했다. 바란다는 것이 무엇입니까? 소원하는 것을 말하는 것 아닙니까? 아무 소원도 없는 사람은 죽은 사람입니다. 적은 소원이라도 소원이 있으면 믿음을 가질 수가 있는 것입니다. 나는 아무 믿음도 없습니다. 소원도 아무것도 없는 사람이에요. 그는 목석같은 인간인 것입니다.

바란다는 것은 우리들이 소원하는 것, 꿈꾸는 것입니다. 사람이 마음에 소원을 하게 되면 꿈을 꾸게 돼요. 아무 소원이 없으면 아무런 꿈을 꾸지 않습니다. 내가 피아니스트가 되고 싶은 간절한 소원이 있으면 자기가 연주복을 입고 피아노 앞에 앉아서 신바람 나게 피아노치는 꿈을 꾸게 되는 것입니다. 자신이 목사가 되고 설교가가 되기를 원하는 사람은 그것을 원하는 사람은 눈 감으면 자기도 목사처럼 강단에 서가지고서 말씀을 전하는 것을 마음에 꿈을 꾸게 되는 것입니다. 소원과 꿈은 손과 손을 마주잡고 가는 것입니다. 빌립보서 2장 13절에 "너희 안에서 행하시는 이는 하나님이시니 자기의 기쁘신 뜻을 위하여 너희에게 소원을 두고 행하게 하시나니"

하나님이 계신 것을 본 적이 없지만, 내 안에 계신 증거로써 하나님은 소원을 주셔서 일을 하게 하십니다. 내 마음에 소원이 있으면 하나님이 와 계신다는 증거인 것입니다. 목표를 분명히 바라보고 소원하고 간절히 꿈꾸며 기도하면 믿음이 생겨나요. 소원을 분명히 하게 되면 꿈을 꾸게 됩니다. 그렇지 않습니까? 꿈을 꾸게 되면 그 꿈을 정리해서 목표를 정해야 됩니다.

목표를 정해서 그 꿈을 이룰 것을 바라보고 소원과 꿈과 목표는 모두 다 한 덩어리가 되어서 굴러가는 것입니다. 소원이 있으면 꿈을 꾸게 되고 꿈을 꾸게 되면 꿈을 이루기 위해서 목표를 세우게 되는 것입니다. 주의 종이 되고 싶은 소원이 있으면 목사가 되는 꿈을 꾸게 되고, 그 꿈을 마음속에 가지게 되면 언제 신학교에 들어가서 몇 년 동안 공부해서 어디에서부터 시작하겠다는 목표를 정하게 되는 것입니다.

그러므로 꿈과 소원과 목표, 목표와 꿈과 소원, 앞뒤가 다르게 같이 가는 것입니다. 그러므로 누구든지 그 마음속에 소원이 있는 사람은 삶에 목표가 있고 삶의 목표가 있는 사람은 꿈을 꾸게 돼요. 꿈이 없는 백성은 망합니다. 목표가 없는 사람도 아무 꿈을 꿀 수가 없어요. 그래서 젊은 사람이 빈둥빈둥 노는 것 보면 정말 답답합니다. 왜, 아무것도 이루어지지 않을 테니까요. 마음속에 꿈이 있어야 그 꿈을 이루기 위한 조그마한 목표라도 정하고서 일을 하면 하나님이 같이 계십니다. 하나님은 꿈과 같이 일하는 것입니다. 그러므로 마음속에 꿈이 있고 믿음이 있기 위해서 기도하면 믿음을 주시는 것인데 그냥 막연히 기도하지 말고 마음에 소원을 가지고 꿈을 가지고 목표를 가지고 기도를 하면 주님께서 믿음을 주시는 것입니다.

언제나 믿음을 통해서 역사하지 믿음이 없는데 주님께서 그냥 도와주지 않습니다. 많은 사람이 기도를 하되 성대만 상하게 합니다. 열정은 좋은데 지식을 따라서 하지 아니하면 허송세월하는 것입니다. 하나님께 부르짖어 기도하는 것은 믿음을 얻기 위해서 기도하는 것입니다. 하나님은 믿음을 통해서 응답하시지 믿음을 통하지 않고 그냥 시끄러우니까 그냥 응답해 주겠다. 그러면 꽹과리 들고 나가서 막 그냥 두들기지요. 그렇지 않습니다.

분명한 목표가 있어야 되는 것은 동물학자들에 의하면 동물들이 가장 왕성한 활동을 하는 때는 먹잇감을 구할 때라고 말하는 것입니다. 밀림의 왕자라고 하는 사자도 평소에는 눈을 게슴츠레하게 뜨고 하품을 하며 어슬렁 어슬렁 걸어갑니다. 그런데 배가 고파서 사냥을 할 때가 되어 먹잇감이 나타나면, 순간에 눈에 섬광이 번쩍입니다. 그리고 먹잇감을 향해서 온 몸에 있는 에너지를 다해 전속력으로 뛰어가 덤벼드는 것입니다.

사람도 목표가 생기면 그 안에 숨어 있던 무한한 잠재능력이 열정과 더불어 살아나는 것입니다. 그러므로 우리는 먼저 우리 삶의 목표를 분명히 해야 되는 것입니다. 삶의 목표를 분명히 해야 돼요. 분명한 목표를 세우고 간절히 꿈꾸고 그 목표가 이루어 진 것을 보고 꿈꾸고 하나님 이루어 주옵소서. 기도하면 믿음이 생겨나는 것입니다. 믿음이 겨자씨 한 알 만큼만 생겨나도 산이 옮겨가는 것입니다. 그러므로 목표가 굉장히 중요한 것입니다. 집중할 수 있으니까. 산만하면 집중하지 못하잖아요. 마음을 집중해서 기도하면 반드시 믿음이 생깁니다. 꿈과 소원과 기도는 믿음을 생산하는 것입니다.

마음에 바라본다는 것이 목표가 분명하다는 것 얼마나 중요한지 모릅니다. 내가 마음에 소원을 가지고 그 이루어진 모습을 바라보아야 돼요. 바라봄의 법칙, 그 바라보는 것이 꿈이요, 소원인데 바라보고 기도하면은 믿음이 생기고 믿음이 생기면 하나님께서 말씀합니다. 네 믿음대로 될지어다. 네 믿음대로 될지어다. 오늘날도 언제나 하나님은 우리들 보고 말씀합니다. 네 믿음대로 될지어다. 그리고 바라보고 믿음대로 하나님이 이루어주신 것은 놀라운 것입니다.

주님께서 아브라함에게 그렇게 말씀하지 않았습니까? 내가 너를 창대케 하리라고 말씀했습니다. 하나님이 우리나라를 창대케 한 것 정말 감사한 것입니다. 그렇잖아요. 우리가 먹을 것도 없고 입을 것도 없고 이 추운 겨울에 헐벗고 굶주린다면 얼마나 비참하겠습니까? 인간에게 꿈이 없으면 삶의 목표가 없고 그러게 되면 허송세월하게 되고 쉽게 마귀의 죄의 노예가 되고 망합니다. 왜냐하면 '인간은 꿈을 먹고 산다.' 그 꿈을 먹고 사는데 그 꿈을 기록해 놓으면 그리고 그것을 늘 바라보면 확실한 믿음을 갖게 되는 것입니다. 꿈을 희미하게 가지고 있으면 확실한 믿음이 생겨나지 않아요.

제가 이렇게 있다고 해서 나이 먹었다고 해서 목표 없이 살지 않습니다. 부족한 저도 꿈이 있습니다. 나이가 많지만 저에게도 원대한 꿈이 있습니다. 첫째로 하나님의 살아계심을 증명하는 목사가 되는 것입니다. 둘째가 건강하여 하나님께서 원하시는 일을 늙도록 하는 것입니다. 건강하여 주변사람들에게 피해를 끼치지 않는 것입니다. 셋째로 우리나라에서 제일가는 성령치유 사역자가 되어서 목회자와 성도들을 치유하며 깨우는 것입니다. 영육으로 병든 자를 치유하여 천국을 누리도록 하는 일입니다. 그리고 체험한 영적인 진리들을 책으로 출간하여 많은 분들에게 하나님의 살아계심을 증명하는 일을 하는 것입니다.

믿음은 바라는 것들의 실상입니다. 그러므로 실상이 이루어지기 위해서는 목표를 분명히 세우고 그것을 꿈꾸고 바라보아야 합니다. 그럴 때 어떤 사망의 세력도 물리치고 우리는 승리할 수가 있는 것입니다. 마음에 소원을 가지고 목표를 세우고 이루어진 꿈을 꾸며 기도하면 믿음이 생깁니다. 믿음이 생기면 그대로 되는 것입니다.

둘째, 믿음은 보이지 않는 것들의 증거다. 바라는 목표를 소원하고 그것이 이뤄진 모습을 마음속에 그려놓고 바라보게 되면 믿게 됩니다. 믿음이 생기는 것이 목적이니까. 그러므로 믿음은 보이지 않는 것들의 증거라는 것입니다. 우리가 마음에 믿음이 생기면 아직 안보여도 이미 이룬 것과 같다는 것입니다. 꿈이 없는 백성은 망합니다. 왜 그럴까요? 꿈이 없으면 믿음이 안생기고 믿음이 안생기면 일이 이루어지지 않기 때문인 것입니다. "너희 젊은이들은 환상을 보고 늙은이들은 꿈을 꾸리라." 젊은이들이 환상을 보고 늙은이들은 꿈을 꾸어도 이렇게 하면은 창조적인 위대한 삶을 살 수 있어요. 네 입을 넓게 열라 내가 채우리라. 믿어도 아직 감각적인 세계 속에는 나타나지 않으나 믿음이 바로 마음의 그림처럼 반드시 이루어지는 보증이요 증거가 되는 것입니다.

내가 마음속에 병이 나았다는 확신이 생기면 아직까지 병이 있어도 이미 나은 것과 한가지인 것입니다. 믿음이 약해지지 않으면 반드시 치유가 됩니다. 내가 부자가 되었다는 믿음이 있으면 현실적으로 가난해도 이미 부자가 된 것과 한가지인 것입니다. 성경이 말한 것이 그것인 것입니다. 믿음이 바라는 것들의 실상입니다. 내가 바라는 것은 아직까지 이루어지지 않았어도 사실은 이루어진 것과 같다는 것입니다. 그러니 믿음이 얼마나 좋습니까? 믿음이 있으면 없는 것이 있는 것같이 된다는 것입니다.

히브리서 11장 3절에 "믿음으로 모든 세계가 하나님의 말씀으로 지어진 줄을 우리가 아나니 보이는 것은 나타난 것으로 말미암아 된 것이 아니니라" 눈에 보이는 것은 그 보이는 자체가 된 것이 아니라 믿음으로 보이는 것이 나타나게 된 것입니다. 고린도후서 5장 7절에 "이는 우리가 믿음으로 행하고 보는 것으로 행하지 아니함이로라" 그렇기 때문에 예수님께서 늘 하신 말씀을 보면 마태복음 8장 13절에 "네 믿은 대로 될지어다" 마가복음 9장 23절에 "할 수 있거든이 무슨 말이냐 믿는 자에게는 능히 하지 못할 일이 없느니라" 마태복음 17장 20절에 "믿음이 겨자씨 한 알 만큼만 있어도 이 산을 명하여 여기서 저기로 옮겨지라 하면 옮겨질 것이요, 또 너희가 못할 것이 없으리라" 그 다음 마태복음 15장 28절에 "네 믿음이 크도다 네 소원대로 되리라" 누가복음 8장 48절에 "네 믿음이 너를 구원하였으니 평안히 가라" 히브리서 11장 6절 "믿음이 없이는 하나님을 기쁘시게 하지 못하나니 하나님께 나아가는 자는 반드시 그가 계신 것과 또한 그가 자기를 찾는 자들에게 상주시는 이심을 믿어야 할지니라"

이것 보십시오. 그러므로 우리 크리스천의 생명이라는 것은 체험적인 믿음입니다. 종교의식을 아무리해도 의식이 효과가 없습니다. 아무리 멋들어진 교회에 출석해도 멋들어진 교회가 자신에게 도움이 되는 것이 아닙니다. 아무리 성경지식이 많아도 지식은 우리에게 큰 도움이 안 됩니다. 믿으면 하겠네! 구주 예수님을 믿고 주님이 하신 일을 믿으면 영원한 생명을 얻는 것입니다. 무엇을 보느냐 하는 것이 우리에게 믿음을 만들어 내는 중요한 역할을 하는 것입니다. 바라본다는 것은 아주 중요한 것입니다.

한 부인이 남편과 아들 삼형제를 낳고 행복하게 살았습니다. 그 남편은 선장이었어요. 그런데 폭풍우가 일어났는데 배가 뒤엎어져서 남편이 익사하고 만 것입니다. 세월에 흘러서 큰 아들이 직업을 갖게 되었는데, 아버지와 같이 배를 타겠다고 고집을 부려서 그도 아버지 따라 선장이 되었다가 그 배도 폭풍을 만나서 뒤엎어져서 맏아들도 죽었습니다. 둘째 아들이 장성하여 어머니 몰래 선원이 되었다가 역시 바다에 빠져 죽었습니다. 그런데 막내아들 하나 남았는데 막내아들도 자꾸 배를 타겠다고 합니다. '엄마 나 배 탄다.' 그래서 어머니가 붙잡고 울어도 나는 배타는 것이 내 소명이니까 어머니가 말리지 말라고 합니다.

그래서 목사님께 상담을 갔습니다. "목사님 우리 남편도 배타다가 세상을 떴고, 첫째 아들 둘째 아들도 다 바다에서 목숨을 잃었는데, 이 셋째 놈이 또 배를 타겠다고 하는데 아무리 말려도 안 되니 어떻게 합니까?" 그러니까 "저하고 집에 한번 갑시다." 그래서 집에 와서 목사님이 쭉~ 살펴보니, 집 정면 벽에 밥상이 있는데 늘 쳐다보고 들어와서 안락의자에서도 쳐다볼 수 있는 정면에 아주 멋진 곳에 그 남편 사진이 있습니다. 마도로스 모자를 쓰고 파이프를 물고 아주 바람이 부는 바다에 있는데 정말 기가 막히거든요. 그래서 그 목사님이 그것을 쳐다보더니 "당장 이 그림 떼세요." 부인이 "우리 남편 세상 떴는데 이것이라도 걸어 놓아야지

어떻게 합니까?" "이게 당신 자식들을 다 데리고 바다로 갑니다. 왜, 바라봄의 법칙에 의해서…. 눈으로 바라보는 것을 믿게 되고 믿는 대로 행하게 되는 것입니다." 그래서 그 부인이 그림을 떼고 "그럼 어떻게 할까요?" "산과 들이 있는 시골 풍경을 그리고 그 시골에 양떼와 소떼들이 풀을 한가로이 먹고 있는 곳에서 당신 막내가 농촌생활을 하는 그림을 화가를 부탁해서 그려서 이곳에 붙여 놓으십시오." 그래서 그 부인이 그대로 했더니 막내가 와서 화를 벼락같이 내는 것입니다.

"아버지 그림을 왜 뗐느냐 말이야. 내 허락도 없이." 그래서 그 부인이 말하기를 "내 남편이지? 너의 아버지지? 내 남편인데 내 남편 마음대로 했는데 무슨 잔소리냐?" 그것도 말이 되긴 됩니다. 원치 않든 원하든 밥 먹을 때 자기 사진 쳐다보고 안락의자 앉았을 때 자기 사진 쳐다보고, 어디 산촌에서 양과 소를 기르는 자기 모습이 그려 있는데 얼마 세월이 지나더니만 "엄마 나 배 안타겠다. 농촌에 가서 농사나 지어야 되겠다." 그래서 그 아들이 농촌을 들어와서 농사지어서 안 죽고 살아서 그 엄마가 이 간증을 책에다 기록했어요. 문제가 있으면 그림을 그려서 붙여라.

바라봄의 법칙입니다. 하나님도 아브라함 보고 네 고향, 친척, 아버지 집을 떠나 내가 네게 보여주는 땅으로 가라. 보여 주지 않습니까? 네가 눈을 들어 동, 서, 남, 북을 바라보라. 네 눈에 보이는 그 땅을 내가 너와 네 자손에게 주리니 영원하리라. 고개를 들어 별들을 바라보라. 내 눈에 헤아릴 수 있는 별들을 바라보고 별들을 헤아려라. 네 자손이 별들처럼 많아질 것이다. 바라보는 것입니다. 야곱도 얼룩덜룩이 양떼들을 마음속에 바라보고 난 다음에 양떼들을 낳지 않았습니까? 자신의 마음속에 어떠한 생각을 하느냐. 어떠한 그림을 그려서 붙여 놓느냐 그것이 그길로 가게 만들어 주는 것입니다. 바라봄의 법칙을 우습게 생각하지 마십시오. 마음에 소원하고 그 소원이 이루어질 것을 그림으로 그려서 꿈과 환상으로 마음에 붙여 놓고 기도하면 하나님이 그에 해당하는 믿음을 주시는 것입니다.

그러면 네 믿음대로 될지어다. 눈에는 아무 증거 안보이고 귀에는 아무 소리 안 들리고 손에는 잡히는 것 없고 내 앞길 칠흑같이 어두워도 환경을 따라 운명이 굴러가는 사람도 있지만 환경을 운전하는 사람은 믿음의 사람인 것입니다. 자신의 마음에 생각이 얼마나 중요한 것을 깨달아야 되는 것입니다. 로마의 황제였던 마르쿠스 아우렐리우스는, "한 사람의 인생이란 그의 생각을 따라 만들어져 간다."고 했습니다.

미국의 사상가이자 시인인 랠프 왈도 에머슨(Ralph Waldo Emerson)은, "사람이 하루 종일 품고 있는 생각은 바로 그 자신이 된다." "생각은 말이 되고, 말은 행동이 되고, 행동은 습관이 되어 인생의 흥망을 결정한다." 생각이란 것이 무엇이냐. 바라보면 생각하게 되잖아요. 오늘 적극적이고 긍정적인 사고를 강조하는 노만 빈센트 필 박사는, "그대의 생각을 변화시켜라. 그러면 그대는 그대 자신의 세계를 변화시키게 될 것이다." 먼저 마음이 변화되면 환경이 변화되는 것입니다. 우리의 몸과 마음과 정신을 살리는 것은 곧 우리의 꿈과 비전입니다. 바라는 목표를 늘 생각하고 그것이 이루어진 모습을 크게 그려 놓고 바라보면 믿음이 생깁니다. 그러면, 우리는 인생을 믿음대로 되게 만드는 것입니다.

셋째, 믿음을 강하게 자라도록 해야 된다. 일단 마음에 믿음이 생겼으면 믿음이 강하게 자라도록 해야 되는 것입니다. 믿음이 강하게 자라도록 하려면 마음이 항상 긍정적이 되어야 됩니다. 믿음이 자라는 밭이 바로 마음의 생각입니다. 마음의 생각에 믿음이 생기지 않습니까? 우리가 생각을 통해서 소원하고 생각을 통해서 꿈꾸고 생각을 통해서 믿음을 얻기 때문에 마음에 믿음을 자라게 해야 되는 것입니다. 잠언서 4장 23절에 "모든 지킬 만한 것 중에 더욱 네 마음을 지키라 생명의 근원이 이에서 남이니라." 마음을 지켜야 돼요. 마음에 하나님께서 주인되어야 해요, 마음이 부정적이고 낭패와 절망을 받아들이면 믿음이 생기지 않는 것입니다.

빌립보서 4장 13절에 "내게 능력 주시는 자 안에서 내가 모든 것을 할 수 있느니라." 나는 예수님이 주인으로 계시니 "할 수 있다. 하면 된다. 해 보자." 긍정적이고 적극적이고 창조적인 마음을 가져야 되는 것입니다. 믿음이란 아직 없는 것을 있는 것처럼 생각하고 바라는 것이기 때문에 없는 것을 있는 것처럼, 마음에 그려놓고 바라보고 꿈꾸어야 되는 것입니다. 내가 아직 눈에는 안보이고 귀에 안 들리고 손에 잡히지도 않고 없는데 있는 것처럼 바라보고 생각하고 잡아야 되는 것입니다.

　항상 아브라함에게 너는 눈을 들어 너 있는 곳에서 동서남북을 바라보라 보이는 땅을 내가 네 자손에게 주리니 영원하리라. 아직까지 내 것이 아닌데…. 그러나 있는 것처럼 없는 것을 있는 것처럼 바라보는 것입니다. 없는 집을 있는 것처럼 생각하고 없는 지위를 있는 것처럼 생각하고 없는 건강을 이미 있는 것처럼 생각하고…. 에베소서 3장 20절에 "우리 가운데서 역사하시는 능력대로 우리가 구하거나 생각하는 모든 것에 더 넘치도록 능히 하실 이"라고 말한 것입니다. 하나님은 조금만 주지 않습니다. "넘치도록 능히 하게 해주겠다. 모든 일에 항상 모든 것이 넉넉하여 모든 착한 일을 넘치게 하게 하겠다." 모든 것을 넘치는 것입니다. 그리고 믿음이란 입술의 고백입니다. 믿는 고로 소리 내어 고백해야 되는 것입니다. 네 믿음대로 말해야 되는 것입니다. 작은 재갈 하나로 아무리 큰 말도 우리 마음대로 끌고 다니듯 작은 열쇠로 광풍 속에 배를 움직이듯 작은 혀가 우리 운명을 좌우하는 것입니다.

　잠언서 18장 21절에 "죽고 사는 것이 혀의 힘에 달렸나니 혀를 쓰기 좋아하는 자는 혀의 열매를 먹으리라" 어떤 환경에도 하나님께 감사와 찬송을 드리며 좋은 일을 기대해야 되는 것입니다. 언제나 내일은 오늘보다, 다음 달은 이번 달보다, 명년은 금년보다 좋아질 것을 믿어야 되는 것입니다. 하나님은 좋으신 하나님인 것입니다. 좋으신 하나님은 좋은 것 주시지 나쁜 것 주지 않습니다. 나쁜 마귀는 나쁜 것 주지 좋은 것 주지 않습니다. 그러므로 하나님께 나갈 때는 좋은 일이 일어날 것을 기대해야 되는 것입니다. 그리고 좋은 일이 일어난다고 입으로 시인해야 되는 것입니다. 내가 하는 일은 잘 된다. 이렇게 말해야 합니다.

빌립보서 4장 6절에 "아무 것도 염려하지 말고 다만 모든 일에 기도와 간구로, 너희 구할 것을 감사함으로 하나님께 아뢰라" 하나님께 미리부터 감사하는 것입니다. 좋은 일을 이루어 주실 테니까. 고린도전서 2장 9절에 "하나님이 자기를 사랑하는 자들을 위하여 예비하신 모든 것은 눈으로 보지 못하고 귀로 듣지 못하고 사람의 마음으로 생각하지도 못하였다 함과 같으니라." 하나님이 놀랍게 좋은 것을 예비해 놓으신 것입니다. 좋은 하나님께서 좋은 것을 주실 것을 꿈꾸고 믿고 기도하고 나가면 놀라운 일이 일어납니다. 옆에 같이 사는 사람보고 말하십시오. 당신에게 좋은 일이 일어납니다. 그 말을 취소하지 마십시오. 항상 좋은 일이 일어나는 것입니다. 하나님의 기적이 일어납니다. 우리들을 위해서 하나님은 좋은 일을 예비해 놓으신 것입니다.

이 세상에 가장 강한 사람이 누구인지 압니까? 누가 가장 강합니까? 마음속에 꿈을 품고 달리는 사람이 가장 강한 사람인 것입니다. 꿈은 열정을 낳고 의욕을 낳으며 신념을 낳고 희망을 낳습니다. 우리가 삶에 분명한 꿈과 목표를 세우고 이룰 것을 믿을 때, 그 누구도 예측할 수 없는 놀라운 일이 일어나게 되는 것입니다. 마음으로 복창하십시오. 나는 예수님 안에서 "할 수 있다. 하면 된다. 해 보자. 꿈을 꿀 수 있다." 꿈꿀 수 있는 이상 버림받지 않았습니다. 무시당할 수 없습니다.

우리 삶의 가장 근원적인 자원이 꿈과 믿음인 것입니다. 마음의 소원, 꿈, 믿음 간단하지 않습니까? 마음에 소원이 있으면 꿈꾸게 되고 꿈꾸면서 기도하게 되면 믿음이 생기게 되고 믿음이 생기게 되면 행동해야 합니다. 그러면 "네 믿음대로 될지어다." 하며 기적이 일어나는 것입니다. 히브리서 10장 38절에 "나의 의인은 믿음으로 말미암아 살리라 또한 뒤로 물러가면 내 마음이 그를 기뻐하지 아니하리라" "믿음은 바라는 것의 실상이다." 가슴에 새겨야 합니다. 그래야 예수 안에서 인생을 성공합니다.

충만한 교회에서는 매주 토요일 09:30-12:00까지 개별 특별집중 기적치유 시간을 갖고 있습니다. 한번에 4-6명밖에 할 수 없으므로 1주일 전에 직접 전화하시고 예약을 합니다.

*대상은 이렇습니다. 기도하는 습관이 되기를 원하시는 분/ 여기서도 저기서도 치유와 능력을 받지 못한 분/ 지금 천국과 아브라함의 복을 누릴 분/ 불치병, 귀신역사를 빨리 치유 받을 분/ 목과 허리디스크, 허리어깨통증, 근육통, 온몸이 아프고 무거움에서 치유해방 받고 싶은 분/ 자녀나 본인의 우울증, 공황장애, 조울증, 불면증을 빨리 치유 받을 분/ 가슴이 답답하고 기도하기가 힘이 드는 분/ 방언기도를 깊고 강하게 하고 통역하고 싶은 분/ 축복과 영의 통로를 뚫고 싶은 분/ 성령의 불세례를 체험하고 싶은 분/ 최단기간에 현실문제 해결과 성령치유 능력 받고 싶은 분입니다. 반드시 1주일 전에 예약해야 합니다(전화 02-3474-0675).

6장 기적은 믿음으로 일어난다.

(히 11:1)"믿음은 바라는 것들의 실상이요 보이지 않는
것들의 증거니"

믿음이란 바라는 것 즉 소망하고 꿈꾸는 목표의 실상이요, 보지 못한 것의 증거라고 말하고 있습니다. 기적은 믿음으로 체험하고 실제가 된다는 말입니다. 믿음이 있어야 바라는 것이 이루어질 수 있다는 뜻도 됩니다. 쉬운 말 같지만 굉장히 어렵습니다. 믿음은 바라는 것 즉 우리 속에 꿈꾸고 소망하는 것이 반드시 이루어진다는 실상과 증거를 꼭 쥔 것이 믿음이란 것입니다. 실상이란 헬라어로 '휘포스타시스'라고 말하는데 증빙서류, 등기서류 또는 발판 등의 뜻이 있습니다. 우리가 바라고 소망하는 것이 아직 보이지 않아도 믿음이 있으면 바라고 소망하는 것을 반드시 이뤄진다는 믿음이 있으면 그것이 우리가 증빙서류나 집이나 부동산의 등기서류를 증거로 가지고 있는 것과 같다는 것입니다.

집을 아직 이사 가지 않아도 그 집에 등기서류나 증빙서류를 손에 쥐고 있으면 그 집이 내 것인 것처럼 아직 보지 못하고 취하지 못했으나 믿음이 있으면 믿음은 이미 그것이 내 것이 되었다는 증거가 된다는 것입니다. 그렇다면 믿음이란 어디에 있습니까? 무엇을 믿습니까? 믿음은 아무나 믿는 것이 아닙니다. "믿음은 바라는 것들의 실상이요, 보지 못하는 것들의 증거인데," 이 믿음은 하

나님의 말씀에 믿음을 둔다는 것입니다. 우리가 하나님 말씀을 듣고 난 다음 하나님 말씀을 믿는 것을 말하는 것입니다.

하나님 말씀은 하나님의 인격이 배후에 있기 때문에 절대로 거짓이 될 수가 없습니다. 우리가 하나님 말씀을 듣고 마음에 깨달아야 돼요. 말씀을 듣고도 이 무슨 말인지 모르면 소용이 없어요. 말씀을 듣고 성령으로 말미암아 마음에 깨닫고 그래서 깨달은 그 위에 분명한 꿈을 꾸고 담대하게 나도 믿는다. 이루어진다. 그렇게 하고 담대하게 행동하면 기적이 일어난다는 것입니다. 우리가 믿음이란 실상과 증거를 갖고 담대히 나아가면 성령께서 놀라운 역사를 이루는 것입니다. 우리가 이루는 것이 아닙니다. 우리가 믿음을 가지면 하나님께서 네 믿음대로 될찌어다 하시고 성령이 역사하시는 것입니다.

첫째, 믿음은 하나님의 말씀 위에 서야 되는 것이다. 아무거나 믿는 것 아닙니다. 내가 믿고 싶은 것이라고 무엇이든지 이것도 믿고 저것도 믿고 믿는다. 그것은 토대가 없는 집과 같아서 흔들리고 무너집니다. 하나님 말씀 위에 서서 믿는 것을 말하는 것입니다. 그러므로 성령의 지배가운데 성경 말씀을 읽고 설교를 통하여 말씀을 듣고 성경을 묵상하고 그 말씀의 내용을 깨달아야 되는 것입니다. 제가 목회 처음 시작할 때 요한삼서 2절 "사랑하는 자여 네 영혼이 잘됨같이 네가 범사에 잘되며 강건하기를 간구하노라." 이 말씀을 읽고 듣고 묵상하고 그 말씀이 깨달아질 때 천지가 환해지는 것 같아요. 전에는 그 성경말씀을 읽고 지나갔는데 내가 그 말씀을 읽고 묵상하고 듣고 마음에 깨달아져서 "아~ 하나님이 예수님의 십자가를 통하여 내 영혼의 죄를 다 청산했으므로 영혼이 잘되고 범사가 잘되고, 저주를 다 짊어졌으므로 새 사람이 된 나는 범사가 잘되고 우리의 연약함을 친히 담당하시고 병을 짊어지셨으므로 건강하기를 원하시는구나. 완전 구원이구나. 축복이구나. 전인구원이구나." 이것을 알자마자 마음에 큰 믿음이 생기고 기쁨이 생기고, 그 다음부터 성도들에게 "눈에는 아무 증거 안 보이고 귀에는 아무 소리 안 들려도 믿음만 있으면 영혼이 잘 되어가고 범사에 잘되고 강건한 것을 눈에 쥔 것과 같다. 시간만 지나면 성령이 이루어 주신다. 믿음만 있으면 다 이루어진 것이다." 그렇게 담대하게 증거 할 수 있고 그것을 듣고 믿은 사람마다 기적이 일어난 것을 보았습니다. 말씀을 읽고 듣고 묵상하고 마음에 깨달아야 되는 것입니다. 로마서 10장 17절에 "믿음은 들음에서 나며 들음은 그리스도의 말씀으로 말미암았느니라"

마태복음 4장 4절에 "사람이 떡으로만 살 것이 아니요, 하나님의 입으로부터 나오는 모든 말씀으로 살 것이라" "우리가 세상에 떡만 먹고 살 것이 아니라, 하나님의 말씀을 믿으면 말씀으로 살 수 있다." 그 말씀 속에 놀라운 생명이 들어있기 때문인 것입니다. 여호수아 1장 8절에 하나님께서 여호수아에게 말씀하기를 "이 율법 책 즉 성경을 네 입에서 떠나지 말게 하며 주야로 그것을 묵상하여 그 안에 기록된 대로 다 지켜 행하라 그리하면 네 길이 평탄하게 될 것이며 네가 형통하리라." 하나님의 말씀은 우리를 평탄하게 하고 형통하게 하기 위해서 주어진 것입니다. 말씀은 우리의 걸림돌이 되기 위해서 주어진 것이 아닙니다. 우리가 살아가는데 일이 잘되고 평탄하고 형통하게 하기 위해서 말씀을 주신 것이므로 그 말씀을 우리가 주야로 묵상하고 깨닫는 것은 굉장히 중요한 것입니다. 그런데 이 말씀에 대한 믿음을 흔들어 놓으려고 마귀는 와서 시험을 많이 합니다.

빌리 그레함 박사가 나이 30이 되었을 때 벌써 세계적인 유명한 부흥사가 되었습니다. 그런데 친구들과 모여서 성경을 가지고서 철학적으로 심리학적으로 토론을 하다가 마음에 의심이 들어왔습니다. 정말 성경이 하나님 말씀인가. 성경을 믿을 수 있는가. 그러자 그의 인생이 사시나무 흔들리듯이 흔들렸습니다. 성경을 의심하게 되니까 믿을 것이 없지 않습니까? 그래서 성경책 한권을 들고 캘리포니아 산 속으로 들어가서 하나님께 엎드려 성경을 읽고 묵상하면서 하나님 내가 성경에 대한 의심을 가지니까 내 인생 전체가 뒤흔들립니다. 성경을 믿게 해달라고 기도하고 성령의 도우심으로 하루 기도하고 있는데 마음속에 이러한 확신이 들어오더니만 입에서 고함 소리가 나오더래요. "나는 어떻게 되든지 성경에 기록된 내용이 하나님 말씀인 것을 믿는다." "주님, 저는 성경을 오직 믿음으로 하여 하나님 말씀으로 받아들이겠습니다. 철학적이고 심리학적인 질문이나 의심보다 믿음의 눈으로 성경이 성령의 감동으로 기록된 하나님 말씀인 것을 저는 믿습니다." 그렇게 고백하고 난 다음에, 그는 자신 안에서 일어난 영적 전쟁에서 이기고 그때부터 확신하여 말씀에 담대하게 서서 신앙생활하고 확신있게 설교할 수 있게 되었다는 것입니다.

원수는 우리에게 의심을 넣어 마구 흔들어 믿음에서 떨어지도록 합니다. 그럴 때 말씀을 읽고, 듣고, 묵상하여 깨닫고 마음에 확고하게 서야 되는 것입니다. 우리가 하나님 말씀 위에 서야 믿음이 바로설 수 있는 것입니다. 믿음은 들음에서 나며 들음은 그리스도의 말씀으로 말미암는 것입니다. 창세기부터 계시록까지는 하나님이 묵시로써 주신 말씀인 것입니다. 인간의 지식은 감각적인 지식이지만 성경말씀은 계시적인 지식인 것입니다. 하나님이 성령을 통해서 우리에게 계시해준 지식으로 인간적인 감각으로는 증명할 수 없습니다. 오직 하나님 말씀은 믿음으로 받아들여야 되는 것입니다. 성령으로 말미암아 믿음으로 마음속에 받아들이고 성령으로 믿으면 하나님의 은총이 나타나게 되는 것입니다.

둘째, 우리가 믿음과 감각이 다르다. 감각은 보고, 듣고, 냄새 맡고, 맛보고, 만져보고 그래서 아는 것은 3차원적인 것입니다. 그러나 믿음은 5차원적인 것입니다. 5차원은 3차원보다 높아서 보지 못하고 귀에 들리지 않고 냄새 못 맡고 맛 못보고 만져보지 않았는데 그러나 사실 진리가 주어진 이것은 5차원적인 것입니다. 믿음은 하나님을 믿는 것인데 하나님을 감각으로 증명할 수 있습니까? 하나님을 눈으로 보았습니까? 하나님 말씀을 귀로 직접 들었습니까? 하나님 채취를 했습니까? 하나님 손으로 만졌습니까? 도무지 감각으로는 하나님을 체험할 수 없습니다. 그러나 그럼에도 불구하고 우리 마음속에 영혼은 하나님을 받아들이고 믿습니다. 그게 믿음인 것입니다.

희한하게 오늘 하나님을 보지도 듣지도 만지지도 못했는데도 불구하고 하나님이 계신 것과 하나님이 우리 아버지 되신 것을 믿고 있잖아요. 그것은 성령이 우리에게 주신 지식인 것입니다. 인간적인 지식이 아닌 것입니다. 믿음은 감각으로는 체험하지 못하고 없는 것을 있는 것처럼 생각하고 꿈꾸고 말하는 것입니다. 체험상으로 보면 없어요. 없는데 우리는 하나님 성령을 통해서 말씀을 통해 없는 것을 있는 것같이 생각하고 꿈꾸고 말하고 행하는 것입니다. 시편 81편 10절에 "나는 너를 애굽 땅에서 인도하여 낸 여호와 네 하나님이니 네 입을 크게 열라 내가 채우리라"

세상에서 인간의 수단과 방법과 능력으로 채우는 것도 있지만 주님께서 안 보이는 하나님이시만 우리가 하나님 말씀을 믿고 입을 넓게 열게 됩니다. 믿음의 입을 넓게 열면 하나님이 채워 주겠다는 것입니다. 하나님이 채워 주시는 삶이 있는 것입니다. 인간의 힘으로 살아가는 것도 있거니와 하나님 믿음으로 사는 사람도 있는 것입니다. 우리 예수 믿는 사람은 힘으로 능으로 사는 것이 아니라, 하나님의 능력으로 사는 것입니다. 우리가 믿음의 조상이라고 말하는 아브라함은 믿음에서 탁월한 분이었습니다.

없는 것을 있는 것같이 부르시는 하나님이시고 바랄 수 없는 중에 바라고 믿을 수 없는 중에 믿는 것이 믿음인 것입니다. 우리가 인간으로는 바랄 수 없어요. 인간으로는 도저히 상상할 수 없어요. 그럼에도 불구하고 우리는 믿습니다. 그것이 믿음인 것입니다. 하나님의 약속을 의심치 않고 믿음에 견고하여져서 나가는 것이 우리가 믿음인 것입니다.

셋째, 믿음은 바라고 꿈꾸는 것이 이루어진 모습에 집중해야 된다. 우리가 믿음이란 뭐냐, 없는 것을 있는 것같이 부르는 것이 믿음이기 때문에 아직 없는데 이루어진 모습을 마음속에 상상하고 꿈꾸고 그것에 집중하는 것입니다. 눈에는 아무 증거 안 보이는 귀에는 아무 소리 안 들리고 손에는 잡히는 것 없는데 하나님 말씀을 통해서 우리는 소망하고 꿈을 얻었으면 그 꿈을 가슴에 간직하고 그것에 집중해야 되는 것입니다. 동남풍이 불고 서북풍이 불어도 거기에 흔들리면 안 되는 것입니다.

히브리서 11장 1절로 3절에 보면 주님만 바라보아야지 환경을 바라보면 실패한다는 것을 알려주는 것입니다. "믿음은 바라는 것들의 실상이요 보이지 않는 것들의 증거니 선진들이 이로써 증거를 얻었느니라. 믿음으로 모든 세계가 하나님의 말씀으로 지어진 줄을 우리가 아나니 보이는 것은 나타난 것으로 말미암아 된 것이 아니니라" 보이는 것은 우리가 보이는 그 자체로 된 것이 아니라 안 보이는 배후의 세력이 그를 만들었다는 것입니다. 성경은 보이지요. 성경은 자기 스스로가 된 것이 아니라 안 보이는 하나님의 성령이 성경의 저자들에게 생기를 넣어 주어서 하나님의 감동하심을 받아 성경을 기록하고 만들어 놓으신 것입니다.

우리가 눈에 보이지요. 그러나 우리 스스로가 된 것이 아니라 안 보이는 하나님께서 우리의 영을 지어 주어서 우리가 인생이 된 것입니다. 오늘날 눈에 보이는 모든 것이 보이는 그대로 이루어진 것이 아니라, 안 보이는 하나님 말씀이 배후에 있어서 이루어진 것입니다. 믿음의 세계는 보이는 세계가 아니라, 안 보이는 세계를 더불어 사는 것이 믿음인 것입니다. 동물들은 믿음의 세계가 없어요. 왜냐하면 동물은 영이 없기 때문에 영적인 세계와 교제가 안 됩니다.

그러나 우리는 영이 있기 때문에 영적인 세계와 교제하고 안 보이는 영적 세계에서 이루어진 것을 믿음으로 현실적으로 나타나게 되게 만드는 것입니다. 그러므로 우리는 보이는 환경을 바라보고 흔들리면 안 됩니다. 환경은 우리 믿음이 결과적으로 나타난 것이 환경이기 때문에 우리 마음속에 생각을 통해서 믿음에 집중하는 것입니다. 바라봄의 법칙으로 생각을 통해서 우리가 소원하고 꿈꾸는 것이 이루어진 것을 집중적으로 바라보는 것입니다.

예를 들어 말하면 몸에 병이 많이 들어서 많이 고통스러운데 성경에는 저가 채찍에 맞음으로 네가 나음을 입었다고 말합니다. 눈에 안보이고 현재 손에 만질 수 없고 느낄 수 없는데 성경은 저가 채찍에 맞음으로 네가 나음을 입었다. 하나님의 살아있는 생명있는 말씀을 그렇게 말합니다. 그러면 어떻게 할까요? 우리가 아프고 괴롭고 고통스러운 곳에 집중을 하면 그것을 믿을 수 없어요. 그러나 아픔에도 불구하고 고통스러움에도 불구하고 괴로움에도 불구하고 우리는 마음을 집중해서 채찍에 맞아 나음을 입은 나를 바라보는 것입니다. 앉으나 서나 나음을 얻고 건강해진 내 모습을 바라보고 저것이 내 모습이다. 저것이 내 모습이다. 아무리 옆에서 고통스럽고 괴로워도 그것에 정신을 팔지 말고 내가 내 꿈을 집중적으로 바라볼 때 그때 믿음이 생겨나는 것입니다.

로버트 슐러 목사님은 이런 말을 했습니다. "하나님이 인간에게 주신 놀라운 선물 가운데 하나는 상상력이다." 우리 마음의 생각은 하나님이 주신 선물로서 소중한 것입니다. 로마의 황제였던 마르쿠스 아우렐리우스는 "한 사람의 인생은 그의 생각에 따라 만들어진다"라고 말한 것입니다. 눈에 보이는 행동이 아니라, 그 마음속에 안 보이는 생각에 따라서 인간이 만들어진다. 미국의 사상가이자 시인인 랠프 왈도 에머슨은 "사람이 온종일 품고 있는 생각은 바로 그 자신이 된다"라고 말하여 생각의 중요성을 강조했습니다. 하루 종일 생각하고 있으면 생각이 그가 된다는 것입니다. 노만 비센트 필 박사는 "그대의 생각을 변화시켜라. 그러면 그대는 그대 자신의 세계를 변화시키게 될 것이다" 생각이 달라지면 환경이 달라진다는 것입니다. 이러한 말들은, 마음의 생각이 눈에 보이지 않지만 우리의 인생을 변화시키는 중요한 것임을 알려주는 것입니다. 다시 말하면 눈에 보이는 모든 세계가 안 보이지만 살아계신 하나님의 생각에 의해서 만들어진 것입니다.

넷째, 우리가 믿음이 생활을 할 때 죽으면 죽으리라는 마음의 결단이 있어야 한다. 아예 한번 맡겼으면 그로 말미암아 안 되면 죽더라도 맡기는 것을 믿음이라고 말하는 것입니다.

믿었다가 안 믿었다가 믿었다가 의심했다가 하나님께 맡겼다가 도로 빼앗았다가 이러면 아무것도 안 되는 것입니다. 주여~ 아침에는 내가 믿습니다. 살든지 죽든지 흥하든지 망하든지 성하든지 쇠하든지 믿습니다. 맡깁니다. 그러다가 점심때 주님 도로 내놓으십시오. 도로 내가 걸머지고 가겠습니다. 자기가 다 걸머지고 갑니다. 그러면 그것 믿음이 아니지요. 많은 사람이 기도할 때 전부 내놓습니다. 하나님 내 개인도 가정 살이도 염려, 근심도 다 내놓습니다. 기도하고 난 다음 일어설 때는 안녕히 계십시오. 또 다음에 와서 내놓겠습니다. 도로 다 안고 짊어지고 가는 것입니다.

그래서 하나님이 일할 수 있는 기회가 없습니다. 하나님께 내어 맡겨 버려야지 완전히 내어 맡기고 하나님이 잘못하면 어떻게 하느냐. 잘못하면 같이 죽지요. 죽을 각오를 해야 되는 것입니다. 수영을 배우려고 하는 사람은 물에 몸을 던질 줄 알아야 되는 것입니다. 물에 몸을 맡겨야 물이 그 몸을 띄워 주고 헤엄을 치게 만들어 주지 물에 들어가서 막 자기가 살겠다고 물을 때리고 발로 차고 하면 물이 네가 다 해봐라. 나는 도와줄 수 없다. 그러는 것입니다. 물속에 수영을 배우는 사람도 물에 자기를 맡기는 것처럼 우리 하나님을 믿는 사람도 하나님께 맡겨야 되는 것입니다.

바르게 알아야 할 것은 하나님께 맡긴다 함은 하나님께 지혜를 구하는 것입니다. 알려주신 지혜 대로 순종하는 것이 맞기는 것입니다. 무조건 하나님께 기대는 것이 맞기는 것이 아닙니다.

믿음이 있는데도 불구하고 믿었다가 자꾸 뒤로 물러가는 것입니다. 하나님이 물러가는 사람 기뻐하지 않아요. 한번 믿었으면 결판을 낼 정도로 결심하고 밀고 나가야 되는 것입니다. 뒤로 물러가면 내 마음이 저를 기뻐하지 아니한다고 말한 것입니다. 두려워하고 물러가지 말아야 되는 것입니다. 우리가 마가복음 14장 25절로 29절에 보면 예수님께서 물위로 걸어오는데 밤 사경에 파도가 치고 캄캄한데 흰 빛을 내면서 물위로 오르락 내리락 하면서 오니까 제자들이 배를 타고 보다가 전부 유령인줄 알고 고함을 쳤습니다. 뱃사람들은 밤에 유령이 물위로 걸어오는 것을 보면 물에 빠져 죽는다는 징크스가 있습니다.

우리가 죽었다고 고함을 치니까 예수님이 내니 두려워 말라. 그때 베드로가 말했습니다. 주님이시거든 나를 물 위로 걸어오게 하소서. "주님이 걸어오라." 단호하게 말씀했습니다. 사람의 경험으로 물 위로 걸은 적이 없습니다. 물 위로 걷는 것을 본적도 없고 들은 적도 없고 실제로 물 위로 걸어본 적 없는 인간 경험으로는 그런 일이 없는 일인데 주님 말씀 한마디로 밤중에 사경에 물 위로 걸어오는 예수님께서 내가 예수님이니 두려워말라고 하시고 난 다음에 물 위로 걸어오게 해달라고 하니까 걸어오라고 말했었습니다. 이 베드로가 물위로 걸어간다는 것은 목숨을 예수님께 맡겨놓은 것입니다. 만일 물 위로 발을 내밀었다가 주님이 안

붙들어 주시면 물 파도에 밤중에 휩쓸려 가면 누구도 건질 수 없습니다. 죽을 각오하고 모험을 가지고 베드로가 물 위에 뛰어 들어가니까 사람으로서 처음으로 쩌벅쩌벅 물 위로 걸어가기 시작한 것입니다. 이것이 겨자씨만한 믿음인 것입니다. 주님만 바라보고 모험을 해야 되는 것입니다. 모험심이 있는 사람이 믿음이 능력 있게 활용되고 발전합니다. 모험심이 없이 너무 조심스러우면 아무것도 하지 못합니다. 하나님은 강하고 담대하라고 하시는 것입니다.

다섯째, 우리가 믿음을 믿었으면 담대하게 입술로 고백을 해야된다. 눈에는 아무 증거 안보이고 귀에는 아무 소리 안 들리고 손에는 잡히는 것 없이 아무것도 없어도 마음에 믿었으면 믿음대로 말해야 되는 것입니다. 믿은 대로 나는 나았다. 나는 문제가 해결되었다. 나는 입학 되었다. 나는 사업이 되었다. 나는 평안을 얻었다. 마음에 믿음이 생기면 믿음대로 말하고 그 다음 믿은 대로 창조적으로 명령해야 되는 것입니다. 평안하라! 건강하라! 입학이 돼라! 사업이 되라! 명령을 해야 되는 것입니다. 입으로 시인하고 창조적인 명령을 해야 되는 것입니다. 모험심이 없이는 승리할 수 없기 때문에 모험심을 가지고서 행하고 난 다음에는 담대하게 입으로 시인해야 되는 것입니다.

야고보서 2장 17절에 "이와 같이 행함이 없는 믿음은 그 자체가 죽은 것이라" 보십시오. 모험심을 가지고 행해야 믿음이 살아 있지 모험심을 가지고 행하지 않는 믿음은 죽은 믿음인 것입니다.

히브리서 11장 6절에 "믿음이 없이는 하나님을 기쁘시게 하지 못하나니 하나님께 나아가는 자는 반드시 그가 계신 것과 또한 그가 자기를 찾는 자들에게 상 주시는 이심을 믿어야 할지니라" 믿음을 가지고 모험심을 가지고 하나님께 나가는 사람은 반드시 하나님이 살아계시고 하나님께 찾아가면 그 결과로 상을 주신다. 복을 주신다고 믿어야 되는 것입니다. 주님이 살아계신 것도 제대로 믿지 못하고 하나님이 상 주실 것을 믿지 못하면 안 되는 것입니다. 주님께서는 반드시 살아계시고 주님께서 자신을 통해서 기적을 일으킨다는 확고한 믿음으로 행하면 주님께서 믿음을 보시고 기적을 이르키시는 것입니다.

패배자와 승자자의 차이가 어떤지 압니까? 존 맥스웰은 「당신 안에 잠재된 리더십을 키우라」는 책에서 이렇게 말했습니다. "문제를 어둡게 보는 사람은 패배자가 되고, 문제를 밝게 보는 사람은 승리자가 된다." 문제가 생기면 아이구 이제 망했다. 이제는 절단이다. 이제는 끝났다. 모든 것을 어둡게 보고 가슴을 치면 그 사람 패배자가 돼요. 그러나 문제를 밝게 봅니다. 또 한 가지 기회가 온다. 어려운 일이 다가오고 고통이 다가오는 것 같지만 주님이 같이 계시므로 또 한 번 기적이 일어나려고 하시는 것이다. 하나님이 좋은 일을 주시기 위해서 하는 것이다. 좋게 보는 사람은 성공하는 것입니다. 일을 나쁘게 보는 사람은 점점 나빠지고 좋게 보는 사람은 점점 좋아지는 것입니다.

사람들은 대부분 문제가 생기면 방해물을 먼저 보는 것입니다.

자기가 장애가 되는 문제를 먼저보고 그것에 집중하는 것입니다. 그러면 패배자가 되지요. 내가 산을 향하여 눈을 들리라. 산을 보고 자꾸 태산이 다가오니 죽었다. 안된다. 그러나 성공하는 사람은 문제가 다가오면 나를 건지시는 하나님을 먼저 바라보는 것입니다. 하나님께서 기적을 일으키는 것을 바라봅니다. 그러나 사람들은 대부분 문제가 생기면 방해물을 먼저 봅니다. 그런데 긍정적이고 창조적인 생각을 가진 사람은 문제보다 목표물을 먼저 보고 그 문제의 방해물보다 목표를 통해서 우리에게 축복을 주는 하나님을 바라보는 것입니다. 땅을 바라보지 말고 하늘을 바라보십시오. 사람들은 땅을 보고 하늘을 바라보는 습관이 있습니다.

땅을 보고 모든 좌절과 절망을 가슴에 가득히 안고 하늘을 바라보니 하나님이 안보이지요. 하나님 어디 계십니까? 날 버렸죠? 그런데 문제가 생기면 먼저 기도 굴에 뛰어 들어가서 하나님께 기도하고 난 다음 하나님을 잔뜩 바라보고 그 다음 문제를 바라봅니다. 요까짓 것 이것 아무것도 아니다. 내게 축복을 주시기 위해서 이런 시련이 굴러들어왔구나. 두려워하지 않습니다. 두려워하면 실패합니다. 가장 패배의 선구자가 두려움인 것입니다. 마귀가 우리를 도둑질하고 죽이고 멸망시킬 때 제일 먼저 하는 것이 두려움을 갖다 주는 것입니다. 마음에 두려워하고 무서워하면 패배자가 되는 것입니다. 욥이 뭐라고 말했습니까? 내 무서워하던 그것이 내게 왔고 내 두려워하는 것이 내 몸에 미쳤다고 말한 것입니다.

어떤 문제가 생겨도 하나님을 주인으로 의지하는 사람은 무서워하지 않고 두려워하지 않습니다. 담대합니다. "두려워 말라 내가 너와 함께 함이라 놀라지 말라 나는 네 하나님이 됨이라. 내가 너를 굳세게 하리라. 참으로 너를 도와주리라. 참으로 나의 의로운 오른손으로 너를 붙들리라." 생명의 말씀을 붙잡고 갑니다. 그러므로 하나님을 보고 두려워하지 않고 마음에 강하고 담대한 믿음을 가진 사람은 어떤 환경에 갖다 놓아도 이기는 것입니다. 그러므로 하나님을 주인으로 모시고 하나님께 기도하는 사람 이외에 어떻게 두려움을 이기겠습니까? 두려움을 이기지 못합니다. 하나님을 믿지 못하면 이기지 못합니다. 두려워하면 패배합니다.

그렇기 때문에 먼저 기도하고 하나님을 바라보아야 되는 것입니다. 문제가 생기거든 하나님을 먼저 찾으세요. 하나님을 바라보고 기도하고 하나님이 성령이 임하셔서 "내가 너와 같이 하니 두려워 말라. 내가 너와 함께 함이라. 놀라지 말라. 나는 네 하나님이 된다." 그 하나님 음성을 마음속에 간직하고 나가면 문제가 생겨도 합력하여 선을 이룬 줄 알고 두려워하지 않습니다.

7장 하나님의 살아계심을 믿는 것

(요 14:11-14)"내가 아버지 안에 거하고 아버지께서 내 안에 계심을 믿으라 그렇지 못하겠거든 행하는 그 일로 말미암아 나를 믿으라. 내가 진실로 진실로 너희에게 이르노니 나를 믿는 자는 내가 하는 일을 그도 할 것이요 또한 그보다 큰 일도 하리니 이는 내가 아버지께로 감이라. 너희가 내 이름으로 무엇을 구하든지 내가 행하리니 이는 아버지로 하여금 아들로 말미암아 영광을 받으시게 하려 함이라. 내 이름으로 무엇이든지 내게 구하면 내가 행하리라."

하나님은 보이지 않지만 믿는 자를 통하여 살아계심을 나타내십니다. 하나님께서 살아계신다는 것을 믿어야 기적을 체험하게 됩니다. 살아계신 하나님께서 자신을 통하여 일하신다는 것을 믿는 성도가 날마다 기적을 일으키고 체험하게 되는 것입니다. 제일 중요한 것이 눈에 안 보이는 하나님께서 살아계셔서 자신을 통하여 일하신다는 것을 믿는 것입니다.

예수님 이름 앞에 하늘도 땅도 온 역사도 무릎을 꿇게 되어 있는 것입니다. 이렇기 때문에 우리가 예수 이름을 사용할 수 있는 특권은 어마어마하게 큰 것입니다. 예수를 구주로 모시고 영생이 들어오고 성령께서 속에 들어와 계시는 사람만이 예수 이름으로 기도할 수 있는 자격이 부여되는 것입니다. 이래서 우리가 예수 그리스도 이름으로 하나님 앞에 기도와 믿음으로 나아가면 이 예수 이름으로 하는 기도가 예수님이 행한 일을 행하게 해 주시는 것입니다. 그리고 이 보다 더 큰 것도 행할 수 있는 것은 우리 하나님 아버지께서는 예수 그리스도의 이름을 높이기를 원하시기 때문입니다.

예수께서는 스스로 자원하셔서 당신 자신을 낮추셨습니다. 그래서 죽기까지 충성하셨습니다. 십자가에서 죽고 그리고 무덤까지 내려가고 사흘 동안 지옥으로 내려가셨고, 그리고 주님께서 부활하셨기 때문에 하나님께서 그 이름을 지극히 높이셨습니다. 그래서 모든 만물, 하늘에 있는 것이나 땅에 있는 것이나 땅 아래 있는 모든 것이 예수 이름 앞에 무릎을 꿇도록 하나님께서 명령을 내리신 것입니다. 하나님이 높여 놓은 그 이름을 어떠한 사람도 낮출 수 없는 것입니다.

그러므로 우리가 예수 이름을 말할 때 하나님께서 귀를 기울이십니다. 하늘의 천사들이 그 이름에 모두 다 일어서는 것입니다. 예수 이름을 말할 때 지옥이 떠는 것입니다. 모든 마귀들이 예수 이름 말할 때 그 앞에서 떨 수밖에 없는 것입니다. 예수님의 이름은 바로 하늘과 땅과 세계와 그 가운데서 가장 높은 이름이요, 그 이름을 우리가 쓸 수 있도록 하나님께서 대리권 행사의 권리를 주신 것입니다. 이것이야말로 얼마나 큰 특권인지 말로다 할 수 없습니다.

첫째, 우리가 가지고 있는 권능을 알라. 우리가 가지고 있는 권능 즉, 권세에 대해서 하나님은 알기를 원하시는 것입니다. 아무 힘도 없고 능력도 없고 보잘 것 없는 사람 같아도 하나님은 그렇게 생각하지 않습니다. 굉장한 권세를 가지고 있는 사람들인 것입니다. 그러니 자기가 누구인가 깨달아 알아야 되는 것입니다. 우리가 가지고 있는 권세는 어떠한 것일까요. 성경 창세기 1장 2절에 보면 "땅이 혼돈하고 공허하며 흑암이 깊음 위에 있고 하나님의 영은 수면 위에 운행하시니라" 땅이 공허하고 혼돈하며 흑암이 깊음 위에 있는 것은 3차원의 세계의 모습인 것입니다. 비유컨대 물질적인 우리 인간, 우리의 삶이 공허하고 무질서하고 어두움이 마음을 깊게 점령하여 우리 마음이 절망상태에 떨어졌을 때 우리는 절망에서 그냥 자살해 버려야 되겠습니까? 우리의 지혜나 지식이나 총명이나 노력으로는 해결될 수 없습니다. 문제가 절망적입니다. 어떻게 할까요? 그런데 그런 상황만 있는 것이 아니라 하나님은 우리에게 성령을 보내 주셔서 성령께서 우리의 마음에 운행하시게 하셨다는 것입니다. 성령께서는 하나님의 창조적인 능력으로 이 세계 및 인간의 삶을 재창조하기 위해서 임하신 것입니다. 성령은 깨달아 알게 하시고 역사를 일으키시는 보혜사 입니다. 하나님의 말씀의 권세는 성령의 지배가운데 선포할 때 말씀과 같은 초자연적인 역사가 나타나는 것입니다. 3차원의 시간, 공간, 물질을 지배하고 다스리는 것은 4차원의 마귀 세계이며, 4차원의 마귀세계를 다스리는 것이 5차원의 초자연적인 성령인 것입니다.

그렇기 때문에 5차원의 초자연적인 성령은 4차원과 3차원을 다스리는 것입니다. 하나님은 크리스천에게 성령 안에서 3차원과 4차원을 다스리는 권세를 주셨습니다. 성령은 조용하게 우리 안에 와 있지만 하나님의 말씀 따라 기적을 일으키는 것입니다.

시편 104편 29절로 30절에 "주께서 낯을 숨기신 즉 그들이 떨고 주께서 그들의 호흡을 거두신 즉 그들은 죽어 먼지로 돌아가나이다. 주의 영을 보내어 그들을 창조하사 지면을 새롭게 하시나이다." 성령이 오시면 창조하고 새롭게 하는 것입니다. 심령이 생활에 찌들려서 공허하고 혼돈하며 흑암이 깊음 위에 있을 때 '이제는 절망이다. 나는 살아갈 길이 없다.' 그렇게 할 때 하나님을 바라보면 하나님이 성령을 보내 주시는 것입니다. 그러면 성령은 오셔서 뭐라느냐. 창조하고 새롭게 바꾸어 버리는 것입니다. 내가 상상할 수 없는 새로운 삶을 주시는 것입니다. 그렇기 때문에 우리에게 희망이 있어요. 개인적으로 가정으로 사회적으로 국가적으로 세계적으로 아무리 공허하고 혼돈하며 흑암이 깊음 위에 있어 눈에는 아무 증거 안보이고 귀에는 아무 소리 안 들리고 손에는 잡히는 것 없을지라도 성령이 계시기 때문에 희망이 있는 것입니다. 그것을 사람들이 깨달아야 되는 것입니다.

예수님께서 이 땅에 오셨을 때에도 30세 요단강에 가서 세례받을 때 성령이 임하셨습니다. 성령이 임하시기 전까지는 주님은 아무것도 안하셨습니다. 성령이 임하시자 성령께 끌려 광야에 들어가서 사십 주 사십 야 금식하시고 나오셔서, 성령의 인도하심으로 죄를 용서하시고 병을 고치시고, 귀신을 쫓아내시고, 죽은 자를 살리시고, 앉은뱅이를 일으키시고, 오병이어로 5천명을 먹이고 12바구니 남게 하시고, 뭐 이해할 수 없는 기적이 생겨났습니다. 문제를 주님이 다 해결했어요. 성령이 임하셔서 그런 일이 일어난 것입니다. 예수님이 죽었다 부활하시고 승천하셨을 때 제자들에게는 절망이었습니다. 120문도 제자들에게는 절망이었습니다. 로마의 권세가 완전히 자기들을 점령하고 예수님은 십자가에 죽었다가 부활하시고 승천하시고 고아와 같이 남아서 소망이 없습니다. 이제는 그리스도의 복음의 사역은 끝났다고 생각한 것입니다. 그럴 때 주님께서 떠나지 말고 성령이 오실 때까지 기다리라. 그들이 마가 요한의 다락방에서 한 열흘 동안 기다리는데 성령이 임하셨습니다. 그러자 사람들이 확 달라져 버렸습니다.

성령이 임하시자 새로운 창조와 생명의 역사가 일어나서 그들이 나가서 온 천하만국에 그리스도의 복음을 전하게 된 것입니다. 병자가 낫고, 귀신이 쫓겨 나가고, 기적이 일어나고 나라가 뒤엎어졌습니다. 천하가 뒤엎어졌습니다. 성령이 오셔서 그렇게 된 것입니다. 성령이 눈에 안보이지만 땅이 공허하고 혼돈하며 흑암이 깊음 위에 있어 이 우주가 절단강산이었을 때 그 해결책으로 눈에 안 보이는 성령이 와서 운행하셨습니다. 그 다음 하나님이 말씀하시매 기적이 일어나기 시작한 것입니다. 교회에 왜 오십니까? 교회 오면 예배드리며 기도하다가 성령으로 세례를 받습니다. 성령으로 충만을 받습니다. 성령으로 기도할 때 문제를 해결하는 지혜를 받습니다. 들은 지혜대로 순종하면 문제가 해결되는 것입니다. 기적이 일어나는 것입니다. 왜냐하면, 교회에 성령이 와서 계시기 때문인 것입니다. 지금 우리들이 모인 예배당에 성령이 임하여 계신 것입니다. 이게 해답인 것입니다. 왜 기도하십니까? 기도를 통해서 성령이 마음속에 충만해지기 때문에 그런 것입니다. 성령께서 우리들에게 창조의 권능을 주시고 새롭게 해주시는 기적을 베풀어 주시는 것입니다. 성령이 임하시고 역사하고 있는데 하나님이 말씀하셨습니다. "빛이 있으라" 창세기 1장 3절에 빛이 있었습니다. 성령으로 충만한 하나님의 말씀은 4차원의 영적 세계를 다스리는 하나님의 권세인 것입니다.

성령은 말씀하심이 이루어지게 하시는 권능인 것입니다. 그냥 말만하는 거예요. 사실은 보면 말조차 되는 것 아무 능력도 없는 것 같은데 말만 하는데 기적이 일어나는 것은 성령께서 하나님의 말씀에 권세가 있도록 역사하시는 것입니다. 그 성령의 지배가운데 말씀을 하시니까, 창조역사가 일어나는 것입니다. 창조의 순서를 보면 먼저 하나님의 성령이 운행하시고, 그 다음에 하나님의 권세의 말씀이 선포되고, 그 다음 보기에도 좋은 아름다운 세계가 창조되는 것입니다. 첫째 날에 빛이 생기고 둘째 날에 하늘이 생기고, 셋째 날에 바다와 땅, 식물이 생기고, 넷째 날에 해, 달, 별들이 생기고, 다섯째 날에 새, 물고기가 생겨난 것은 모두다 주님이 말씀하시니까 생겨난 것입니다. 말씀 안하셨을 때에는 성령이 그냥 임하여서 운행하고 계시지 아무것도 안 생겼어요. 성령님께서 장악하는 가운데 말씀이 떨어지니까 말씀을 따라서 기적이 일어난 것입니다.

둘째, 우리는 권세와 능력의 차이점을 분명히 알아야 한다. 요한복음 11장에 죽은 지 나흘이 되어 썩은 냄새가 나는 나사로의 무덤에 가셨을 때 예수님께서 "무덤 문을 열어 놓아라!" 그리고 난 다음에 주님께서 "의사들을 데리고 와서 빨리 주사 놓아라. 링거 놓아라! 혈압 재어 보라!" 그렇게 했나요? 그런데 예수님께서 썩은 냄새가 나는 나사로의 시체를 향해서 말씀을 하셨는데 굉장히 권세 있게 하셨습니다. "나사로야 나오라!" 성령의 지배가운데 권세 있는 말씀을 통해서 나사로의 영이 알아듣고 나사로의 혼과 육이 순종하니까 죽은 나사로가 살아서 나온 것입니다. 권능을 행하려면 성령의 지배가운데 권세 있게 말을 해야 돼요. 누가복음 7장에는 예수님이 제자들과 나인성으로 가는데 죽은 사람을 매고 나오는 사람들을 만났습니다. 그 뒤에는 독자를 잃은 어머니가 통곡을 하고 따라오기에 예수님이 그 사람들을 중지시켜서 죽은 청년을 보고서 "청년아, 일어나라!" 벌떡 일어났습니다. 매고 가던 사람이 기겁 초풍을 한 것입니다. 이런 일이 있을 수가 있느냐. 예수님께서 성령의 지배가운데 권세 있게 말씀하셨던 것입니다.

마가복음 5장에는 회당장 야이로의 딸이 죽었는데 예수님께 와서 살려달라고 애원했습니다. 예수님이 가니까 바리새교인, 사두개교 인들이 비웃었습니다. "지가 뭘 안다고 여기 왔느냐?" 그러니 예수님이 우는 사람들 다 내보고내고 난 다음에 딸 손을 잡고 "달리다굼, 딸아 일어나라!" 죽은 딸이 일어나고 만 것입니다. 예수님이 성령의 지배가운데 하신 말씀에 능력이 나타납니다. 성경에는 곳곳에 이러한 기적들이 기록되어 있습니다. 하나님의 말씀은 4차원의 영적 세계를 다스리는 하나님의 권세가 있기 때문인 것입니다. 그 권세를 하나님께서 우리 각자에게도 예수 믿을 때 주셨습니다. 성령의 지배가운데 선포하면 기적이 일어납니다.

누가복음 10장 17절로 20절에 보면 "칠십 인이 기뻐하며 돌아와 이르되 주여 주의 이름이면 귀신들도 우리에게 항복하더이다. 예수께서 이르시되 사탄이 하늘로부터 번개 같이 떨어지는 것을 내가 보았노라. 내가 너희에게 뱀과 전갈을 밟으며 원수의 모든 능력을 제어할 권능을 주었으니" "내가 너희에게 뱀과 전갈을 밟으며 원수의 모든 능력을 제어할 권능을 주었으니." 이 권능이란 말이 바로 권세와 똑같은 말입니다. "너희를 해칠 자가 결코 없으리라" 사람이 말한 것이 아닙니다. 주님이 말씀한 것입니다. 주님이 권세를 주신 것입니다. 하나님이 주신 것이니 빼앗을 자가 없는 것입니다. 주님께서 "귀신들이 너희에게 항복하는 것으로 기뻐하지 말고 너희 이름이 하늘에 기록된 것으로 기뻐하라 하시니라"

로마서 13장 1절에 보면 "권세는 하나님으로부터 나지 않음이 없나니 모든 권세는 다 하나님께서 정하신 바라" 그 하나님이 예수 믿을 때 우리들에게 하나님의 자녀가 되는 권세를 주셨습니다. 권세는 느끼는 것이 아닙니다. 필링이 아니에요. 권세는 느끼지도 아니하고 등이 근질근질하지도 않아요. 그러나 권세는 하나님이 주신 권세이기 때문에 우리들에게 주어진 것입니다. 사용만 하면 되는 것입니다. 능력은 '두나미스'인데 물리적인 힘, 육체적인 힘을 말하는 것입니다. 능력은 권세에 예속된 능력입니다. 능력은 초인적인 것이요, 권능은 초자연적인 것입니다.

성도는 하나님의 초자연적인 권세가 주어졌습니다. 말씀과 권세는 성령의 지배가운데 담대하게 명령하면 하나님의 성령께서 선포한 대로 역사하시는 것입니다. 그러면 초인적인 귀신이 떠나가야 합니다. 귀신은 사람보다 강한 능력이 있으나, 크리스천이 성령으로 거듭나면 권능이 있기 때문입니다.

요한복음 1장 12절에 "영접하는 자 곧 그 이름을 믿는 자들에게는 하나님의 자녀가 되는 권세를 주셨으니" 예수님을 구주로 영접했으면 와~ 권세가 있는 자들인 것입니다. 예수를 믿는 자는 모두 권세가 있어요. 하나님의 역사는 알고 바라보고 믿고 명령하는 것입니다. 우리가 생각 속에 하나님의 생각을 받아들여서 알고 그 다음에는 바라보고 이루어진 모습을 바라보고 그 다음에는 기도해서 믿고, 그 다음에는 입술로 명령하면 그대로 되는 것입니다. 기도해도 알고 기도해야지 뭣도 모르고 고함만 치면 안 됩니다. 병자가 병 낫기 위해서 기도하려면 성경에 예수님이 채찍에 맞음으로 병을 짊어지고 갔다는 것을 알아야 됩니다.

마가복음 16장 17절로 18절 "믿는 자들에게는 이런 표적이 따르리니 곧 그들이 내 이름으로 귀신을 쫓아내며 새 방언을 말하며 뱀을 집어 올리며 무슨 독을 마실지라도 해를 받지 아니하며 병든 사람에게 손을 얹은즉 나으리라" 그런 권세가 있는 것입니다. 그러므로 제가 말하고 싶은 것은 크리스천은 굉장한 권세가 있는 사람들인 것입니다. 예수 믿고 하나님이 공짜로 선물로 권세를 주셨습니다. 권세를 쓰든 안 쓰든 그것은 자신에게 달려 있어요. 권세를 안 쓰면 녹슬고 먼지가 쌓일 것입니다. 권세를 사용하면 번쩍번쩍 빛나고 아름답고 좋을 것입니다.

셋째, 권세를 사용하라. 마음에 주신 믿음과 말씀의 권세를 이제 사용하는 방법을 말씀해 드리겠습니다. 예수님께서 하신 모든 일은 모두 다 성령의 지배가운데 권세 있게 명령하신 것입니다. 마태복음 9장 6절에 보면 중풍병자에게 "일어나 네 침상을 가지고 집으로 가라" 마가복음 1장 25절에 더러운 귀신들린 사람을 보고 "잠잠하고 그 사람에게서 나오라" 그 다음에 누가복음 7장 48절에 죄 지은 여자를 보고 "네 죄 사함을 받았느니라" 그 다음 요한복음 11장 43절에 죽은 나사로를 보고 큰 소리로 "나사로야 나오라" 성령의 지배가운데 권세 있게 말씀했습니다. 우리들도 성령의 지배가운데 권세 있게 말을 해야 됩니다. "예수님의 이름으로 명령하노니 저주야 물러가라! 가난아 물러가라! 낭패와 실망아 물러가라! 우울증아 물러가라! 슬픔아 사라질지어다." 담대하게 성령의 지배가운데 선포하며 명령해야 합니다. 우리 크리스천은 예수님의 대행권자이기 때문입니다.

성경에 주님께서 "담대하라. 내가 세상을 이기었노라. 강하고 담대하고 두려워하지 말고 놀라지 말라"고 우리에게 말씀하고 계신 것입니다. 그렇게 명령하고 난 다음에는 믿어야 돼요. 자기가 말한 것이 이루어질 줄 믿어야지 말을 해 놓고 난 다음에 믿음이 약해지면 안 되는 것입니다. 말한 대로 이루질 것을 강하게 믿어야 돼요. 마가복음 11장 22절로 23절에 "예수께서 그들에게 대답하여 이르시되 하나님을 믿으라. 내가 진실로 너희에게 이르노니 누구든지 이 산더러 들리어 바다에 던져지라 하며 그 말하는 것이 이루어질 줄 믿고 마음에 의심하지 아니하면 그대로 되리라" 믿고 의심하지 말아야 됩니다. 권세를 사용하기 위해서는 제일 좋은 방법이 믿고 난 다음에 이루어진 상황을 일지에 기록하고 간직하면서 바라보는 것이 참 좋습니다. 기록하는 것이 굉장히 믿음을 강하게 하는 것입니다. 믿음이 생기지 않는 사람은 하나님의 진리를 알았고 바라보았는데 믿음이 안생기면 기도하고 난 다음 그 모습을 기록해야 됩니다. 적으면 굉장한 믿음이 생기는 것입니다.

꿈꾸는 것을 적으십시오. 믿음은 바라는 것들의 실상이기 때문에 바라는 것들을 자꾸 적어야 되는 것입니다. 그리고 난 다음에 긍정적인 입술의 명령과 고백을 계속해야 합니다. 성령님의 지배 가운데 담대하게 명령을 내려야 됩니다. 예수님의 이름으로 담대하게 선포하는 명령을 단호하게 한번 선포해서 안 되면 두 번, 세 번, 네 번, 다섯 번, 여섯 번 명령해야 됩니다. 귀신은 나가라고 한다고 해서 안 나갑니다. 한번 명령해서 안 나간다고 물러서면 안 됩니다. 2시간 20분 만에 나가는 귀신도 있습니다. 성령님 역사하여 주시옵소서! 성령으로 충만하게 기도하면서 떠나가라! 고 명령해야 합니다. 소리만 지른 다고 귀신이 떠나가지 않습니다.

하나님은 얼마나 우리가 긍정적으로 말하기를 원하느냐면 이름을 바꿔 버렸습니다. 아브람 보고 많은 민족의 조상이 되라! 아브라함. 많은 민족의 조상. 매일같이 많은 민족의 조상이 되라고 별들을 바라보고 그렇게 말하지 말고 이름을 바꿔라. 너 이름을 많은 민족의 조상이라고 해라. 우리는 우리 한국에서는 부부간에도 여보, 당신이라고 하지만 중동이나 구라파에서는 이름 부르지 않습니까? 그 부인이 매일같이 남편 이름을 아브라함, 많은 민족의 조상이여! 입으로 시인한다는 말입니다. 아예 긍정적으로 권세 있는 하나님의 말씀을 시인하는 것입니다. 그러니 나는 건강하다. 나는 건강하다. 그렇기 때문에 매일 아침 일어나서 직장에 나갈 때나 교회 올 때나 그 말을 하는 이유가 있습니다. "나는 행복하다. 나는 행복하다. 나는 기쁘고 즐겁다. 나는 기쁘고 즐거워라. 나는 평안하다. 나는 번창한다." 시편 23편 보십시오. "여호와는 나의 목자시니 내게 부족함이 없으리로다." 부족함이 있을는지 없을는지 모르겠다가 아닙니다. 단호한 선언인 것입니다. 그러므로 단호한 선언을 거듭거듭 하면 그것이 거대한 힘이 되는 것입니다.

마태복음 16장 19절에 "내가 천국 열쇠를 네게 주리니 네가 땅에서 무엇이든지 매면 하늘에서도 매일 것이요 네가 땅에서 무엇이든지 풀면 하늘에서도 풀리리라" 매고 푸는 것은 본인이 해야 돼요. 하나님 왜 나는 영혼이 잘됨같이 범사에 잘되며 강건하게 안 만들어 줍니까? 김 집사는 그렇게 만들어 주고 박 집사는 그렇게 만들어줬는데 나는 왜 안 만들어 줍니까? 하나님은 "네 입의 말로 네가 묶였으며 네 입의 말로 네가 사로잡혔다. 입의 말로써 먼저 시인을 하라." 그렇게 말씀하는 것입니다. 입술의 말로써 먼저 시인을 해야 됩니다. 크리스천은 천국 열쇠를 가지고 있는 것입니다. 하나님이 가지고 계신 것이 아니라 천국 열쇠를 가지고 있습니다. 그러니 알고 바라보고 믿고 입으로 시인하는 것이 천국의 열쇠입니다. 자신의 운명을 좌우하는 열쇠인 것입니다. 많은 사람이 교회 왔다 갔다 하면서 빈손들이고 왔다가 빈손들이고 가는 것은 열쇠를 안 쓰기 때문에 그런 것입니다. 누구 원망하리요. 하나님 왜 이렇습니까? 열쇠 줬는데 네가 안 쓰니까 그렇지 않느냐. 오늘부터 열쇠를 쓰십시오. 알고 바라보고 믿고 말하라. 땅에서 매면 하늘에서 매고 땅에서 풀면 하늘에서 풀린다. 얼마나 놀라운 말인 것이니까?

넷째, 걸림돌을 제거하라. 우리가 이 믿음의 생활을 하는데 5차원의 권능을 사용하는데 걸림돌을 제거해야 되는 것입니다. 그 걸림돌이 뭐냐 하면 용서하지 못하는 마음은 걸림돌이 되는 것입니다. 이 참 중요합니다. 용서하는 마음이 없으면 우리가 하나님의 역사를 하는데 걸림돌이 되는 것입니다. 마가복음 11장 25절에 "서서 기도할 때에 아무에게나 혐의가 있거든 용서하라. 그리하여야 하늘에 계신 너희 아버지께서도 너희 허물을 사하여 주시리라 하시니라" 기도할 때 용서하라. 네가 용서해야 하나님이 너의 죄도 용서해 주신다. 죄가 있으면 안 되잖아요. 우리가 남의 죄를 용서해줘야 내 죄도 용서해 주는 것입니다.

에베소서 4장 32절에 "서로 친절하게 하며 불쌍히 여기며 서로 용서하기를 하나님이 그리스도 안에서 너희를 용서하심과 같이 하라" "네가 예수 안에서 용서받은 만큼 너도 네 이웃을 용서해 줘라." 베드로가 한번 큰마음 먹고 예수님께 말했습니다. 주님! 저에게 잘못을 저지른 사람을 얼마나 용서해 줄까요? 하루에 일곱 번씩 용서해 줄까요 하니까 주님이 베드로를 보고 베드로야, 하루에 일곱 번씩 일흔 번 용서해줘라. 일곱 번 용서하니까 490번 용서하라. 하루 종일 용서해도 490번용서 못합니다. 그러니까 한없이 용서하라는 것입니다. 하나님이 그리스도 안에서 회개할 때 한없이 용서해준 것처럼 너에게로 와서 잘못했다고 회개하거든 한없이 용서해줘라. 그러니 주님께 용서를 얼마나 중요하게 여기시는지 몰라요. 우리가 하나님께 용서를 구하면 하나님이 틀림없이 용서해 주는 것입니다. 느헤미야 9장 17절에 "주께서는 용서하시는 하나님이시라 은혜로우시며 긍휼히 여기시며 더디 노하시며 인자가 풍부하시므로 그들을 버리지 아니하셨나이다."

요한일서 1장 9절에 "만일 우리가 우리 죄를 자백하면 그는 미쁘시고 의로 우사 우리 죄를 사하시며 우리를 모든 불의에서 깨끗하게 하실 것이요" 우리가 회개만 하면 모든 죄를 용서받는 것입니다. 성령께서 감동해도 회개하지 않기 때문에 하나님께 버림당하지, 회개만 하면 적은 죄로부터 큰 죄까지 다 용서받는 것입니다. 예수님이 십자가에서 우리 죄를 대신 받아 벌 받고 몸을 찢고 피 흘려 청산했기 때문에 "회개만 하면 다 용서받는다. 그러니 너희가 회개하고 하나님께 용서를 다 받을 수 있으니까 너에게 죄지은 자도 다 용서해줘라." 하나님께서 마음에 주신 믿음과 말씀의 권능이 우리를 통해 나타나기 위해서는 믿음의 걸림돌을 제거해야 되는데 가장 먼저 용서하는 마음, 즉 사랑을 가져야 합니다.

히브리서 8장 12절에 "내가 그들의 불의를 긍휼히 여기고 그들의 죄를 다시 기억하지 아니하리라 하셨느니라."고 말씀하셨습니다. 주님께서 우리의 죄와 불의를 용서하시면 다시 기억도 안한다고 말씀한 것입니다. 용서가 나를 치료하고 이웃을 치료하는 큰 힘이 있습니다.

권능이 있다는 것만 알고 있지 말고 권능을 사용해야 합니다. 예수님은 언제 어떻게 아버지를 영화롭게 할 수 있었습니까? 아버지의 뜻에 따라 순종하시고 담대히 기도하고 선포하실 때였습니다. 이제 예수님은 아버지를 영화롭게 해 드리기 위해 우리를 통해 일하기 원하십니다. 우리는 주님의 동역자입니다. 어떤 동역자로 삽니까? 우리가 할 일은 주님을 믿고 대사로서 행세하는 것입니다. 성령 안에서, 말씀대로 믿고 선포하고 행동하십시오. 담대히 선포하는 그곳에 하나님의 나라가 이루어짐을 볼 것입니다.

2부 하나님을 움직이는 겨자씨만한 믿음

08장 하나님을 움직이는 믿음이란

(히 11:6)"믿음이 없이는 하나님을 기쁘시게 하지 못하나니 하나님께 나아가는 자는 반드시 그가 계신 것과 또한 그가 자기를 찾는 자들에게 상주시는 이심을 믿어야 할지니라."

하나님을 움직이는 믿음이란 성령으로 세례 받고 성령의 불세례를 받아 성령으로 기도하여 성령으로 충만한 가운데 성령께서 감동하시는 대로 순종하는 것을 말합니다. 하나님의 계시를 받으면 자신에게 이익이 되든지 손해가 나든지 따져보지 않고 순종하는 성도가 될 때 하나님을 움직일 수가 있는 것입니다. 하나님은 순조하는 믿음을 개발하여 하나님을 움직이게 하는 큰 믿음의 소유자가 되기를 원하십니다. "믿음은 바라는 것들의 실상이요" 많은 사람들이 "나는 믿음이 없습니다."라고 말하는데 성경에는 각 사람들에게 분량대로 믿음을 주셨다고 기록되어 있습니다. 모세가 이스라엘을 인도하여 광야를 지나 이제 젖과 꿀이 흐르는 땅, 가나안의 변경까지 왔습니다. 그 곳 가데스 바네아에서 12명의 족장을 선택하여 가나안 땅을 40일 동안 정탐하고 돌아오라고 했습니다. 그때 그 땅을 정탐하고 돌아오는 12명 중에 여호수아와 갈렙을 제외하고 모두 다 그 땅을 악평하여 보고했습니다.

민수기 13장 30절로 33절에 보면 "갈렙이 모세 앞에서 백성을 조용하게 하고 이르되 우리가 곧 올라가서 그 땅을 취하자 능히 이기리라 하나, 그와 함께 올라갔던 사람들은 이르되 우리는 능히 올라가서 그 백성을 치지 못하리라 그들은 우리보다 강하니라 하고, 이스라엘 자손 앞에서 그 정탐한 땅을 악평하여 이르되 우리가 두루 다니며 정탐한 땅은 그 거주민을 삼키는 땅이요 거기서 본 모든 백성은 신장이 장대한 자들이며, 거기서 네피림 후손인 아낙 자손의 거인들을 보았나니 우리는 스스로 보기에도 메뚜기 같으니 그들이 보기에도 그와 같았을 것이니라" 그들의 말 중 가장 충격적인 것은 그들 자신을 가나안 땅의 백성에 비교해 볼 때에 메뚜기 같다고 그렇게 말한 것입니다.

또한 강조해서 원수들이 자신들을 보았을 때도 그렇게 보았을 것이라고 보고를 했습니다. 자기 자신들을 메뚜기로 본 자신과 백성은 거인들이 버티고 있는 가나안 땅을 정복할 수 없을 뿐더러 지레 겁을 먹고 애굽으로 도망가려고 한 것은 당연한 일인 것입니다. 하나님께서는 이와 같은 사람을 사용하셔서 가나안 땅을 점령케 하실 수 없을 뿐 아니라, 또한 그러한 사람들에게 복을 내려 주실 수는 더더욱 없었던 것입니다.

첫째, 하나님을 움직이는 믿음을 개발하려면. 자기 자신을 옛날 육체의 사람으로 보아서는 절대로 안 됩니다. 옛날 육체의 사람은 이 세상에 원수 마귀와 모든 우리 대적들 거인에 비교하면 메뚜기에 불과한 것입니다. 원래 인간은 영적이요, 거인으로 지음을 받았지 메뚜기로 지음을 받지 않았습니다. 창세기 2장 7절에 "여호와 하나님이 흙으로 사람을 지으시고 생기를 그 코에 불어넣으시니 사람이 생령이 된지라" 사람은 물질로 지음 받은 것이 아니라, 하나님의 영으로 지음을 받았고 하나님의 영은 거인입니다. 육체가 메뚜기지 하나님께서 불어넣은 영은 메뚜기가 아닙니다. 영이 하나님과 교통하고 있을 동안에 인간은 세상의 지배자였습니다.

창세기 1장 26절로 28절에 "하나님이 가라사대 우리의 형상을 따라 우리의 모양대로 우리가 사람을 만들고 그로 바다의 고기와 공중의 새와 육축과 온 땅과 땅에 기는 모든 것을 다스리게 하자 하시고 하나님이 자기 형상 곧 하나님의 형상대로 사람을 창조하시되 남자와 여자를 창조하시고 하나님이 그들에게 복을 주시며 그들에게 이르시되 생육하고 번성하여 땅에 충만하라. 땅을 정복하라 바다의 고기와 공중의 새와 땅에 움직이는 모든 생물을 다스리라 하시니라" 사람은 하나님의 형상과 모양대로 지음 받은 거인이요, 땅과 바다와 만물을 다스리는 지배자로 지음을 받았습니다. "여호와 하나님이 땅의 흙으로 사람을 지으시고 생기를 그 코에 불어넣으시니 사람이 생령이 되니라"(창 2:7).

이와 같은 사람이 어떻게 메뚜기가 될 수 있겠습니까? 그러나 인간이 하나님을 배반하고 타락했을 때 하나님의 영이 죽어 버리고 말았습니다. 그리고 지배자적인 주권을 다 잃어버리고 순식간에 인간은 노예 생활로 돌아간 메뚜기가 되어 버리고 말았던 것입니다. 영이 죽어 하나님과의 교통이 끊어짐으로 그들의 생애 속에 불안과 공포가 점령하고 불안과 공포의 노예가 되어 버리고 말았던 것입니다. 땅은 저주를 받아서 수고롭고 이마에 땀을 흘려야만 먹고살며 수고로움과 고생이 그들 삶을 떠나지 않았습니다.

그리고 인간은 육체적으로 병들고 연약해지고 노쇠해지고 결국 죽을 수밖에 없는 그러한 사망의 노예였습니다. 삶의 불안과 공포, 삶의 수고와 고생, 이 모든 것이 인간 생활에 거인으로 달려들었습니다. 그리고 인간은 거기에 견주어보면 자기 스스로는 말할 수 없이 비참한 메뚜기에 불과한 것입니다. 그러므로 거인이 변하여 메뚜기가 되었습니다. 자기 스스로를 무능 무기력한 인간으로 보고 있을 때에 인간은 절대로 성공적인 인생을 살아갈 수 없습니다.

오늘날 모든 세상을 사는 사람들은 이스라엘 백성이 가나안의 거인들을 보고 자기들이 메뚜기라고 생각한 것처럼 오늘 모든 사람들은 스스로 가기 마음속에 마귀나 질병이나 저주나 고통이나 생활고의 메뚜기로 자인하고 있는 것입니다. 그러나 우리가 알아야 할 것은 우리들은 원래부터 하나님께서 메뚜기 같은 비참한 인간으로 짓지 않았다는 것입니다. 오직 인간이 하나님을 배반하고 타락한 연고로 말미암아 영이 마귀가 지배하는 육체가 되어 버림으로 인간은 메뚜기가 되어 버리고 말았다는 것입니다.

둘째, 하나님의 자녀로 거인으로 다시 태어났다. 고린도 후서 5

장 16절로 17절에 "그러므로 우리가 이제부터는 아무 사람도 육체대로 알지 아니하노라 비록 우리가 그리스도도 육체대로 알았으나 이제부터는 이같이 알지 아니하노라 그런즉 누구든지 그리스도 안에 있으면 새로운 피조물이라 이전 것은 지나갔으니 보라 새것이 되었도다" 그러므로 이전 것인 우리 타락한 메뚜기 같은 인간은 지나갔습니다. 이전의 우리는 그리스도와 함께 십자가에 못 박혀서 죽어 버리고 말았던 것입니다. 갈라디아서 2장 20절에 "내가 그리스도와 함께 십자가에 못 박혔나니 그런즉 이제 내가 산 것이 아니요 오직 내 안에 그리스도께서 사신 것이라 이제 내가 육체 가운데 사는 것은 나를 사랑하사 나를 위하여 자기 몸을 버리신 하나님의 아들을 믿는 믿음 안에서 사는 것이라"고 말한 것입니다. 예수님을 믿을 때 메뚜기는 죽고 다시 사신 권능의 예수님으로 태어나 예수님의 인생을 살아가는 것입니다.

그러므로 보십시오. 타락한 메뚜기와 같은 무능력한 인간은 그리스도와 함께 십자가에 못 박혀 죽어 버리고 말았습니다. 그리고 이제 우리 안에 예수 그리스도가 들어와서 사십니다. 성경은 말하기를 너희는 저를 이겼나니 이는 너의 안에 계신 이가 세상에 있는 이보다 크다고 말한 것입니다. 세상에 옛날 거인으로 다가와서 우리를 도둑질하고 죽이고 멸망시키는 마귀나 죄, 버림받은 심정, 질병과 슬픔, 고통, 저주와 가난, 죽음⋯. 이와 같은 거인들이 모두 다 이제는 우리를 더 이상 지배하지 못합니다. 왜요? 우리가 육체로 있을 때 그것들이 우리를 지배했지만 이제는 육체가 그리스도와 함께 죽고 장사된바 되고 그리스도 안에서 영으로 다시 부활한 인생들은 거인으로 부활한 것입니다. 그리스도가 그 속에 들어와 계신 것입니다. 하늘과 땅의 모든 권세를 다 가지고 천지와 만물을 다스리는 예수께서 그 속에 들어와 있고 그리스도와 함께 그 인생을 사는 자는 이제 메뚜기가 아니고 거인인 것입니다.

그렇기 때문에 로마서 5장 17절에 "한 사람의 범죄로 말미암아 사망이 그 한 사람을 통하여 왕 노릇 하였은즉 더욱 은혜와 의의 선물을 넘치게 받는 자들은 한 분 예수 그리스도를 통하여 생명 안에서 왕 노릇 하리로다" 노예가 아니라 왕으로 거듭난 것입니다. 메뚜기가 아니라 거인으로 거듭난 것입니다. 운명의 노예가 아니라 운명의 지배자인 것입니다. 환경의 종이 아니라 환경을 다스리는 왕으로서 예수님을 주인으로 모신 우리는 그리스도 안에서 새롭게 지음을 받았다는 사실을 알아야 되는 것입니다.

그렇기 때문에 우리는 용서와 의 안에서 왕 노릇 하는 거인들이 된 것입니다. 화해와 은혜로 성령 충만한 거인들이 된 것입니다. 기쁨과 치료로 생명이 활기찬 거인들이 된 것입니다. 저주에서 해방되고 아브라함의 복을 받은 거인들이 된 것입니다. 천국과 영생을 얻은 거인들이 되어 버리고 만 것입니다. 그러므로 자기 자신을 메뚜기로 보는 사람은 하나님도 어찌하실 수가 없는 구제불능인 존재입니다. 밖에 버릴 수밖에 없는 것입니다. 이스라엘 백성들이 가나안 땅에 들어갈 바로 입구인 '가데스바네아'까지 왔는데 그곳에서 일단 하나님을 의지하고 들어가기만 하면 젖과 꿀이 흐르는 땅을 다 점령할 수 있는데 그만 자기 자신을 메뚜기로 보았습니다. 가나안 땅의 원수들은 거인으로 보고 자기 자신을 메뚜기로 보았습니다. 자기 자신을 메뚜기로 본 이상 좌절감을 가지지 아니할 수 없으며 절망하지 아니할 수 없으며 뒤로 물러가지 아니할 수 없습니다. 메뚜기가 어떻게 거인을 정복합니까? 그래서 그들은 모두 다 종살이하던 에굽으로 돌아가자고 뒤로 물러가 버리고 만 것입니다.

오늘날 우리들도 한 가지인 것입니다. 우리 자신을 어떠한 존재로 보는가? 이것은 우리의 운명과 미래를 좌우하는 것입니다. 우리 자신을 우리가 메뚜기로 보고 있는 이상은 우리는 "나는 못한다, 나는 안 된다, 나는 할 수 없다." 뒤로 물러갈 수밖에 없습니다. 그러나 우리가 예수 그리스도 안에서 옛 사람이 죽고 신령한 사람으로 다시 태어나서 영적인 존재가 되고 다스리는 자가 되고 우리 안에 예수님이 계심으로 그리스도와 더불어 우리는 거인이 된 것을 알게 되면 우리는 운명과 환경을 보고 두려워하지 않게 되는 것입니다. 이렇게 때문에 십자가를 통하여 내가 하나의 종교를 얻은 것이 아니라 얼마나 크나큰 변화가 나의 속에 다가왔다는 사실을 우리는 절실히 깨달아 알아야 되는 것입니다. 자기 자신이 변화된 것을 알지 못하면 이 사람은 항상 종교를 가진 메뚜기에 불과한 것입니다. 그리고 믿음이 없어서 가나안 땅을 점령하지 못합니다. 하나님께서 버릴 수도 있습니다. 하나님께서 스스로 메뚜기라고 하는 사람들하고 같이 할 수가 없는 것입니다.

셋째, 사람은 육체로 알아서는 안 된다. 우리는 예수 믿고 성령으로 거듭나 신령한 영적인 존재가 된 것입니다. 영적인 존재가 되어서 하나님과 교통하며 살 수 있는 사람이 된 것입니다. 아무 사람도 육체대로 알지 않는다고 성경이 말한 것을 우리가 깊이 새겨야 되는 것입니다. 예수 믿기 전에는 모든 사람이 타락한 육체지만 이제 예수 믿고 난 이후로는 아무 사람도 육체로 보아서는 안 되는 것입니다. 우리는 육체가 아닙니다. 저 세상에 있는 사람들은 영이 죽었기 때문에 그는 육체인 것입니다. 육신의 정욕과 안목의 정욕과 이생의 자랑을 따라서 살며 육체로 살다가 육체로 가버리고 마는 것입니다. 그러나 이제 우리는 육체가 아닙니다. 우리는 예수를 믿고 거듭나서 성령으로 충만함을 받은 하나님과 교통하는 신령한 영적인 존재들인 것입니다.

그래서 신령한 영적인 존재는 언제나 지배자인 것입니다. 아담과 하와가 신령한 존재로 있을 때는 모든 것을 다스렸습니다. 그러나 그가 육체가 되자 신령한 존재로서 살 때 다스리던 모든 권한을 빼앗겨 버리고 말았던 것입니다. 오늘날 우리들은 그러므로 절대로 우리 자신을 육체대로 알아서는 안 됩니다.

그러면 우리 마음에 바뀌어야 될 것이 무엇이겠습니까? "나는 죄악의 노예이다. 죄를 이길 수가 없다. 죄가 오면 별 도리가 있느냐! 그러므로 죄를 짓지, 마음으로 원이로되 육체가 약하도다." 그것은 메뚜기 사상입니다. 거인의 사상은 그리스도 예수 안에서 우리는 죄와 사망의 법에서 해방을 얻었습니다. 이러므로 죄가 오면 예수 이름으로 우리가 대적하면 죄가 한길로 왔다가 일곱 길로 도망을 쳐 버리고 말아 버리는 것입니다. 우리는 죄를 이긴 거인이지 죄에 정복당한 메뚜기가 아닙니다. 그러므로 우리 마음속에 거인 사상으로 꽉 들어차야 되는 것입니다.

우리는 버림받았다고 생각하면 안 됩니다. 이 세상에 경쟁이 심하고 아무리 고통스럽고 경제적으로 환경 여건이 나빠서 버림받은 심령이 다가와도 우리는 버림받은 사람이 아닙니다. 예수님이 우리가 같이 계시고 성령이 우리 속에 함께 계시며 하늘과 땅을 지으신 살아계신 하나님이 우리 아버지로 계시기 때문에 우리는 버림받은 메뚜기가 아니라는 것을 알아야 됩니다. 버림받았다고 생각하는 것은 메뚜기 사상입니다. 우리는 버림받지 않았습니다.

"눈에는 아무 증거 안 보이고 귀에는 아무 소리 안 들리고 손에는 잡히는 것 없어도 내가 비록 사망의 음침한 골짜기로 다닐지라도 해를 두려워하지 않을 것은 주께서 나와 함께 계심이라. 주의 지팡이와 막대기가 나를 안위하시나이다." 그러므로 우리 우리들은 버림받은 존재가 아닙니다. 절대로 그렇게 생각하거나 말해서는 안 되는 것입니다. 우리는 슬프고 병든 존재가 아닙니다. "나는 기쁨이란 없고 행복하지 않다. 나는 언제나 슬프고 심신이 병들고 처참한 지경에 있다." 이렇게 메뚜기 사상을 가지고 있으면 안 됩니다. 그것은 옛 사람 마귀의 종 메뚜기들이 생각하는 것입니다.

하나님의 자녀인 거인은 그렇게 생각하지 않습니다. 우리는 예수 그리스도로 말미암아 슬픔에서 해방된 사람이며 예수께서 우리 연약하신 것을 친히 담당하시고 병을 짊어지고 가셨으므로 우리는 병에 해방된 사람인 줄 믿고 말해야 되는 것입니다. 그리스도가 나의 기쁨이요, 그리스도가 나의 충만 이요, 예수 그리스도는 나의 건강인 것을 알고 이것을 믿고 전진해 나갈 줄 알아야만 되는 것입니다.

그리고 우리는 저주받고 낭패한 인간이라고 생각하면 안 됩니다. 생존 경쟁을 하는 동안에 시험에 들 수도 있고 어려움에도 처할 수가 있습니다. 하는 일이 잘 안 되기도 하고 부도가 날 수도 있는 것입니다. 그러나 그것이 우리 인생 종말이 아닌 것입니다. 그것을 바라보고 두려워서 물러가면 그것은 메뚜기 사상을 가진 사람인 것입니다. 그러한 모든 원수들이 있음에도 불구하고 우리는 그보다 더 위대한 하나님이 우리와 같이 계신 것입니다. 하나님의 아들이요. 예수님이 주인으로 우리 속에 와서 계시고 성령이 우리를 도와주시고 예수께서 저주를 받은바 되사 율법의 저주에서 우리를 속량하였기 때문에 우리는 아브라함의 복을 받은 사람입니다. 이 축복 속에서 믿음으로 나아가면 운명과 환경은 또 정복당하고 변화될 수가 있는 것입니다.

이러므로 우리의 현실적인 눈앞에서 무슨 부정적인 일이 일어났다고 해서 당장 그것을 시인하고 받아들이고 낙심하고 뒤로 물러가서는 안 됩니다. 눈을 들어 우리는 십자가를 바라보며 우리는 메뚜기가 아닌 거인으로서 다가올 모든 원수를 이기고 나아갈 수 있다는 믿음을 가져야 되는 것입니다.

죽음의 절망을 처한 인생도 죽음을 바라보고 두려워하며 떨어서는 안 된다는 것입니다. 죽음 저 건너편에 주께서 우리를 위해서 예비한 새 하늘과 새 땅과 새 예루살렘이 있는 것을 바라보아야 되는 것입니다. 그 안에서 하나님이 우리를 환영하시고 우리를 기뻐하신다는 사실을 알고 죽음의 절망에 허덕이며 죽음을 바라보고 그를 시인하는 사람이 되어서는 안 되는 것입니다. 이와 같은 부정적인 것을 우리가 생각하고 말하고 들으면 반드시 낭패하고 마는 것입니다.

그것이 오늘날 바로 우리가 메뚜기에서 거인이 되어야 하는 것입니다. 메뚜기 사상에서 거인의 사상으로 변화되어야 하는 것입니다. 이스라엘 백성들이 젖과 꿀이 흐르는 가나안 땅에 들어가지 못한 것은 바로 메뚜기 사상 때문인 것입니다. 그 메뚜기 사상은 12 정탐꾼 중에 10명만 가진 것이 아니라, 그 말을 듣고 동조한 모든 백성들이 모두 다 거인 앞에서 메뚜기가 되어서 뒤로 물러가 버리고 말았던 것입니다. 그러므로 메뚜기 사상은 바로 버림받은 사상이요 하나님께로부터 저주를 받는 사상인 것입니다.

우리는 자기 자신이 새로운 피조물이 된 것을 알아야 됩니다. 그리스도 안에서 옛사람은 죽고 장사 지낸 바 되고 그리스도 안에서 부활해서 새로운 피조물이 된 자기 자신을 항상 바라보아야 되는 것입니다. 그리고 나의 인생에서 메뚜기 시대는 지나갔다는 것을 알아야 됩니다. 예전 것은 지나갔습니다. 보라 새것이 되었습니다. 하나님의 자녀가 되었습니다.

그리고 예수 그리스도 안에서 나는 완전히 변화 받았다는 사실을 매일 같이 인식하고 인정해야 되는 것입니다. 그리스도와 함께 죽고 함께 장사되었는데 그리스도와 함께 부활한 우리가 새롭게 변화되지 아니할 수가 없습니다. 우리 옛사람이 그리스도와 함께 십자가에 못 박힌 것은 사실입니다. 그러므로 그리스도 안에서 죄악의 사람도 못 박혀버리고 버림받은 사람도 못 박혀버리고 슬픔과 질병의 노예된 사람도 못 박혀버리고 저주와 가난의 사람도 못 박혀버리고 죽음과 영원한 지옥의 사람도 못 박혀버렸습니다.

그리고 죽어서 장사 지내버리고 부활할 때는 그리스도 안에서 새로운 피조물이 되어 부활한 것입니다. 그러므로 예수를 믿는 우리는 새로운 피조물인 것입니다. 새로운 사상, 새로운 말, 새로운 행동을 하게 되시기를 바랍니다.

오늘 그러므로 스스로가 이제는 하나님 앞에 서게 될 때 나는 용서받은 의인이라는 것을 시인해야 합니다. 나는 하나님의 사랑을 받고 성령이 내 속에 주인으로 계신다는 것을 시인하고 감사해야 됩니다. 그리고 "나는 이제는 슬픔과는 인연이 없다. 그리스도가 나의 기쁨이다. 질병과 연약과 고통에서 나는 해방된 사람이다. 나는 저주와 가난에서 해방되고 자유를 얻은 사람이다. 죽음과 인연이 없고 영원한 천국이 나의 것이다." 매사를 긍정적으로 적극적으로 생각하고 말하고 입으로 시인해야만 되는 것입니다.

그러므로 모든 것은 우리 마음에서부터 출발합니다. 지킬 만한 것보다 더욱 네 마음을 지켜라 생명의 근원이 이에서 난다고 말한 것입니다. 마음속에 메뚜기 사상이 들어오면 그는 모든 생활에 실패자가 되는 것입니다. 마음속에 새로운 피조물이 되어 신령한 사람으로서의 거인이 들어와 있으면 강한 자입니다. 그 가운데서 긍정적이고 적극적이고 창조적이고 생산적인 생각을 하면서 눈에는 아무 증거 안 보이고 귀에는 아무 소리 안 들리고 손에는 잡히는 것 없어도 '믿습니다.'로 나가면 거인이 모든 환경과 운명을 짓밟아 승리해 나갈 수가 있는 것입니다.

그러므로 예수님을 주인으로 모신 사람은 예수 안에서 거인으로서 거듭난 것입니다. 거기에다가 하나님의 성령께서 우리와 같이 계셔서 도와주시는 것입니다. 우리를 고아와 같이 버려 놓지 않고 성령이 오셨습니다. 성령은 우리를 돕기 위해서 하나님께로부터 보내심을 받아 항상 우리와 같이 계십니다. 그러므로 성령님을 인정하고 환영하고 모시어드리고 의지하고 나아가면 성령께서 그 능력의 기름 부으심으로 우리를 도와주시는 것입니다.

그리고 우리에게는 꿈이 있습니다. 성령으로 말미암아 내일은 오늘보다 다음 달은 이번 달보다 내년은 금년도보다 더욱 나아지는 꿈을 우리 마음속에 가지고 있습니다. 꿈이 없는 개인과 꿈이 없는 백성은 망합니다. 그러나 우리 스스로 마음에 우리가 거인의 사상을 가지고 믿음으로 꿈을 가지고 있을 동안에는 아무도 우리에게 손을 댈 수가 없는 것입니다. 이러므로 우리는 꿈이 있는 사람들입니다.

우리는 또 기도와 믿음과 찬양이 있습니다. 우린 매일 같이 어려움을 당하면 주님께 기도하고 항상 그리스도에게 감사하고 항상 찬양하는 삶을 살아야 됩니다. 성경에는 우리 감사함으로 그 문에 들어가며 찬미함으로 그 궁정에 들어가서 하나님께 경배하자고 말한 것입니다. 우리가 감사하면 감사할수록 예수 그리스도의 문은 넓혀지고 찬미하면 찬미할수록 하나님의 궁정에 들어가서 하나님을 만나 볼 수가 있는 것입니다. 이렇기 때문에 우리 마음속에 항상 감사와 찬미가 넘쳐야지 우리 입술에 원망과 불평과 탄식, 고통스러운 말이 나와서는 안 되는 것입니다. 감사로 넘치고 찬양으로 넘칠 때 하늘나라 문은 열리고 하나님의 궁전에 들어가서 우리는 하나님과 함께 살아갈 수 있습니다.

성경 말씀 히브리서 10장 38절에 "오직 나의 의인은 믿음으로 말미암아 살리라 또한 뒤로 물러가면 내 마음이 저를 기뻐하지 아니하리라"고 말한 것입니다. 메뚜기 사상을 가진 사람들은 애굽으로 돌아가자고 했지만, 여호수아와 갈렙은 거인의 사상을 가진 사람입니다. 하나님을 믿는 믿음의 사람입니다. 여호수아와 갈렙 같이 "하나님이 우리와 같이 계심으로 우리가 들어가자. 그 땅은 우리의 것이다. 그 땅 주인은 떠나갔다. 그 땅은 젖과 꿀이 흐르는 곳이다. 가자!" 거인의 사상을 가진 사람입니다. 이 사람들은 젖과 꿀이 흐르는 땅에 들어갔지만 메뚜기 사상을 가진 사람은 뒤로 물러가서 광야에서 다 시들어서 죽어 버리고 말았던 것입니다.

예수님께서 십자가에 못 박힌 것은 영적인 선민을 위해서 젖과 꿀이 흐르는 새로운 가나안 땅을 만들어 주기 위해서 십자가에 못 박힌 것입니다. 우리의 가나안 땅은 바로 십자가 밑에 있습니다. 예수님께서 아담 이후로 광야에 나가서 고생하는 인류를 위해서 십자가에서 그 모든 광야의 저주를 감당하시고 주님께서 가나안 땅을 이룩해 주신 것입니다.

민수기 13장 30절에 "갈렙이 모세 앞에서 백성을 안돈시켜 가로되 우리가 곧 올라가서 그 땅을 취하자 능히 이기리라 하나" 라고 말한 것처럼, 우리도 이 거인의 사상만 가진다면 기도를 통해서 십자가 밑에 나아가서 우리에게 준 가나안 땅을 점령할 수가 있습니다. 성령의 권세로 세상에서 천국을 누리는 것입니다.

민수기 14장 8절에 "여호와께서 우리를 기뻐하시면 우리를 그 땅으로 인도하여 들이시고 그 땅을 우리에게 주시리라 이는 과연 젖과 꿀이 흐르는 땅이니라"고 말했는데 과연 십자가 밑에 젖과 꿀이 흐르는 땅이 있습니다. 그 속에 용서의 젖과 꿀이 흐르고 사랑과 성령의 젖과 꿀이 흐르고 기쁨과 치료의 젖과 꿀이 흐르고 아브라함의 축복의 번영함의 젖과 꿀 같이 흐르고 영생과 축복의 젖과 꿀이 흐르고 있는 것입니다. 오늘날 세상 사람들은 그 가나안 땅을 바라보지 못하고 있습니다. 고개를 들어 십자가를 바라보면 몸 찢고 피 흘려 이루어 놓은 가나안 땅에 젖과 꿀이 흐르고 있는 것입니다. 그러나 그 가나안 땅에 메뚜기 사상을 가진 사람은 들어가지 못합니다. 거인의 사상을 가진 사람은 들어갈 수가 있는 것입니다. 새사람답게 강하고 담대해야 합니다. 그래야 하나님께 기도하는 대로 응답을 받으면서 살아갈 수가 있습니다.

9장 하나님을 움직이는 겨자씨만한 믿음

(마 17:14-20)"그들이 무리에게 이르매 한 사람이 예수께 와서 꿇어 엎드려 이르되 (15) 주여 내 아들을 불쌍히 여기소서 그가 간질로 심히 고생하여 자주 불에도 넘어지며 물에도 넘어지는지라 (16) 내가 주의 제자들에게 데리고 왔으나 능히 고치지 못하더이다 (17) 예수께서 대답하여 이르시되 믿음이 없고 패역한 세대여 내가 얼마나 너희와 함께 있으며 얼마나 너희에게 참으리요 그를 이리로 데려오라 하시니라 (18) 이에 예수께서 꾸짖으시니 귀신이 나가고 아이가 그 때부터 나으니라 (19) 이 때에 제자들이 조용히 예수께 나아와 이르되 우리는 어찌하여 쫓아내지 못하였나이까 (20) 이르시되 너희 믿음이 작은 까닭이니라 진실로 너희에게 이르노니 만일 너희에게 믿음이 겨자씨 한 알 만큼만 있어도 이 산을 명하여 여기서 저기로 옮겨지라 하면 옮겨질 것이요 또 너희가 못할 것이 없으리라."

겨자씨만한 믿음이란 어떤 믿음일까요? "시몬이 대답하여 이르되 선생님 우리들이 밤이 새도록 수고하였으되 잡은 것이 없지마는 말씀에 의지하여 내가 그물을 내리리이다 하고"(눅 5:5). 베드로와 같이 자신은 할 수 없으나 예수님께서 말씀하시니 예수님께서 하실 줄 믿고 말씀에 의지하여 그물을 내리겠습니다. 하며 순종하는 믿음입니다. 베드로가 "그렇게 하니 고기를 잡은 것이

심히 많아 그물이 찢어지는지라"(눅5:6). 예수님이 사람들에게 몰려서 바다에 밀려들어갈 판이 되니까 베드로의 배에 올라타시고 배를 좀 바다로 저어달라고 했습니다. 베드로가 그물을 싣다말고 예수님을 모시고 바다 깊은 곳으로 들어가 있는데 예수님이 그 배에 서서 해변가에 있는 사람들에게 말씀을 가르치고 난 다음에 베드로보고 "깊은데 들어가서 그물을 던져 고기를 잡으라. 내가 보상을 해주겠다." 베드로가 예수님을 쳐다보고 우리 밤새도록 그물을 던져도 고기를 못 잡았는데 원래 고기는 해가 뜨면 깊은 곳으로 들어가서 잠을 자기 때문에 그물에 걸리지 않습니다. 어두울 때 초저녁에서 한밤중에 해변가에 먹이를 먹으러 나오는데 그때 잡을 수 있습니다. 그런데 예수님은 "깊은데 그물을 던져보라." 예! 사람의 지식으로는 못 잡지만 말씀에 의지해서 그물을 던져보겠습니다. 베드로는 주님의 말씀에 순종하여 그물을 던졌습니다. 어찌나 고기가 많이 잡히든지 그물이 찢어졌습니다. 자기 배에 다 싣지 못해서 친구들의 배를 불러서 배에다가 실어도 다 가라앉았습니다. 겨자씨만한 믿음은 자신은 할 수 없으나 예수님께서 하실 줄 믿고 예수님의 말씀에 순종하는 믿음입니다. 겨자씨는 작지만 생명이 있는 것과 같이 성령충만한 믿음입니다.

우리가 이 세상에서 믿음으로 살아가는 것은 결코 쉬운 일이 아닙니다. 우리는 의심에 빠지기 쉽습니다. 머뭇거리고 흔들리기 십상입니다. 우리에게 어떤 믿음이 필요할까요? 오늘 본문은 하나님께서 우리에게 요구하시는 믿음을 말씀하십니다. 그 믿음은 어떤 믿음입니까? "만일 너희에게 믿음이 겨자씨 한 알 만큼만 있어도" 주님은 겨자씨 한 알만한 생명있는 성령충만한 믿음을 강조하십니다. 이것이 우리에게 요구하시는 믿음입니다.

제자들은 간질병 아이를 고치지 못하였지만 예수님께서 고치십니다. 아이를 괴롭히던 귀신을 쫓아내십니다. 그때 제자들이 주님께 묻습니다. "우리는 어찌하여 (귀신을) 쫓아내지 못하고 병을 고치지 못하였습니까?" 이 질문에 대해 예수님은 이렇게 대답합니다. **"이르시되 너희 믿음이 작은 까닭이니라. 진실로 너희에게 이르노니 만일 너희에게 믿음이 겨자씨 한 알 만큼만 있어도 이 산을 명하여 여기서 저기로 옮겨지라 하면 옮겨질 것이요 또 너희가 못할 것이 없으리라."**(마 17.20)

"이르시되 너희 믿음이 작은 까닭이니라…"(마 17.20a). 그들이 능력이 작아서 못 고친 것이 아니라, 믿음이 작아서 못 고친 것이라는 겁니다. 병을 고치는 성령의 권능을 너희에게 주었는데, 그 권능을 믿는 믿음이 작아서 못 고친 것이라는 겁니다.

"예수께서 그의 열두 제자를 부르사 더러운 귀신을 쫓아내며 모든 병과 약한 것을 고치는 권능을 주시니라." 마태복음 10장 1절에서 말하고 있듯이, 제자들에게는 이미 귀신을 내쫓을 수 있는 능력이 주어졌습니다. 그런데 그들은 아이를 괴롭히던 귀신을 쫓아내지 못했습니다. 그 이유는 그들이 성령의 권능을 신뢰하지 못하고, 자신들은 할 수가 없다고 포기했기 때문입니다.

성령께서 그들과 함께 역사하고 있다고 확신하고, 그 능력에 자신을 맡기는 믿음이 있어야 했는데, 제자들은 그러지 못하였습니다. 그래서 예수님은 제자들에게 "너희 믿음이 작은 까닭이니라"라고 말씀하십니다. 여기에서 '믿음'이란 성령을 통해서 역사하시는 살아계신 하나님의 현재적으로 활동하는 능력을 신뢰하고 그분께 의존하는 믿음을 말합니다. 제자들은 이 믿음이 부족하여 귀신을 쫓아내고 간질병에서 고침 받게 할 수 없었습니다.

그래서 "너희 믿음이 작은 까닭이니라"라는 주님의 말씀은 이해가 됩니다. 그런데 그 다음 말씀을 보십시오. **"진실로 너희에게 이르노니 만일 너희에게 믿음이 겨자씨 한 알 만큼만 있어도 이 산을 명하여 여기서 저기로 옮겨지라 하면 옮겨질 것이요 또 너희가 못할 것이 없으리라."**(마 17.20b). 겨자씨는 부피가 아주 작은 씨앗입니다. 눈에 보일 듯 말듯 합니다. 보셨는지 모르겠지만 배추씨만한 것입니다. "이처럼 작은 겨자씨 한 알만한 믿음만 너희들에게 있어도 산을 옮길 것이다"고 주님은 말씀합니다.

알아야할 것은 겨자씨는 작아도 살아있는 생명이 있습니다. 씨 안에 생명이 있는 것처럼, 겨자씨만한 믿음은 생명있는 믿음을 말합니다. 생명이 있다는 말은 그 믿음이 살아 있다는 것입니다. 성령으로 충만한 믿음이라는 것입니다. 믿음은 생명과 직결합니다. 겨자씨가 자라서 새들이 깃드는 나무로 자라 갈 수 있다는 것입니다. 생명은 죽지 않고 움직인다는 말입니다. 겨자씨는 가만히 있는 정체가 아니라 약동하는 생명의 씨입니다.

겨자씨는 성장하는 생명이 있습니다. 생명이 있는 것은 성장하는 것에 부담을 느끼지도 아니합니다. 씨가 싹이 나고 잎이 줄기가 자라서 큰 나무가 되고 결실하는 것은 자연스러운 것입니다. 율법적인 신앙, 성장이 없는 신앙생활은 자신이 피곤할 뿐만 아니라 주변의 모든 것들을 힘들게 합니다. 성장이 없고 생명을 줄 수 없는 교회를 주님은 결단코 원하지 아니하셨습니다.

예수님께서 "산이 옮겨질 것이다"라는 말씀은 글자 그대로 해석해서는 안 될 말씀입니다. 그 당시 유대인들의 관용적 표현입니다. 당시 유대인들은 아주 곤란한 문제가 생기면 "산이 앞에 놓여져 있다."라고 했고, 이를 해결했을 때 "산을 옮겼다."라고 표현했습니다. 우리도 이런 관용적 표현을 즐겨 사용합니다. "울며 겨자 먹기", "산 너머 산이다", "갈수록 태산"이라고 말하곤 합니다. 즉 여기서 산은 "문자적인 의미"가 아니라 "사람의 능력으로 해결하기 어려운 커다란 문제, 극복할 수 없는 난관" 등을 함축하는 상징적인 표현입니다. 겨자씨 한 알만한 살아있고 생명 있는 아주 작은 믿음만 있어도, 내가 옮길 수 없는 산 같은 문제도 옮길 수 있다는 것입니다. 아주 작은 겨자씨와 감히 비교조차도 할 수 없이 큰 산을 대비하여 말씀하시는 주님의 말씀을 주목해 보시기 바랍니다. 이렇게 말씀하신 주님의 의도는 무엇입니까?

첫째, 겨자씨 한 알만한 믿음은 살아있고 가치가 있습니다. 겨자씨 한 알만한 작은 믿음이라고 가치가 없는 것이 아닙니다. 그 믿음도 매우 귀한 믿음입니다. 우습게보면 안 됩니다. 홍해 기적을 묵상해 봅시다. 바다에 갈라진 길을 걷는다고 묵상해 보십시오. 검푸른 바닷물이 양쪽에 벽처럼 높이 세워져 있습니다. 그 가운데를 걸어서 건너가야 합니다. 그게 쉬운 일이 아닙니다.

하나님께서 함께 하신다는 믿음이 강한 사람들은 할렐루야를 부르면서 막 걸어갈 수 있었을 것입니다. 그런데 안 갈 수도 없고 갈 수도 없는 그런 사람들은 어떻게 갈까요? 양 옆의 물을 보면서 '어~ 어~ 물이 쏟아지면 어떡하지? 어~ 어~'이러면서 앞 사람을 따라 갔을 겁니다. 하지만 이 사람들도 출애굽의 역사에 동참한 사람들입니다. '어~ 어~ 아이고 어째~'하고 걸어갔던 사람과 할렐루야!를 부르면서 걸어갔던 사람 모두 홍해를 건너갔습니다.

'어~ 어~, 아이고 어떡해 해~'하고 망설이고 불안해할지라도 하나님을 믿고 걸어가는 것이 겨자씨만한 믿음입니다. 하나님께서 하라고 하시는 말씀을 '어~ 어~ 이거 될 것인가~' 하지만 그냥 믿고 따라가고 실행하는 것이 겨자씨 한 알만한 믿음입니다.

비록 겨자씨처럼 작은 믿음으로 인해 주저주저하고 의심에 빠질 수가 있지만, 그럼에도 불구하고 하나님의 권능과 도우심을 구하고 나간다면, 하나님이 해결하십니다. 출애굽을 보십시오! 해결하시는 분은 하나님이십니다. 우리가 아닙니다. 하나님 보시기에는 굳세게 믿고 걸어갔든, 약하게 믿고 걸어갔든 별 차이가 없습니다. 굳세게 믿고 걸어갔든, 약하게 믿고 걸어갔든 그것은 하나님께 별 중요한 문제가 되지 않았습니다.

우리도 그렇습니다. 믿음 안에 있지만! 그 믿음은 내 자신이 볼 때나 다른 사람이 볼 때나, 사실 보잘 것 없이 작습니다. 그래서 하루에도 수없이 의심하고, 번민하고, 괴로워하며 살아가고 있습니다. 이렇듯 우리는 완전한 믿음, 큰 믿음을 가지지 못하고, 오히려 회의와 의심과 불안 속에서 살아가고 있는지 모릅니다. 그렇지만 우리가 믿음이 전혀 없는 것은 아닙니다. 하나님께서 함께 하신다는 겨자씨 한 알만한 믿음은 있는 것입니다. 물론 겨자씨 한 알만한 믿음 그 자체가 주님의 일을 이루는 것은 아닙니다.

겨자씨 한 알만한 믿음은 우리를 산을 옮기는 슈퍼맨이 되게 하는 그런 마법이 아닙니다. 산을 옮기는 것은 인간의 능력이 아니라 하나님의 능력입니다. 산을 옮기는 것은 하나님의 섭리 가운데 일하시는 그분의 의지와 능력에 기반을 둡니다. 그러므로 겨자씨 한 알만한 믿음이란, 우리가 할 수 없는 일이지만 결국 하나님이 하시고야 만다는 것을 우리가 믿고, 그래서 부족하지만 순종하고 따라가는 것을 말합니다. 이게 겨자씨 한 알만한 믿음입니다.

하나님의 일을 우리가 알고, 좀 힘들어 하고 때로는 회의하고 비틀거리면서도 "어~ 어~ 과연 될까?"하면서도 그 일이 실행되게 뚜벅뚜벅 걸어가는 것이 겨자씨 한 알만한 믿음입니다.

우리가 가져야 하는 믿음은 '완전무결한 큰 믿음'이 아니라, 바로 겨자씨 한 알만한 믿음입니다. 두렵지만 하나님께서 하신다는 것을 믿고 순종하는 믿음입니다. 겨자씨 한 알만한 믿음으로도 주님의 큰일을 이루어 드릴 수 있습니다. 믿음의 크기는 중요하지 않습니다. 중요한 것은 우리가 믿는 하나님이십니다. 우리의 연약함과 환경의 열악함을 보지 말고 하나님의 능력을 보시기 바랍니다. 순종하는 겨자씨만한 믿음을 보시고 기적을 체험하게 하십니다.

둘째, 믿음이 겨자씨 한 알만큼이나 작아도 생명이 있으면 됩니다. 목사님들은 설교 때에 "크고 강하고 담대한 믿음"을 강조합니다. 물론 잘못된 것은 아닙니다. 그러나 대단히 큰 믿음, 완전무결한 믿음도 좋지만(이건 특별한 경우), 대부분 우리에게는 겨자씨 한 알만한 아주 작은 믿음이면 됩니다. 그 정도면 충분히 주님의 일을 감당할 수 있습니다. 믿음을 보시고 주님이 하시기 때문입니다. 주님이 하신다는 믿음으로 순종하면 되는 것입니다.

마태복음 17장의 본문과 비슷한 본문이 누가복음 17장에도 있습니다. "사도들이 주께 여짜오되 우리에게 믿음을 더하소서 하니 **주께서 이르시되 너희에게 겨자씨 한 알만한 믿음이 있었더라면 이 뽕나무더러 뿌리가 뽑혀 바다에 심기어라 하였을 것이요 그것이 너희에게 순종하였으리라.**"(누가복음 17:5-6)

"사도들이 주께 여짜오되 우리에게 믿음을 더하소서 하니." 우리에게 믿음을 더해 달라고 합니다. 믿음이 있기는 있는데, 부족하니까 더해 달라고 한 것입니다. '믿음을 더해 주십시오. 믿음이 부족합니다. 더 큰 일을 할 수 있도록, 더 말씀에 순종할 수 있는 믿음을 더해 주십시오.' 이렇게 간구하는 제자들의 기도는 얼마나 훌륭한 신앙의 모습입니까? 그런데 주님은 오히려 나무라시는 것 같은 대답을 하십니다. "주께서 이르시되 너희에게 겨자씨 한 알만한 믿음이 있었더라면 이 뽕나무더러 뿌리가 뽑혀 바다에 심기어라 하였을 것이요 그것이 너희에게 순종하였으리라.”

제자들은 주님께 '믿음을 더해주십시오'라고 요청합니다. 이에 예수님은 겨자씨 한 알만한 믿음만 있으면 된다고 말씀합니다. 제자들은 큰 믿음을 원하고 있지만 주님은 겨자씨만한 아주 작은 생명있는 믿음을 말씀하고 계십니다.

제자들은 큰 믿음을 가져야 큰일을 할 수 있다고 생각하는데 주님은 겨자씨만한 작은 믿음만 있어도 얼마든지 큰일을 할 수 있다고 말씀하고 계십니다. 이런 믿음으로도 주님의 큰일을 이루는데 아무런 문제가 없다는 것을 말씀합니다.

주님의 생각과 제자들의 생각이 얼마나 다른가를 알 수 있습니다. 하나님께서는 우리에게 요구하는 것이 별로 없습니다. 하나님은 우리에게서 대단한 것을 찾지 않으십니다. 중요한 것은 하나님의 권능입니다. 우리는 단지 주님의 능력을 믿고 그분께서 하실 것을 믿고 의지하고 행동하면 되는 것입니다.

자신에게 믿음이 없다고 생각하지 마시기 바랍니다. 겨자씨만한 믿음을 이미 갖고 있습니다. 자신 안에 있는 겨자씨 한 알만한 믿음을 과소평가하지 마시기를 바랍니다. 주님은 아무리 약한 믿음도 무시하시지 않습니다. 베드로가 배에서 내려 물 위를 걸어 예수님께로 가다가 바람을 보고 무서워 물에 빠질 때 주님께서 손을 내밀어 그를 붙잡으시며 “믿음이 작은 자여 왜 의심하느냐”고 말씀하십니다. 그러나 그렇다고 주님이 베드로의 작은 믿음을 보고 그를 내치시지 않습니다. 가장 작은 믿음을 가진 사람도 주님이 사랑합니다. 그런 사람도 그리스도로부터 능력을 받습니다.

그러므로 자신의 연약한 믿음에 염려하지 마십시오. "나에게 조금 더 큰 믿음이 있으면…." 한탄하지 마십시오. 예수님께서 내 안에 겨자씨 한 알의 믿음을 심겨주신 것을 깨닫고 감사합시다.

셋째, 살아있는 겨자씨 한 알만한 믿음을 가지고 주님께 나아갑시다. 예수를 믿고 성령으로 거듭난 우리들은 이미 겨자씨 믿음을 소유하고 있습니다. 그리고 그 씨앗 안에는 생존력이 있고 생명력이 있습니다. 겨자씨는 아무리 작아도 생명이 있습니다. 생명이 있음으로 해서 자라나서 큰 나무가 됩니다. 그래서 사람들에게 그늘을 제공하고, 새들에게는 안식처를 줍니다.

겨자씨 같은 믿음이 그와 같습니다. 겨자씨 한 알만한 믿음은 작아 보이지만, 생명력 있는 믿음입니다. 우리는 생명력 넘치는 믿음을 가지고 있습니다. 그러나 우리의 문제는 그 믿음을 사용하지 않기 때문에 역사하지 않는 것입니다. 우리의 문제는 지금 있는 나의 믿음으로 주님의 말씀과 뜻에 순종하려는 생각은 하지 않고, 항상 믿음이 부족하다는 핑계를 대면서 주님의 풍성한 계획과 축복 속에 동참하지 못하는 삶을 살아가는 데 있습니다.

그러므로 이미 소유한 겨자씨 믿음을 사용하여 능력을 체험하고 주님이 기뻐하시는 일을 하시기 바랍니다. 믿음을 구하지만 말고 겨자씨만한 작은 믿음이라도 사용하시기 바랍니다. 겨자씨에

담긴 생명력이 발아되게 하십시오. 겨자씨 기도를 하십시오. 성령의 감동이 왔을 때에 하나님께 맡기고 믿음으로 행동하십시오. 그러면 하나님이 책임을 지십니다.

우리에게는 해결하기 힘든 문제들이 있습니다. 교회적으로, 가정의 문제에, 내 삶의 여러 난관들… 넘을 수 없는 난관들이 있습니다. 이루기 어려운 비전들이 있습니다. 그러나 그 어떤 것도 겨자씨 한 알만 하지만 생명력 있는 믿음만 있으면 해결할 수 있고 넘을 수 있고 이룰 수 있을 줄 믿습니다. 우리의 연약함과 환경의 열악함을 보지 말고 하나님의 능력을 신뢰하면서, 때로는 비틀거릴지라도 믿음의 길을 부디 전진하시기 바랍니다.

넷째, 겨자씨 한 알만한 믿음만 있으면 기적이 일어납니다. 한번은 예수님이 제자들을 데리고 예루살렘에서 베다니라는 동네로 나갔습니다. 무화과나무가 있기에 혹시 먹을 것이 있나 가보니까 잎사귀만 무성하고 열매가 없습니다. 예수님께서 무화과나무를 보시고 "다시는 사람이 너에게서 열매를 먹지 못하리라"고 말씀하셨습니다. 주님이 왜 이 나무를 저주하셨을까요? 나무에게 무슨 죄가 있다고 말입니다. 그것은 바로 제자들에게 믿음에 대해 가르쳐 주기 위해서 그렇게 하신 것입니다. 그 이튿날 다시 그 길을 지나가는데 다른 제자들은 그냥 지나가는 데 오직 베드로만 주님께 말하였습니다.

거기에서 예수님이 굉장히 중요한 교훈을 가르친 것입니다. 이튿날 아침에 있었던 베드로의 질문과 예수님의 대답이 마가복음 11장 21절로 24절에 "베드로가 생각이 나서 여짜오되 랍비여 보소서 저주하신 무화과나무가 말랐나이다. 예수께서 그들에게 대답하여 이르시되 하나님을 믿으라. 내가 진실로 너희에게 이르노니 누구든지 이 산더러 들리어 바다에 던져지라 하며 그 말하는 것이 이루어질 줄 믿고 마음에 의심하지 아니하면 그대로 되리라 그러므로 내가 너희에게 말하노니 무엇이든지 기도하고 구하는 것은 받은 줄로 믿으라 그리하면 너희에게 그대로 되리라" 말씀하셨다고 기록되었습니다.

여기에서 우리가 "레마"와 "로고스"를 알아야 합니다. "레마"와 "로고스"는 다릅니다. 말씀이라는 뜻의 "로고스"(logos)와 영감을 받은 말씀이라는 뜻의 "레마"(rhema)를 어떻게 구별해야 합니까? "로고스"는 성경전체입니다. 우리는 모두 같은 말씀을 읽고 있습니다. 그러나 우리들 각자에게는 특정한 말씀만이 우리의 영혼에 충격을 줍니다. 그 말씀은 우리를 위해 성령으로 축복된 말씀인 것입니다. 이것이 "레마"입니다. 성령께서 순간 깨닫게 하시는 말씀으로 믿고 행하면 기적이 일어나는 것입니다. 성도들은 "로고스"로 살아야 합니다. 그러나 순간순간 들려지는 "레마"를 받고 행동하고 움직여야 합니다. 이러한 "레마"의 말씀은 우리의 가슴 속에 깊이 새겨져 생활에 힘이 될 것입니다.

여기서는 예수님께서 레마가 아닌 인간의 믿음에 관해서 말씀하고 계십니다. 즉 말씀을 주셔서 믿는 것이 아니라, 내 마음속에서 확신을 가지고서 기도하다가 믿게 되는 것을 말하는 것입니다. 이처럼 하나님은 레마를 통해서만 역사하는 것이 아니라, 각 사람에게 주신 분량대로 믿음을 주셨기 때문에 그 믿음을 통해 역사하기도 하십니다. 그것도 우리가 담대하면 그 믿음이 기적을 나타낼 수가 있는 것입니다.

아무리 작은 인간의 믿음이라도 겨자씨 한 알만한 믿음만 있으면 기적이 일어난다는 것입니다. 겨자씨는 씨들 중에 가장 작은 씨입니다. 겨자씨 한 알만한 작은 믿음이라도 믿음으로 바라보고 환경을 바라보지 아니하면 기적이 일어나게 되는 것입니다. 그 겨자씨 한 알만한 믿음이 마음에 들어와서 마음에 확신이 생겨야 되는 것입니다. 언제나 믿음이란 확신이 생겨야 되는 것입니다. 두려워말고 강하고 담대한 마음으로 나가는 믿음이 있어야 하나님의 역사가 일어나게 됩니다.

마태복음 17장 20절에 "이르시되 너희 믿음이 작은 까닭이니라 진실로 너희에게 이르노니 만일 너희에게 믿음이 겨자씨 한알 만큼만 있어도 이 산을 명하여 여기서 저기로 옮겨지라 하면 옮겨질 것이요 또 너희가 못할 것이 없으리라"고 기록합니다. 이처럼 겨자씨 한 알만한 믿음이 우리에게 있어서 활용하면 산이 옮겨간다고 말했습니다. 태산까지 옮겨간다니 뭐 더 이상 말할 필요 없지요. 그것은 믿음만 있으면 우리가 못할 것이 없다고 말한 것입니다.

예수 믿는 사람이 믿지 않는 사람과 비교해서 머리가 되고 꼬리가 되지 않고 위에 있고 아래 내려가지 않고 남에게 꾸어줄지라도 꾸지 않게 되는 이유가 바로 이 말씀에 있는 것입니다. 산을 옮길 만한 역사가 우리 속에 있다는 것입니다. 못할 것이 없는 능력이 있다는 것입니다. 우리 속에 겨자씨 한 알보다 큰 믿음이 있는데 이 믿음을 우리가 사용하지 않는다고 주님께서 꾸짖으신 것입니다. 우리에게는 믿음이 있습니다. 그 믿음을 사용만 하면 산이 옮겨가고 못할 일이 없는 기적이 일어나는 것입니다. 그 믿음을 살려내는 것이 바로 성령 안에서 하는 기도인 것입니다.

기도하고 구한 것은 마음에 받은 확신이 오게 되고 그 말씀대로 실천하면 기적이 일어나기 때문에 기도만 하면 마음속에 확신과 평안이 오는지를 먼저 살펴보아야 합니다. 믿음은 바라는 것들의 실상이요 보지 못하는 것의 증거라고 바라는 실상이 이루어지고 보지 못한 증거가 마음속의 확신과 평안을 통해 나타나게 되는 것입니다. 그러므로 겨자씨 한 알만한 믿음이 있다는 것이 얼마나 놀라운지 모릅니다.

베드로는 그의 믿음의 체험을 통하여 레마의 말씀를 통한 창조적인 믿음과 믿는 성도로서 행사할 수 있는 보통 믿음의 역사를 모두 체험한 것입니다. 이처럼 우리도 이 두 가지 가능성을 늘 가지고 있는 것입니다. 성령이 직접 성경 말씀을 가지고 말씀하는 레마를 받을 수도 있고 레마를 받지 못할 지라도 기도하고 간구하면 마음속에 성령의 역사를 통해 확신과 평화가 다가오면 인간적인 겨자씨만한 믿음을 사용할 수도 있는 것입니다. 레마의 믿음도 있고 겨자씨 믿음도 있습니다. "레마"의 믿음을 받으면 그것은 창조적인 믿음으로 능력있는 확신을 가지고 행할 수 있는 것입니다.

그러므로 베드로는 반복적으로 예수님께 "내게 말씀하시옵소서! 주시거든 말씀하시옵소서!"하며 말씀을 요구한 것입니다. 그는 창조적인 능력으로 그 믿음을 얻기 원한 것입니다. 이와는 달리 보통 사람들은 그냥 기도하고 구하고 난 다음 마음에 평안과 확신이 오면 그것을 믿고 나가는 것은 겨자씨 믿음이 아닌 것입니다. 하지만 이렇게 기도하고 구하고 나가는 습관이 자라면 "겨자씨 한 알만한 믿음은 태산을 옮기고 능치 못 할일이 없다고 했으니" 믿음이 점점 자라서 삶속에 기도와 믿음을 통하여 모든 것을 해결하는 자가 될 수가 있습니다. 우리가 인간의 지혜와 총명과 모략과 재능과 지식으로 해결하지 못할 것도 기도와 믿음으로 해결할 수가 있습니다. 그러한 믿음의 무장을 하나님께서 우리에게 주셨습니다. 우리에게 성령을 주시고 믿음을 주셨습니다. 각 사람에게 분량대로 믿음을 주셨기 때문에 우리는 믿음 없는 사람이 아닙니다. 우리 모두는 믿을 때 이미 자신의 분량대로 믿음을 갖고 있는 것입니다. 그 믿음이 다 겨자씨 한 알보다는 큰 믿음입니다. 그러므로 오늘 이 시간부터 믿음을 통해 하나님의 기적이 일어나서 문제가 해결될 것을 기대하시기 바랍니다. 희망이 있습니다. 좋은 일이 일어날 수 있습니다.

우리가 주님께 기도할 때 반드시 응답을 주실 것을 기대하고 기도하십시오. 그러나 기도할 때 하나님께서 믿음을 활용하실 수 있도록 하기 위해서는 미운 사람의 죄를 용서해 줘야 되는 것입니다. 원한이 있으면 원한을 용서해주고 마음속에 거리끼는 죄가 있으면 거리끼는 죄를 회개하고 난 다음에 "성령이여 내 마음속에 확신을 주시옵소서!"하고 기도하면 성령께서 반드시 우리에게 평안과 확신을 주시는 것입니다. 그렇다면 얼마나 기도를 해야 됩니까? 성령께서 지배하시어 평안하고 확신이 올 때까지 기도하십시오. 평안과 확신이 없을 때는 아직까지 응답이 안 된 것입니다.

그러나 기도하고 또 기도해서 평안과 확신이 오면 그것을 따라 나가면 되는 것입니다. 기도할 때 웅변을 해야 됩니까? 아닙니다. 우리가 주여! 주여! 하며 외마디 소리를 해도 좋습니다. 오히려 간단한 말로 계속해서 부르짖어 기도하면 그것이 응답을 가져오는 것입니다. 너무 복잡하게 기도하지 마십시오. 혹시 마음속에 쉽게 집중이 안 돼 기도가 안 될 때는 금식기도도 하고 철야기도도 하고 조용한 곳에 가서도 기도해 마음속에 평안과 확신이 오면 문제가 해결될 수가 있는 것입니다. 완전한 평안과 확신이 오지 않는데 성급하게 일어나서 "주여! 응답한 줄 믿습니다."하면 그것은 스스로 속게 되는 것입니다. 마음속에 기도한 결과로 평안과 확신이 올 때까지 부르짖어야 합니다. 그러면 응답이 반드시 다가오게 되는 것입니다. 하나님께서는 우리에게 큰 믿음을 요구하시지 않습니다. 순종하는 겨자씨만한 믿음만 있으면 사용하십니다. 자신이 행동할 때에 두려움과 불안해도 하나님께서 하신다는 믿음으로 순종하는 겨자씨만한 믿음만 있으면 기적을 체험하게 됩니다.

10장 순수한 믿음에 하나님이 감동하신다.

(막 11:22-24)"예수께서 그들에게 대답하여 이르시되 하나님을 믿으라. 내가 진실로 너희에게 이르노니 누구든지 이 산더러 들리어 바다에 던져지라 하며 그 말하는 것이 이루어질 줄 믿고 마음에 의심하지 아니하면 그대로 되리라. 그러므로 내가 너희에게 말하노니 무엇이든지 기도하고 구하는 것은 받은 줄로 믿으라 그리하면 너희에게 그대로 되리라"

세상 지식과 사람의 판단으로는 하나님을 알 수도 없고 체험할 수도 없고 만날 수도 없습니다. 어린아이처럼 순수한 마음과 믿음으로 만이 하나님을 만날 수 있습니다. 어린아이들을 보세요. 부모님이 말하는 것을 그대로 믿고 행합니다. 어떤 사람이 어린 시절 부모님이 저 다리 밑에서 주워 다가 길렀다고 하는 말을 여러 번 듣고 자랐습니다. 20살이 넘어서자 부모님에게 이렇게 말했답니다. "저 집을 나가겠습니다." 왜 그러느냐? "다리 밑에서 주워 다가 길렀으니 이제 집을 떠나겠습니다." 어린 아이는 이렇게 순진합니다.

세상적인 지식과 판단으로 하나님이 우주 만물을 창조하신 것을 어떻게 이해하며 예수님께서 세상에 오셔서 죽은 자를 살리시고 귀신을 내어 쫓으시고 병든자를 고치시는 기사와 이적을 믿겠습니까? 하나님의 피조물인 인간이 창조주의 하나님의 높고 위대하신 권능을 사람의 섭리로 판단하고 평가하는 것 자체가 교만이고 어리석은 것입니다. 성령께서 믿을 수 있는 마음을 주셨고 믿어지는 것 자체가 성령의 인도하심입니다. 성령의 인도하심, 성령의 감동하심대로 믿는 것이 순수한 어린 아이의 믿음입니다.

예수님께서 베다니에서 주무시고 감람산 언덕을 오르셔서 예루살렘으로 가곤 하셨습니다. 주님이 가난한 베다니에서 아무것도 대접을 받지 못하시고 굶주리신지라 무화과인줄 알고 무화과나무 단지 밑을 찾아갔으나 무화과가 없고 잎사귀만 무성했습니다. 그러자 주님께서 제자들 듣는 앞에서 무화과를 저주했습니다. "다시 사람이 네게서 열매를 따먹지 못하리라"제자들이 다 들었습니다. 그리고 난후 제자들을 데리고 예루살렘으로 들어가서 사역을 하시고 저녁에 또 베다니로 나오셔서 그곳에서 주무시고 그 이튿날 아침에 제자들 데리고 또 무화과나무 단지를 지나가실 때 베드로가 보니까 주님이 저주하신 무화과가 뿌리째 바싹 말라 버렸습니다. 깜짝 놀랐습니다. "선생님! 어제 선생님이 저주하신 무화과나무가 말랐나이다." 그 기회를 이용하셔서 예수님은 믿음에 대한 중대한 가르침을 주셨습니다.

주님이 제자들을 바라보시고 "하나님을 믿으라. 내가 진실로 너희에게 이르노니 누구든지 이 산더러 들리어 바다에 던져지라 하며 그 말하는 것이 이루어질 줄 믿고 마음에 의심하지 아니하면 그대로 되리라. 그러므로 내가 너희에게 말하노니 무엇이든지 기도하고 구하는 것은 받은 줄로 믿으라. 그리하면 너희에게 그대로 되리라 서서 기도할 때에 아무에게나 혐의가 있거든 용서하라 그리하여야 하늘에 계신 너희 아버지께서도 너희 허물을 사하여 주시리라 하시니라”는 말씀을 하신 것입니다. 이 말씀 가운데 우리가 믿음의 생활을 하는 중대한 교훈을 받을 수 있습니다.

첫째, 살아계신 하나님을 믿으라. 하나님이라고 하면 너무나 막연하지 않습니까? 어떤 하나님을 믿으라는 말인 것입니까? 하나님을 믿으라고 하는데 하나님에 대한 믿음의 표시가 사람들마다 다릅니다. 우리가 하나님을 믿으라고 하나님 말씀하실 때 어떠한 하나님을 믿어야 될까요? 우리들도 미국인들이 생각하는 것처럼 악한 자를 벌하는 권위적인 하나님이라고만 믿을까요? 사랑하고 용서하는 자비로운 하나님이라고만 믿을까요? 세상일에 개입 없는 무관심한 하나님이라고 믿을까요? 심판을 준비하는 비판적인 하나님으로 믿을까요? 어떤 하나님을 믿어야 되겠습니까? 성경은 우리가 믿어야 될 하나님을 무엇으로 표시하고 있는 것입니까?

성경에는 좋으신 하나님, 사랑의 하나님을 우리에게 소개하고 있는 것입니다. 요 3:16에 “하나님이 세상을 이처럼 사랑하사 독생자를 주셨으니 이는 그를 믿는 자마다 멸망하지 않고 영생을 얻게 하려 하심이라” 아담 이후 그 자손들은 다 멸망에 처해 있습니다. 죄를 짓고 불의하고 추악하고 버림을 받고 마귀의 종이 되어 멸망에 처해있는 우리들을 주님께서 건지기 위해서 그 독생자 예수님을 보내 주셨습니다. 예수님께서 이 땅에 오셔서 멸망에 처한 인류들의 죄와 불의, 추악과 저주, 절망과 죽음을 대신 짊어지고 십자가에서 다 청산해 주셨습니다.

이런 하나님은 사랑의 하나님입니다. 우리가 죄를 짓고 우리가 불의하고 우리가 추악하고 우리가 버림받아야 마땅한데 왜 하나님은 그 아들을 보내셔서 죄 없는 그 아들이 우리의 죄와 우리의 불의, 우리의 추악, 우리의 저주, 절망을 대신 짊어지고 죽게 하셔서 우리로 그 모든 굴레에서 해방되게 해주셨을까요? 이는 하나님이 우리를 사랑하시는 적극적인 표현인 것입니다. 하나님이 우리를 얼마나 사랑하셨기에 멸망에 처한 우리들을 건지기 위해서 그 독생자를 주셨을까요? 이 하나님의 행위 속에서 하나님은 사랑의 하나님인 것을 알 수 있는 것입니다. 하나님은 알파요, 오메가요, 처음과 나중이요, 시작과 끝인 하나님은 진실로 우리를 사랑하시는 사랑의 하나님이신 것입니다.

하나님이 좋은 하나님이 아니시면 우리의 죄악을 사하시고 우리의 모든 병을 고치시고 우리 생명을 파멸에서 구속하는 것을 잊지 말고 기억하라고 부탁할 리가 만무한 것입니다(시103:1-5). 하나님은 우리에게 좋게 해주려는 좋은 하나님이라는 것을 알아야 되는 것입니다. 하나님은 "네 영혼이 죽어서 영원한 천국에 가면 되니 세상에서는 고생하며 살아라." 이렇게 고생하고 살라고 말하지 않았습니다. "영혼이 구원받아 잘되는 것처럼 너 범사에도 잘되고 건강하기를 내가 간구한다. 이 땅에서 천국을 누리며 살아라."주님은 전인구원을 원하시는 정말 사랑의 하나님, 좋은 하나님이신 것입니다. 하나님은 좋으신 하나님이신 것입니다.

스펄젼 목사님이 세상을 떠나기 전에 사랑하는 아내의 손을 잡고 남긴 마지막 유언은 "여보! 나는 좋으신 하나님과 함께 그토록 행복한 세월을 보냈다오."라는 말을 남겼습니다. 믿음의 선진들은 성경이 말씀하시는 '좋으신 하나님, 사랑의 하나님'을 주인으로 모시며 살았던 것입니다. 우리가 믿는 하나님은 좋은 하나님이요, 사랑의 하나님인 것입니다. 좋은 하나님, 사랑의 하나님을 이해하지 못하면 성경 전체를 이해할 수가 없는 것입니다. 하나님은 너무나 우리를 사랑하시고 너무나 좋은 하나님께서 모든 일이 합력하여 선을 이루게 만들어 주는 것입니다.

내가 현재에 어렵고 고통스러운데 어떻게 사랑의 하나님이여, 좋은 하나님이여 하고 불평하는 사람도 있을 것입니다. 하나님은 우리 영혼이 잘된 이후에 범사에 잘되고 강건하기 위해서는 우리에게 항상 달콤한 것만 주시는 것이 아닙니다. 쓴 약도 주시고 단 약도 주시고 좋은 일도 주시고 나쁜 일도 주셔서 합력하여 선을 이루게 만들어 주는 것입니다. 고난 중에 기도하게 하여 우리의 믿음을 키우시는 것입니다. 그래서 우리가 주 안에서 신령한 사람으로 성장하고 신령한 사람이 되므로 또 세상 축복도 허락하시고 건강도 허락하여 주시는 것입니다. 하나님은 우리에게 항상 밸런스가 잡힌 그런 인격을 양성하기 위해서 노력하고 계신 것입니다. 우리 하나님은 사랑의 하나님, 좋은 하나님이시라는 것을 깨닫게 되시기를 바랍니다. 살아계신 하나님을 체험해야 합니다.

그리고 우리 하나님은 상주시는 하나님인 것입니다. 히11: 6에 "믿음이 없이는 하나님을 기쁘시게 하지 못하나니 하나님께 나아가는 자는 반드시 그가 계신 것과 또한 그가 자기를 찾는 자들에게 상주시는 이심을 믿어야 할지니라." 하나님을 간절히 찾고 간구하고 기도하는 사람에게 응답으로 상을 주신다는 것을 알아야 된다는 것입니다. 우리 하나님은 하나님을 간절히 찾고 기도하는 자에게 반드시 상을 베풀어 주는 것입니다. 성령 충만의 삶도 주시고 생활에 축복도 상으로 허락하여 주시고 치료와 건강의 기적도 상으로 허락하여 주시는 것입니다. 우리 하나님은 좋은 상을 우리에게 주시기를 원하시는 좋으신 하나님인 것입니다. 상주시는 하나님인 것입니다.

종교개혁자 존 칼빈은 말하기를 "믿음이란 저수지 물을 집으로 끌어다 주는 수도관과 같다. 즉 하늘의 보물을 지구에 날라다 주는 수송 파이프인 것이다."라고 말한 것입니다. 하나님이 엄청난 축복을 하늘에 저수지처럼 예비해 놓았는데 우리가 믿음의 파이프를 통해서 하나님을 간절히 찾고 믿으면 그 파이프를 통해서 하나님은 우리에게 놀라운 상을 허락하여 주신다는 것입니다. 예수 그리스도는 어제나 오늘이나 영원토록 동일하시고 좋은 하나님, 사랑의 하나님, 상주시는 하나님은 오늘날도 우리와 함께 계셔서 우리에게 사랑과 선함과 상을 베풀어 주시기를 원하시고 계신 것을 알아야 되는 것입니다. 하나님이 종국적으로 우리에게 원하시는 것은 우리 영혼이 잘됨같이 범사에 잘되며 강건하고 생명을 얻되 풍성하게 얻는 전인구원의 삶을 주시기를 원하시는 것입니다.

그렇기 때문에 하나님은 우리에게 그 나라와 그 의를 먼저 구하라고 말씀한 것입니다. 모든 일에 예수님 제일주의로 살아야 하나님이 우리 가운데 역사하실 수 있다는 것입니다. 하나님을 액세서리로 생각하고 세상일을 제일주의로 생각하면 하나님 우리 가운데 역사할 수 없기 때문에 하나님이 채찍을 때리시고 불과 물과 시험을 통하게 하셔서, 고통 중에 하나님께서 계신다는 것을 깨닫고 기도하며 깨어지게 만드는 것이 하나님이신 것입니다. 깨어져야 하나님을 중심으로 모실수가 있기 때문에 그렇기 때문에 우리 신앙생활 가운데 많은 시험과 환난도 다가오고 채찍도 다가오는 것은 하나님이 사랑하시기 때문에 그렇게 하시는 것입니다. 그래서 "고난당한 것이 내게 유익이라 이로 말미암아 내가 주의 율례들을 배우게 되었나이다."(시 119:71). 좋은 하나님이시기 때문에 우리를 좋게 하기 위해서 그렇게 하시는 것입니다. 우리에게 상주시기 전에 하나님 중심의 올바른 신앙에 서게 만들려고 그렇게 하시는 것입니다.

둘째, 위대한 꿈을 가지라. 하나님을 믿으라. 이 산더러 명하여 저 바다에 던지라고 말한 것입니다. 사람의 힘으로 어떻게 산을 바다로 던집니까? 이것은 완전히 비이성적이고 비과학적입니다. 산이 어떻게 바다로 던져 갑니까? 이성적이고 과학적으로는 상상할 수 없습니다. 우리가 감각적으로 느껴보더라도 산이 얼마나 높은데 그 산이 바다로 옮겨 갑니까? 우리 경험으로 봐서 사람이 산을 명하여 바다에 던지라고 한다고 산이 옮겨간 적이 없는 것을 알고 있는 것입니다. 그러나 하나님께서는 인간적으로 불가능한데도 불구하고 하나님을 의지하면 될 수 있으니 큰 꿈을 가지라는 것입니다. 우리 사람은 인간의 이성과 과학으로도 그리고 경험적으로 봐도 감각적으로도 불가능해도 하나님은 할 수 있는 것입니다. 하나님께 능치 못하심이 없습니다. 우리가 하나님을 의지하고 하나님 말씀에 입각해서 큰 꿈을 꿀 수 있는 것입니다.

에배소서 3장 20절에 "우리 가운데서 역사하시는 능력대로 우리가 구하거나 생각하는 모든 것에 더 넘치도록 능히 하실 하나님"이라고 말씀하고 있는 것입니다. 그러므로 없는 것을 있는 것같이 우리가 꿈을 꿀 수 있습니다. 꿈은 비천한 사람도 꿀 수 있고 위대한 사람도 꿈을 꿀 수 있습니다. 돈이 있는 사람도 돈 없는 사람도 꿈을 꿀 수가 있는 것입니다. 우리는 하나님을 의지하고 인간이 상상할 수 없는 위대한 꿈을 꾸어야만 하는 것입니다. 아브라함이 위대하게 된 이유는 그가 학문이 많아서 그런 것도 아니고 가문이 좋았던 것도 아니고 부자였기 때문에 그런 것도 아닙니다. 그는 하나님을 통해서 위대한 꿈을 꿀 수 있었던 것입니다. 눈에는 아무증거 안보이고 귀에는 아무소리 안 들리고 손에는 잡히는 것 없는데도 불구하고 하나님을 의지하고 이 산더러 명하여 바다에 던지라는 위대한 꿈을 아브라함은 마음에 품었던 것입니다.

로마서 4장 17~18절에 "기록된바 내가 너를 많은 민족의 조상으로 세웠다 하심과 같으니 그가 믿은바 하나님은 죽은 자를 살리시며 없는 것을 있는 것으로 부르시는 이시니라 아브라함이 바랄 수 없는 중에 바라고 믿었으니 이는 네 후손이 이 같으리라 하신 말씀대로 많은 민족의 조상이 되게 하려 하심이라" 여기에 아브라함은 바랄 수 없는 중에 바라고 믿을 수 없는 중에 믿으며 꿈을 꾸었습니다. 100세나 된 그가 90살 되는 아내에게 자식을 낳은 것이라는 것은 꿈이지 비과학적이고 비이성적이고 비 체험적이고 비감각적인 것입니다. 그러나 하나님에 의해서 산을 바다로 옮기는 그런 꿈을 꾸었습니다. 그 결과 하나님께서는 꿈을 이루어서 100세에 이삭을 낳게 한 것입니다. 하나님은 죽은 자를 살리는 하나님이요, 없는 것을 있는 것같이 부르시는 살아계신 창조의 하나님이신 것입니다.

그러므로 우리들도 하나님을 의지하고 불가능을 가능케 하는 꿈을 꿔야 되는 것입니다. 우리 힘으로는 안 됩니다. 하나님을 의지해야 되는 것입니다. 하나님을 믿고 꿈을 꾸어야 되는 것입니다. 하나님의 약속의 말씀을 의지하고 꿈을 꾸는 것이지 우리 마음대로 꿈을 꾸면 백일몽이 되고 허탈한 꿈이 될 수 있는 것입니다. 그러나 하나님의 말씀은 거짓이 없습니다. 저 하늘이 무너지고 이 땅이 꺼져도 일점, 일획도 변하지 아니하므로 말씀을 의지하고 꿈을 꿀 수 있는 것입니다. 성령도 우리에게 꿈을 꾸도록 도와주십니다. 젊은이에게는 환상을 늙은이에게는 꿈을 꾸게 해주시는 것입니다. 그러므로 각자의 마음속에 하나님을 통해서 기적의 꿈을 꾸게 되시기를 주의 이름으로 축원합니다.

하나님과 약속의 말씀을 의지하고, 없는 것을 있는 것 같이 꿈을 꾸며 의심치 아니하면 그 꿈을 이루어질 수 있는 것입니다. 예수 십자가를 바라보면 우리 누구든지 위대한 꿈을 꿀 수 있습니다. 십자가에서 몸 찢고 피 흘려서 주님 우리에게 새로운 피조물을 허락해 주신 것입니다. 십자가를 통하여 용서받고 의롭게 된 내 자신을 꿈꿀 수 있는 것입니다. 십자가를 통하여 죄와 마귀에서 해방되고 거룩하고 성령충만한 내가 된 것을 꿈꿀 수 있습니다. 십자가를 통하여 병 고침 받고 건강하게 된 나를 꿈꿀 수가 있는 것입니다.

십자가를 통하여 저주에서 해방되고 아브라함의 축복을 받은 나를 꿈꿀 수가 있습니다. 십자가를 통하여 함께 죽고 장사지내고 그리스도 안에서 부활하사 하늘 보좌 우편에 앉은 나를 꿈꿀 수가 있는 것입니다. 십자가를 바라볼 때 내 영혼이 잘됨같이 범사에 잘되고 강건하고 생명을 얻되 넘치게 얻은 내 자신을 거울을 들여다보듯이 꿈꿀 수 있습니다. 꿈을 꾸고 믿으면 그대로 되는 것입니다. 믿고 꿈을 꾸고, 꿈을 꾸고 믿게 되시기를 바랍니다. 하나님께서는 이 산더러 명하여 저 바다에 던지라는 위대한 기적적인 꿈을 꾸라고 말씀하는 것입니다. 예수를 믿지 않는 사람은 이러한 위대한 꿈을 꿀 수가 없습니다. 꿈을 꿀 수 있는 조건이 없습니다. 말씀이 없는데 무엇을 믿고 꿈을 꾸겠습니까? 우리는 말씀이 있기 때문에 말씀을 의지하고 거대한 꿈을 꿀 수 있고 불가능을 믿을 수 있고 하나님께 입술로 고백할 수 있는 것입니다.

셋째, 믿음의 선언. 천국의 능력은 말씀에 있습니다. 성경에 이 산더러 들려 바다에 던지라 하고 그렇게 말을 하라는 것입니다. 우리가 꿈꾸고 믿은 것은 입술로 선언해야 되는 것입니다. 하나님의 나라는 말씀을 통해서 역사하는 것입니다. 하나님께서 천지와 만물을 지으실 때 말씀으로 지으신 것입니다. 빛이 있으라 하시매 빛이 생긴 것입니다. 궁창이 생겨나라 하니 궁창이 생겨났던 것입니다. 바닷물이 한곳으로 모이고 육지가 생겨나라. 육지가 생겨난 것입니다. 모든 것이 말씀으로 지어진 것입니다. 히11: 3에 "믿음으로 모든 세계가 하나님의 말씀으로 지어진 줄을 우리가 아나니"고 말한 것입니다. 예수님이 말씀으로 구원의 사역을 행하신 것을 압니다. 주님께서 회당에서 말씀 전할 때 귀신 들린 자가 고함을 치니까 말씀으로 귀신을 쫓아냈습니다. 마 8:16에 "예수께서 말씀으로 귀신들을 쫓아내시고 병든 자들을 다 고치시니" 예수님이 쫓아낸 귀신들은 말씀으로 쫓아내고 병든 자도 예수님이 말씀하시므로 병이 나은 것입니다. 하나님의 말씀은 기적을 창조하는 원천적인 능력이 되신 것입니다. 이 제자들과 함께 갈릴리 바다를 건너가시다가 풍랑이 대적할 때도 예수님이 고요 하라. 잠잠 하라. 말씀하시니 풍랑이 잠잠하고 고요해진 것입니다. 예수님께서 나인 성 과부의 아들이 죽어서 상여에 매어 오는 것을 중지시키고 관 뚜껑을 여시고 청년아, 일어나라. 말씀하시니 일어난 것입니다.

나사로가 무덤에 들어가서 나흘이 되어 썩은 냄새가 날 때도 주님께서 무덤 문을 열어 제켜 놓으라고 하시고 나사로야 나오라. 말씀하시매 죽은 나사로가 걸어 나온 것입니다. 가나의 혼인잔치에 포도주가 떨어졌을 때도 주님이 물을 퍼서 가져다주라고 하시 매 말씀으로 포도주가 되어 버리고 만 것입니다. 이처럼 우리 주 님의 사역은 모두다 말씀으로 이루어진 것입니다. 예수님의 제자 들의 사역도 다 말씀을 통해서 나타나신 것입니다.

우리는 담력과 용기가 없어서 기적을 기대를 하지 못하는 것입 니다. 우리가 주 안에서 더 많은 담력을 가지고 이 산더러 명하여 저 바다에 던지라는 선언을 할 수 있는 믿음으로 가지면 기적이 일어나게 될 것입니다. 베드로는 또한 중풍병자 애니아도 말씀으 로 고친 것입니다. 그가 애니아가 중풍 병으로 누운 지 여덟 해가 된 것을 보고 가서 "애니아야 예수께서 너를 낫게 하시니 침상을 정돈하고 일어나라"고 하시니 8년 중풍병자 애니아가 그 말씀 한 마디로 부스스 일어나서 침상을 정돈하고 건강하게 된 것입니다.

행 9:33~35에 "거기서 애니아라 하는 사람을 만나매 그는 중 풍 병으로 침상 위에 누운 지 여덟 해라 베드로가 이르되 애니아 야 예수 그리스도께서 너를 낫게 하시니 일어나 네 자리를 정돈하 라 한대 곧 일어나니 룻다와 사론에 사는 사람들이 다 그를 보고 주께로 돌아 오니라" 주님께서 베드로를 통해서 역사하실 때 애 니아에게 약을 준 것도 아니고 침을 놓은 것도 아닙니다. 마사지 를 한 것도 아닙니다. 말씀입니다. "애니아야 예수께서 너를 일 으키시니 일어나라!" 말씀을 하시매 말씀 선언을 따라 태산이 바 다로 옮겨가는 기적이 일어나고 만 것입니다. 더 놀라운 것은 도 르가의 부활인 것입니다. 도르가가 죽으매 과부들이 울고 그를 목욕시켜 옷을 입혀서 다락에 뉘여 놓고 베드로를 청한 것입니다. 도르가가 살아 생전에 과부들에게 많은 선한 일(예수님을 전도하는)을 베풀었기 때문인 것입니다. 베드로가 와서 우는 사람을 다 내보내고 기도하고 도르가를 보고 시체를 향하여서 "도르가야 일어나라!"하니 죽은 도르가가 일어나고 만 것입니다.

행 9:40에 "베드로가 사람을 다 내보내고 무릎을 꿇고 기도하고 돌이켜 시체를 향하여 이르되 다비다야 일어나라 하니 그가 눈을 떠 베드로를 보고 일어나 앉는지라"기적인 것입니다. 베드로가 도르가를 인공호흡을 시켰습니다. 심장마사지를 했습니다. 그렇게 기록하지 않았습니다. 말씀으로 도르가를 일으킨 것입니다. 도르가여 일어나라. 그러므로 성령의 임재 가운데 선포하는 말씀의 선언이 얼마나 위대한 능력이 있는 것을 알아야 됩니다. 우리들도 선언하는 믿음을 가져야 되는 것입니다.

우리가 언제나 부정적인 말을 하면 부정적인 일이 일어납니다. 나는 못한다. 안 된다. 할 수 없다. 죄 많다. 병들었다. 망한다. 승리하지 못한다. 패배적인 말을 하면은 그 말이 우리 운명을 그렇게 이끌어가고 마는 것입니다. 우리가 선언하는 믿음으로 십자가를 통하여 나는 의인이다. 나는 성령충만하다. 나는 건강하다. 나는 복받은 사람이다. 나는 천국 백성이 되었다. 내 영혼이 나는 잘되고 범사에 잘되며 강건한 사람이라고 선언하면 그대로 이루어지게 되는 것입니다. 선언하는 믿음을 가져야 되는 것입니다. 이산더러 명하여 저 바다에 던지라는 선언을 할 수 있어야 되는 것입니다. 하나님의 말씀을 믿고 담대하게 선언해야 됩니다.

넷째, 의심하지 않는 믿음. 의심하지 않는 믿음을 가져야 되는데 어떻게 의심하지 않는 믿음을 가질 수가 있을까요? 막11:24에 "그러므로 내가 너희에게 말하노니 무엇이든지 기도하고 구하는 것은 받은 줄로 믿으라. 그리하면 너희에게 그대로 되리라"고 말씀했습니다. 대게 우리는 미래형으로 기도합니다. 장차 구원해 주실 줄 믿습니다. 장차 병 나을 것을 믿습니다. 장차 축복해 줄 것을 믿습니다. 오늘은 내일이 장차고, 내일은 또 내일이 장차고, 내일은 또 내일이 장차고 무덤에 들어가 죽으면서 장차 잘될 줄 믿습니다. 그리고 죽는 것입니다. 미래형기도는 언제나 의심을 동반합니다. 언제 이루어질지 모르는 미래형을 가지고 기도해서는 안 됩니다. 또한 그다음 기도하는 사람은 현재형 기도입니다. 주님 현재 구원하여 주시옵소서. 현재 복을 주시옵소서. 현재 은혜를 주시옵소서. 그러면 마귀가 와서 말합니다. 안줘~ 구원 안 해줘. 치료 안해 줘. 현재 축복 안 해줘. 마귀하고 입 실랑이를 하게 됩니다. 현재 준다고 하는데 마귀는 안준다고 하고, 그렇기 때문에 마음에 의심이 생겨요. 하나님의 은혜는 거의 다 그리스도 안에서 우리에게 이미 주어진 것이기 때문에 과거형 기도를 해야 되는 것입니다.

하나님 2천 년 전에 이미 죄를 용서해 주셨으므로 나는 용서받은 사람이니 의인으로 살게 해 주시옵소서. 하나님 2천 년 전에 이미 내게 성령 주셨으므로 성령의 불이 나타나게 하여 주시옵소서. 이미 채찍에 맞았으므로 2천 년 전에 법적으로 나았으므로 강건함이 나타나게 하여 주시옵소서. 2천 년 전에 이미 복을 주셨으므로 나는 이미 복을 받아 놓았으니 아브라함의 복이 나타나게 하여 주시옵소서. 2천 년 전에 죽었다가 부활하신 주님을 통해서 나도 죽고 부활하셨으니 내 심령 안에 천국이 이루어지게 해주시옵소서. 이미 이루어진 것에 대해서는 마귀가 논란할 수 없습니다. 장차 이루어질 것이라면 마귀가 꿈도 꾸지 말라고 말합니다. 지금 이루어 달라고 하면 안 이루어 준다고 말합니다.

그러나 이미 이루어진 사실을 말할 때는 마귀가 입을 딱 다물고 의심을 줄 수 없습니다. 그러므로 우리의 기도는 이미 십자가를 통하여 이루어 주신 것을 지금 나타나게 하여 주시옵소서. 그렇게 기도해야 되는 것입니다. 따라 말씀하세요. 이미 이루어진 것을 저에게 나타나게 하여 주시옵소서. 이미 고쳐주신 병을 지금 고쳐 주시옵소서. 이미 복을 주셨으니 아브라함의 복이 나타나게 하여 주시옵소서. 과거형 기도입니다. 무엇이든지 기도하고 구한 것은 받은 줄로 믿으라. 그리하면 그대로 되리라. 하나님은 아브람에게 이름을 아브람에서 아브라함으로 많은 민족의 조상으로 사래에서 사라로 여주로 바꾼 것입니다. 아직 자식이 없는데도 불구하고 없는 것을 있는 것같이 이미 입으로 선언하게 만들어 주신 것입니다. 그래서 마귀가 의심을 갖다 주지 못하게 하는 것입니다. 항상 장차를 바라보고 기도하지 마시고 현재에 이루어 달라고 기도하지 마시고 이미 이루어 놓은 것을 하나님 내게 주시옵소서하고 기도하게 되시기를 바랍니다.

11장 하나님이 기뻐하시는 믿음을 개발하라.

(막 5:25-34)"열두 해를 혈루증으로 앓아 온 한 여자가 있어 많은 의사에게 많은 괴로움을 받았고 가진 것도 다 허비하였으되 아무 효험이 없고 도리어 더 중하여졌던 차에 예수의 소문을 듣고 무리 가운데 끼어 뒤로 와서 그의 옷에 손을 대니, 이는 내가 그의 옷에만 손을 대어도 구원을 받으리라 생각함일러라. 이에 그의 혈루 근원이 곧 마르매 병이 나은 줄을 몸에 깨달으니라. 예수께서 그 능력이 자기에게서 나간 줄을 곧 스스로 아시고 무리 가운데서 돌이켜 말씀하시되 누가 내 옷에 손을 대었느냐 하시니, 제자들이 여짜오되 무리가 에워싸 미는 것을 보시며 누가 내게 손을 대었느냐 물으시나이까 하되, 예수께서 이 일 행한 여자를 보려고 둘러 보시니, 여자가 자기에게 이루어진 일을 알고 두려워하여 떨며 와서 그 앞에 엎드려 모든 사실을 여쭈니, 예수께서 이르시되 딸아 네 믿음이 너를 구원하였으니 평안히 가라 네 병에서 놓여 건강할지어다."

크리스천들이 하나님이 기뻐하시고 감동하시게 하는 믿음의 방법을 오해하는 경향이 있습니다. 예를 든다면 인간적인 방법으로 열심히 해야 하나님께서 감동하신다는 것입니다. 이는 세상에서 살아갈 때에 자신이 믿던 신에게 하던 방식입니다. 그래서 목회자들이 하나님을 감동하시게 하려면 교회 예배에 열심 있게 참석하고, 많은 헌금을 드리며, 열정적으로 봉사하며, 성전 건축에 헌금으로 참여하고, 새벽기도나 철야기도, 금식기도, 일천번제기도를 해야 한다고 가르칩니다. 이렇게 보이는 행위로 열심히 해야 하나님께서 감동하신다는 신앙방식은 기복신앙으로서 이성적이고 샤머니즘적인 신앙방식인 것입니다. 이는 귀신에게 철저하게 이용당하고 있는 것입니다. 무당들은 오백만원짜리 굿보다, 천만원짜리 굿을 해야 귀신이 감동해서 효험이 빠르다고 속인다는 것입니다. 예수님을 믿고 교회에 나온 크리스천들은 육적이면서 영적인 존재들입니다. 그러므로 성령으로 세례를 받고, 성령의 인도를 받아야 합니다. 살아서 역사하시는 영이신 하나님의 음성을 듣고 온몸(영-혼-육)으로 순종해야 합니다. 하나님의 음성을 듣고 온몸으로 순종하는 믿음이 하나님을 감동시키는 믿음입니다.

믿음은 다른 사람이 이렇게 하였으니 나도 이렇게 하여 보겠다고 하는 마음을 가진다면 하나님께 별미를 드리는 개성 있는 믿음이 아닌 것입니다. 아직 아무도 하지 못한 방법의 믿음을 찾고, 개발하여, 성령의 인도를 받는 영적인 믿음을 하나님께 드릴 때에, 하나님은 기뻐 받으시고 믿음으로 역사가 일어나게 하십니다. 베드로는 성격이 급하여 불길 같은 성질을 갖고 있었지만, 이 성격을 이용하여 자기 믿음을 개발하여, 성공한 사도가 되었습니다. 예수님 이외에 바다를 걸어 본 사람이 없는데, 베드로는 비록 도중에 의심이 들어 바다에 빠지기는 하였지만, 그래도 바다를 걸어

본 사람이 되는 믿음을 가진 것입니다.

아브라함은 자기의 100세에 얻은 독자를 하나님의 말씀에 순종하여 바쳐 버렸더니, 하나님도 아브라함의 믿음을 감탄하시고 자기의 독생자를 세상에 대속의 제물로 보내셨습니다.

히브리서 11장의 믿음의 선조들은 모두 개성 있는 특색 있는 믿음을 가졌습니다. 노아는 지속되는 믿음이요, 아벨은 최초로 하나님께 제사를 드린 사람이요, 에녹은 하루 이틀이 아니고 일이년도 아닌 삼백년을 하나님과 함께 동행 하며 섬긴 믿음이요, 야곱은 죽자 살자고 매달리며 기도한 믿음이요, 이삭은 아버지가 하나님께 제물로 드릴 때에 산 제물로 하나님께 바쳐지는 믿음이요, 요셉은 400년 후에 이루어질 하나님의 약속을 믿고, 자기 해골을 매장하지 말고 출애굽 할 때에 메고 나가라고 말한, 하나님의 약속을 믿는 믿음입니다. 성경에 기록된 바락, 기드온, 삼손, 모세, 사무엘, 입다 등 성경에 이름이 기록된 믿음의 사람들은 모두 자기만이 가진 특유한 믿음이 한 가지씩 있었습니다.

첫째, 백부장의 믿음: 마태복음 8장 5절-10절에 보면 "예수께서 가버나움에 들어가시니 한 백부장이 나아와 간구하여 가로되 주여 내 하인이 중풍병으로 집에 누워 몹시 괴로워하나이다. 가라사대 내가 가서 고쳐 주리라. 백부장이 대답하여 가로되 주여 내 집에 들어오심을 나는 감당치 못하겠사오니 다만 말씀으로만 하옵소서, 그러면 내 하인이 낫겠삽나이다. 나도 남의 수하에 있는 사람이요, 내 아래도 군사가 있으니 이더러 가라 하면 가고 저더러 오라 하면 오고 내 종더러 이것을 하라 하면 하나이다. 예수께서 들으시고 기이히 여겨 좇는 자들에게 이르시되 내가 진실로 너희에게 이르노니 이스라엘 중 아무에게서도 이만한 믿음을 만나 보지 못하였노라"

백부장은 만왕의 왕이시고 초자연적인 예수님께서 말씀으로만 한마디 하셔도 안 되는 것이 없다는 믿음을 개발하였습니다. 말씀 한마디로 질병이 났고, 귀신이 쫓겨 간다는 믿음을 개발하였습니다. 그리고 예수님은 시공간을 초월하신다는 믿음까지 개발하고 가진 백부장입니다. 신약 성경에는 예수님과 가장 가까이 지낸 가정이 나사로의 가정입니다. 베다니에 살면서 예수님은 오며, 가며, 들려서 음식도 대접받고, 말씀도 들려주며, 마리아, 마르다, 나사로의 세 남매를 극진히 사랑하였습니다.

이러한 예수님이 자주 들리시고 가까이 하는 가정도 역시 질병이 찾아오고 죽음이 찾아오는 것입니다. 나사로가 병이 걸렸을 때에 사람을 보내어 3일 길을 가게 하여 예수님께 아뢰며 오셔서 병을 고쳐 주기를 간청하였습니다. 만일 이때에 마리아나 마르다가 백부장의 믿음을 갖고 나사로가 병들었으니 오시지 말고, 거기서 말씀만 하셔도 나사로가 나을 것이라고 말하며 믿음을 백부장과 같이 보였다면, 나사로도 백부장의 하인같이 즉시 낳았을 것인데, 오셔서 고쳐 달라고 하는 믿음을 보였기 때문에, 나사로가 즉시 일어나지 못한 것입니다. 예수님은 능력의 하나님이시라 죽은 것이 4일이나, 40일이나, 40년이나 아무런 상관이 없지만, 백부장과 같은 믿음을 개발하고, 마리아와 마르다가 주님께 요구하였다면, 슬피 울고 장례를 치르는 번거로움이 없이 믿음대로 이루어질 수가 있었을 것입니다.

백부장의 믿음은 예수님은 시공을 초월하시는 초자연적인 능력의 전지전능하신 하나님의 아들로 믿는 믿음을 개발하고 이 믿음을 고백 할 때에, 예수님은 "예수께서 들으시고 기이히 여겨 좇는 자들에게 이르시되 내가 진실로 너희에게 이르노니 이스라엘 중 아무에게서도 이만한 믿음을 만나 보지 못하였노라" 하시며 그 믿음대로 이루어지게 하신 것입니다. 오늘날 우리는 이 백부장과 같은 믿음이 필요합니다.

유명한 목사님이 오셔서 안수를 하여야 병이 나을 것이라는 생각으로 많은 돈을 들여가며 유명한 목사를 청하여 안수를 받는 사람도 있습니다. 물론 하나님을 사람을 통하여 역사하십니다. 질병이 있거나 문제가 있으면 무조건 능력 있는 사람을 찾으면 안 됩니다. 하나님께 기도하여 응답을 받아 행동하는 습관이 되어야 합니다. 무조건 기도해 보지않고 유명한 목사를 청해다가 안수기도 받으면 치유가 될 것이라는 허왕된 꿈을 버려야합니다. 하나님께 기도하여 물어보고 성령께서 감동하시는 대로 순종해야 합니다. 우리가 백부장과 같은 믿음을 개발하고 있으면 병은 예수님이 고치는 것이요, 유명한 목사가 고치는 것이 아님을 알고, 내가 예수님께 기도하거나, 유명한 목사가 기도하거나 마찬가지라는 믿음을 개발하고, 우리가 주님께 구하는 믿음이 될 때에 전능하신 하나님의 손길이 우리의 믿음을 따라서 나타나는 것을 알고, 우리는 항상 살아있는 믿음을 개발하며, 이 믿음으로 하나님의 권능을 힘입어 성령의 감동으로 생긴 내 믿은 대로 이룸을 받으며 살아가는 믿음의 사람이 되어야 합니다. 질병으로 고생하는 분들은 먼저 하나님께 기도하여 응답을 받아야 합니다. 하나님이 응답하신 대로 순종할 때 하나님이 치유로 역사하십니다. 무조건 능력있다는 사람을 찾지 말라는 것입니다. 성령의 인도를 받으라는 말입니다.

우리는 주님이 직접 오셔서 안수하시거나, 하늘나라에서 내 기도 소리를 들으시고 말씀하시거나, 마찬가지임을 믿고, 고백하는 백부장의 믿음을 갖고, 내가 구할 때에는 항상 내 믿음의 개발한 믿음을 따라 주님의 역사가 나타남을 알고 백부장과 같이 믿음을 개발하는 내가 되어야 합니다.

둘째, 혈루증 여인의 믿음: 마가복음 5장 28절에 보면 "이는 내가 그의 옷에만 손을 대어도 구원을 얻으리라 함일러라" 백부장은 손을 대지 않아도 예수님은 능히 병을 고칠 수 있다는 믿음을 개발하였지만, 12년 동안 혈루병을 앓던 여인은 이런 이야기 저런 이야기 할 것 없이, 예수님의 옷만 만져도 내 병이 나을 것이라는 믿음을 갖고, 이를 실행으로 옮긴 것입니다. 이 혈루병 자는 오늘날의 자궁출혈과 같은 병으로 자궁 경부암과도 같은 아주 좋지 못한 고통스러운 병입니다.

마가복음 5장 25절에 보면 "열두 해를 혈루증으로 앓는 한 여자가 있어 많은 의원에게 많은 괴로움을 받았고 있던 것도 다 허비하였으되 아무 효험이 없고 도리어 더 중하여졌던 차에" 이 병은 저주받은 병으로 문둥이와 같은 취급을 받으며, 이 사람이 앉았던 의자는 부정하다고 하여 불태워 버리고, 이 사람이 먹었던 밥그릇도 부정하다 하여 깨여 버리고, 가족과 함께 지내지도 못하고, 사람들과도 악수를 하지 못하며 멸시와 고통으로 12년 동안이나 고생을 하면서, 집을 팔고 많은 돈을 빚을 얻어다가 약을 쓰고 의원을 찾아 다녔지만, 더 중하던 차에 이 여인은 믿음을 개발하였습니다.

예수님의 옷에 손만 대어도 내가 나을 것이라는 믿음을 갖고 예수님에게 다가간 것입니다. 예수님 당시에 수많은 사람들이 예수님의 옷을 만지기도 하고, 손을 잡기도 하고, 많은 접촉이 있었지만, 아무런 일이 나타나지 않았는데, 오직 이 여인만이 혈루증 병이, 12년 동안이나 고생하던 병이 고침을 받은 것입니다. 우리도 이 여인 같이 자기가 자기 믿음을 개발하고 믿은 대로 되어지는 역사를 날마다 체험하시기를 바랍니다. 오늘날도 자기의 믿음을 이와 같이 개발하고 믿음을 주님께 보이면 하나님께서 그 믿음의 소원을 이루어 주시는 것입니다.

마가복음 5장 34절에 보면 "예수께서 가라사대 딸아 네 믿음이 너를 구원하였으니 평안히 가라 네 병에서 놓여 건강할 지어다" 흉내 내는 것도 좋지만, 자기 스스로 믿음을 개발하여 그 믿음을 보이며 주님께 나아가면 네 믿음이 너를 구원하였으니 평안히 가라 네 병에서 놓여 건강할 지어다 하시는 주님의 사랑의 음성을 듣게 되는 것입니다. 예수님을 만나야 내병이 치유된다는 절박한 심정과 믿음으로 기도하면 성령께서 하나님의 사람을 만나도록 역사하시는 것입니다. 오늘 내가 어떻게 믿음을 개발하여 나만이 갖고 있는 독특한 믿음으로 하나님께 믿음을 드릴까를 연구하고 자기만의 독특한 믿음이 하나님께 드리는 별미가 되기를 기원합니다.

셋째, 수로보니게 여인의 믿음: 마가복음 7장 24절-30절에 보면 "예수께서 일어 나사 거기를 떠나 두로 지경으로 가서 한 집에 들어가 아무도 모르게 하시려 하나 숨길 수 없더라 이에 더러운 귀신들린 어린 딸을 둔 한 여자가 예수의 소문을 듣고 곧 와서 그 발 아래 엎드리니 그 여자는 헬라인이요 수로보니게 족속이라 자기 딸에게서 귀신 쫓아 주시기를 간구하거늘 예수께서 이르시되 자녀로 먼저 배불리 먹게 할지니 자녀의 떡을 취하여 개들에게 던짐이 마땅치 아니하니라 여자가 대답하여 가로되 주여 옳소이다 마는 상 아래 개들도 아이들의 먹던 부스러기를 먹나이다 예수께서 가라사대 이 말을 하였으니 돌아가라 귀신이 네 딸에게서 나갔느니라 하시매 여자가 집에 돌아가 본즉 아이가 침상에 누웠고 귀신이 나갔더라"

수로보니게 여인은 유대인이 아닌 이방인으로 헬라 사람, 그리스 사람입니다. 이 수로보니게 여인의 딸이 귀신이 들린 어린 딸이 있습니다. 이 사랑하는 어린 딸이 귀신 들린 병으로 인하여 많은 고생을 하며 이 딸을 고쳐 보려고 백방으로 노력을 하였습니다. 그러나 이도 허사였습니다. 어린 딸의 귀신들려 고통 하는 것을 보는 어머니의 마음은 참으로 말을 할 수 없을 것입니다.

마태복음 15장 21절 -28절에도 똑같은 기사가 있습니다. 수로보니게 여인의 믿음은 이판사판 끝까지 매달리는 믿음을 개발한 것입니다. 예수님을 만나야 내딸이 귀신에게서 놓임을 받을수 있다. 절박한 심정이었습니다. 수로보니게 여인은 무식한 여자답게 예수님을 보자말자 크게 소리를 질렀습니다. 제자들이 시끄럽다 하고 예수님께 돈 10원을 주어 보내자고 말합니다. 예수님은 아무 말씀 안 하시고 듣고만 계시다가 제자들이 이 여자가 귀찮게 군다고 말을 할 때에야 이 여인에게 입을 열었습니다.

마태복음 15장 21절-28절에 보면 "예수께서 거기서 나가서 두로와 시돈 지방으로 들어가시니 가나안 여자 하나가 그 지경에서 나와서 소리질러 가로되 주 다윗의 자손이여 나를 불쌍히 여기소서 내 딸이 흉악히 귀신들렸나이다 하되 예수는 한 말씀도 대답지 아니하시니 제자들이 와서 청하여 말하되 그 여자가 우리 뒤에서 소리를 지르오니 보내소서 예수께서 대답하여 가라사대 나는 이스라엘 집의 잃어버린 양 외에는 다른 데로 보내심을 받지 아니하였노라 하신대 여자가 와서 예수께 절하며 가로되 주여 저를 도우소서 대답하여 가라사대 자녀의 떡을 취하여 개들에게 던짐이 마땅치 아니하니라 여자가 가로되 주여 옳소이다마는 개들도 제 주인의 상에서 떨어지는 부스러기를 먹나이다 하니 이에 예수께서 대답하여 가라사대 여자야 네 믿음이 크도다 네 소원대로 되리라 하시니 그 시로부터 그의 딸이 나으니라"

예수님은 "대답하여 가라사대 자녀의 떡을 취하여 개들에게 던짐이 마땅치 아니하니라" 이 여인을 개라고 하면서 개에게는 은혜를 줄 수 없다고 말을 하며 말상대도 하지 않습니다. 수로보니게 여인은 이러한 멸시 천대의 말을 들으며, 개 취급을 받으면서도 계속하여 맞습니다. 나는 이방인이요 개입니다. 그러나 개도 주인의 상에서 떨어지는 부스러기는 주어서 먹으니 부스러기라도 달라고 결사적으로 매어 달립니다.

예수님은 수로보니게의 여인의 믿음을 보았습니다. 개 취급을 받으면서도 주님께 매달리며 구하는 믿음을 보신 것입니다. "이에 예수께서 대답하여 가라사대 여자야 네 믿음이 크도다 네 소원대로 되리라 하시니 그 시로부터 그의 딸이 나으니라" 우리도 예수님이 나의 믿음을 시험하실 때에 어떠한 불 응답이 오고, 개 취급당하는 처지에 이르러도, 이를 낙심하지 말고, 끝까지 주님의 은혜를 구하는 믿음을 갖고 매어 달릴 때에, 주님은 매어 달리는 믿음을 개발한 수로보니게 여인의 소원을 들어 주신 것과 같이, 오늘날 나의 개발한 개성 있는 특색 있는 믿음을 보시고, 칭찬하시며 나의 소원을 그대로 이루어 주십니다. 우리도 예수님이 인정하시는 믿음을 개발하고 이 믿음을 갖고 매달리며 믿음을 끝까지 보일 때에 칭찬과 응답과 축복이 임하는 것입니다.

넷째, 바디메오의 믿음: 마가복음 10장 46절 - 52절에 보면 "그들이 여리고에 이르렀더니 예수께서 제자들과 허다한 무리와 함께 여리고에서 나가실 때에 디매오의 아들인 맹인 거지 바디매오가 길 가에 앉았다가 나사렛 예수시란 말을 듣고 소리 질러 이르되 다윗의 자손 예수여 나를 불쌍히 여기소서 하거늘 많은 사람이 꾸짖어 잠잠하라 하되 그가 더욱 크게 소리 질러 이르되 다윗의 자손이여 나를 불쌍히 여기소서 하는지라. 예수께서 머물러 서서 그를 부르라 하시니 그들이 그 맹인을 부르며 이르되 안심하고 일어나라 그가 너를 부르신다 하매 맹인이 겉옷을 내버리고 뛰어 일어나 예수께 나아오거늘 예수께서 말씀하여 이르시되 네게 무엇을 하여 주기를 원하느냐 맹인이 이르되 선생님이여 보기를 원하나이다. 예수께서 이르시되 가라 네 믿음이 너를 구원하였느니라 하시니 그가 곧 보게 되어 예수를 길에서 따르니라."

바디메오는 소리지르는 믿음을 개발하였습니다. 바디메오는 거지이며 소경입니다. 바디메오는 길가에 앉아서 구걸하고 있다가 예수가 지나간다는 소리를 듣고 예수가 누구이고, 예수가 어디 있는지도 모르면서 보지 못하고, 알지 못하면서도, 바디메오는 자기가 갖고 있는 입을 통하는 믿음을 개발하여 예수를 크게 부르는 믿음으로 나아갔습니다. 옆 사람의 귀가 찢어지게, 수많은 웅성거리는 소리보다 더 크게 예수님께 들리도록 예수님을 크게 소리질러 부르짖고 찾고 찾는 믿음을 개발하고 이 믿음을 보였습니다.

예수님은 이 바디메오의 믿음으로 부르짖는 소리를 들으시고 외면하시지 않고 바디메오를 불렀습니다. "예수께서 일러 가라사대 네게 무엇을 하여 주기를 원하느냐 소경이 가로되 선생님이여 보기를 원하나이다" 이와 같이 우리도 믿음을 개발하여 주님의 관심을 끌고, 이 믿음을 통하여 내 소원이 이루어지는 복을 받아야 합니다. "예수께서 이르시되 가라 네 믿음이 너를 구원하였느니라 하시니 저가 곧 보게 되어 예수를 길에서 좇으니라"

우리가 믿음을 개발하여 주님께 내 믿음을 보일 때에 '네 믿음이 너를 구원하였느니라'는 축복의 말씀이 임하게 되는 것입니다. 나는 돈이 없다. 능력도 없다. 걸어도 못 다닌다. 가난하다. 거지와 같다고 할 때에도, 내가 내 믿음을 개발하여 주님께 내 믿음을 보이면, 주님께서는 반드시 네 믿음이 너를 구원하였다 하면서 잘되고, 형통하며, 소원이 성취되는 길이, 믿음으로 인하여 이루어집니다. 예수님을 만나지 못하면 죽는다는 절박함이 필요합니다.

우리도 바디메오와 같이 내가 사용 할 수 있는 유일한 도구인 입과 목소리를 통하여 온몸으로 주님을 크게 부르짖음으로, 옴몸이 주님으로 채워지는 것입니다. 이렇게 주님께 믿음을 보인 바디메오와 같이 내가 현재 생활 중에 할 수 있는 것을 믿음으로 개발하여 옴몸으로 주님을 찾아 온몸을 주님으로 채워서 주님께 보임으로 잘되고 형통하는 역사가 나타나기를 축원합니다. 믿음을 개발하여 내 평생의 소원을 이루는 복을 받아야 하겠습니다.

다섯째, 중풍병 자의 믿음: 마가복음 2장 1절-5절에 보면 "수일 후에 예수께서 다시 가버나움에 들어가시니 집에 계신 소문이 들린지라 많은 사람이 모여서 문 앞에라도 용신할 수 없게 되었는데 예수께서 저희에게 도를 말씀하시더니 사람들이 한 중풍병자를 네 사람에게 메워 가지고 예수께로 올새 무리를 인하여 예수께 데려 갈 수 없으므로 그 계신 곳의 지붕을 뜯어 구멍을 내고 중풍병자의 누운 상을 달아내리니 예수께서 저희의 믿음을 보시고 중풍병자에게 이르시되 소자야 네 죄 사함을 받았느니라 하시니" 가버나움 회당의 중풍 병자도 주님 앞에 나아가는 믿음을 개발하여 주님 앞에 보여 질 때에 주님이 죄 사함을 주시고 질병을 치유하여 주신 은혜를 받게 되었습니다. 많은 사람들이 가득 차서 입추의 여지없는 곳에 많은 사람을 헤치고 중풍 병자가 나가기는 도무지 불가능한 일이지만 지붕을 뜯고 지붕에서 줄에 달리어 내려오는 믿음을 보시고 주님은 죄 사함을 주시며 병까지 고쳐 주셨습니다.

중풍 병자와 네 귀퉁이에 줄을 달아매어 내리 우는 네 사람이 합하여 다섯 사람이 합하여 믿음을 개발하였습니다. 믿음은 여럿이 합하여 하나되어 주님 앞에 믿음을 개발하여 보일 수도 있는 것입니다. 주님은 왜 지붕을 뜯어 망가트렸는가 하는 인간적인 것에는 관심이 없고, 오직 믿음을 보시고, 개발한 믿음에 감탄하시며 믿음 따라 역사 하여 주시는 주님이심을 알고, 우리는 여럿이 힘을 합쳐서 하나가된 믿음을 개발하여 주님을 감탄시키고 우리의 소원을 이루는 모두가 되시기를 바랍니다.

주님은 믿음을 개발하며 주 앞에 나온 자를 책망하신 일이 없이 항상 믿음을 개발한대로 역사 하시고 칭찬하시고 소원을 이루어 주시었습니다. 바리새인들은 믿음을 개발하지 않고, 믿음을 형식적으로 지키며, 이것을 자랑하는 사람들임으로, 주님의 책망을 받은 사람들이 된 것입니다. 우리는 주님 앞에 형식을 벗어버리고, 의식보다는 믿음을 개발하여, 주님 앞에 믿음을 보이는 사람이 되기를 노력하여야 합니다.

　내가 복을 받을 만한 믿음을 개발하여야 하고, 내 가정이 복을 받을 가정이 될 만한 믿음을 개발하고, 나의 질병이 떠나 갈만한 믿음도 개발하여 이 믿음을 주님께 보일 때에, 나의 믿음을 보시고, 칭찬과 믿음대로 되어지는 소원 성취가 이루어지는 것입니다. 백부장의 전능하신 주님의 말씀의 능력을 믿는 믿음을 개발한 것과 같이 우리도 하나님의 능력의 말씀을 믿음으로 나타내는 개발이 있어야 할 것이요.

　열두 해 동안 혈루증으로 고생하던 여인과 같이 주님이 나를 손대기만하면, 내가 주님께 손을 대기만하여도 모든 것이 이루어진다는 능력의 주님을 믿는 믿음을 개발하던지, 끝까지 매달리는 수로보니게 여인의 믿음과 같은 믿음이나 바디메오 같이 부르짖는 믿음이나 중풍병자와 같이 힘을 합하여 주님께 다가가는 믿음을 개발하던지, 나의 독특한 믿음을 개발하여, 이 믿음을 주님께 보이는 우리가 되어 하나님의 능력이 내 믿은 대로 이루어지는 소원 성취가 항상 이루어지는 성도가 되시기를 바랍니다.

12장 하나님이 인정하는 믿음을 개발하는 법

(잠 3:6)"너는 범사에 그를 인정하라 그리하면 네 길을 지도하시리라"

예수님을 믿고 성령으로 거듭난 신앙인들에게 가장 중요한 것이 무엇일까요? "저는 바로 믿음입니다."라고 말하고 싶습니다. 믿음이라는 것은 하나님께서 자신을 통하여 일하시는 다는 것을 믿는 것입니다. 신앙이라는 것은 믿을 신(信) 우러를 앙(仰), 믿고 바라는 것이기 때문입니다. 보이지 않는 하나님이 존재함을 먼저는 믿어야 하고, 하나님을 믿기 때문에 하나님께서 기록해 주신 성경을 믿어야 하고, 성경대로 나타난 모든 실상을 믿어야 합니다. 물론 성령께서 초자연적으로 역사하시는 것을 믿습니다.

성령으로 거듭난 신앙인이라면 당연히 성경이 하나님의 뜻이 기록되어 있고, 성령께서 선지사도들과 예수님의 제자들을 대필자 삼아 기록해 주신 거룩한 글, 신의 글이라고 믿고 있지 않습니까? 그래서 더욱더 신앙인들은 신앙관 자체가 성경을 기준으로 적립되어야 한다고 말씀드리고 싶습니다. 하나님께서는 성경을 통해 하나님을 바로 알고 말씀대로 믿음을 갖기를 원하십니다.

우리가 살아가는 길과 하나님이 우리 위해서 생각하는 길은 엄청나게 다릅니다. "내 길은 너희 길과 다르다. 내 길은 너희 길보다 높다. 내 생각은 너희 생각보다 높음이 하늘이 땅보다 높음과 같다"(사55:8-9). 그러니 우리가 우리의 생각과 우리의 길로 가지 말고 하나님의 생각과 하나님의 길로 가야 되겠다는 마땅한 일이 아니겠습니까? 왜냐하면 하나님은 자기를 사랑하는 자를 위해서 모든 것을 예비해 놓았기 때문인 것입니다. 이 길은 성령으로 충만해야 보이는 길입니다.

첫째, 내 뜻대로 마옵시고. 우리가 가질 마음의 자세는 항상 내 뜻대로 마옵시고 아버지의 뜻대로 하옵소서라는 태도인 것입니다. 하나님의 아들조차 아버지의 뜻에 굴복한 사실을 우리는 잘 알고 있습니다. 예수님께서 겟세마네 동산에서 마지막 피땀을 흘리면서 기도할 때 그는 이렇게 말했습니다. "가라사대 아바 아버지여 아버지께는 모든 것이 가능하오니 이 잔을 내게서 옮기시옵소서. 그러나 나의 원대로 마옵시고 아버지의 원대로 하옵소서"(막14:36). 예수님의 소원은 십자가를 걸머지지 않는 것이었습니다. "이 잔을 내게 서 옮기시옵소서, 그러나 내 원대로 마옵시고 아버지의 원대로 하옵소서." 그러므로 이 세상에서 가장 위대한 것은 아버지의 소원, 아버지의 뜻인 것입니다. "지금 내 마음이 민망하니 무슨 말을 하리요. 아버지여 나를 구원하여 이때를 면하게 하여 주옵소서. 그러나 내가 이를 위하여 이때에 왔나이다."(요12:27).

예수님의 마음속에 갈등을 보십시오. 예수님의 뜻은 소원은 십자가를 걸머지지 않고 고난당하지 않는 것입니다. 왜, 예수님도 우리처럼 육신을 가지고 오셨기 때문에 고난당할 끔찍한 생각에 몸서리를 칠 수 밖에 없습니다. 그러함에도 불구하고 그는 내 원대로 마옵시고 아버지의 원대로 하옵소서. 내가 온 것은 십자가에 고난당하기 위해서 온 것이 목적이므로 그것을 이루어지게 하옵소서. 하나님의 뜻에 순복한 것입니다. 우리는 하나님의 절대 주권에 순복해야만 합니다. 하나님은 우리를 지으시고 우리를 구원하신 우리의 소유하신 절대주권자이신 것입니다.

우리 대통령께서 청와대에 계시고, 그 권세와 위엄으로 우리나라를 통치하는 것처럼, 하나님께서는 그 보좌를 하늘에 세우시고 그 권세로 천지만물을 통치하십니다. "여호와의 지으심을 받고 그 다스리는 모든 곳에 있는 너희여 여호와를 송축하라"(시 103:22). 우리는 하나님의 다스림을 받는 하나님의 자녀라는 사실을 알아야 합니다. 그러므로 하나님의 그 주권과 권세, 우리는 복종하고 살아야 되는 것입니다.

미국 존슨 안디오 대통령이 시카고의 한 호텔에서 하룻밤 묵게 되었는데 호텔 측에서는 "야 대통령이 우리 호텔에 묵게 되었으니 우리가 절호의 기회가 왔다. 크게 호텔을 홍보 할 수 있는 기회가 왔다"고 기뻐했습니다. 그래서 새벽 4시부터 최고의 요리사들을 동원해서 가장 좋은 요리 재료를 갖다가 굉장히 근사한 아침 식사를 준비했습니다. 그리고 대통령께서 그 식사를 드시는 것을 전부 사진으로 찍어서 온 미국에 홍보하려고 하는데 대통령이 아침에 일어나서 식사 주문을 하시는데 빵 한쪽에 커피 한잔 밖에 주문을 안 했습니다. 진수성찬을 차려 놓았는데 대통령의 뜻은 모르고 자기들 뜻대로 준비해 놓았는데 대통령은 그것 다 물리치시고 빵 한쪽에 커피 한 잔으로 끝마쳤습니다.

우리가 하나님의 뜻을 알지 못하고 거대한 일을 계획해 놓아도 하나님은 그것 다 물려 버리시고 아버지의 뜻대로 행하면 우리의 행한 모든 일이 헛수고가 되고 마는 것입니다. 하나님은 알파와 오메가이시므로 하나님의 뜻을 알아야 됩니다. "주 하나님이 가라사대 나는 알파와 오메가라 이제도 있고 전에도 있었고 장차 올자요 전능한 자라 하시더라."(계1:8). 하나님은 전지하십니다. "지으신 것이 하나라도 그 앞에 나타나지 않음에 없고 오직 만물이 우리 상관하시는 자의 눈앞에 벌거벗은 것 같이 드러나느니라."(히4:13). 우리 아버지께서 모르시는 것이 어디 있습니까? 우리의 앉고 일어섬을 아시며 멀리 서도 우리 생각을 통촉하시고 우리의 머리털 수까지 헤아리고 계십니다.

하나님은 전능하시고 무소부지 하시고 영원불변 하십니다. 하나님은 주권적인 의지를 가지고 계십니다. 하나님께서는 이 사람이 이렇게 말한다고 끌려가고 저 사람이 저렇게 말한다고 끌려가시는 분이 아닙니다. 당신의 거룩하고 영원한 뜻을 가지고 계시고 그 뜻을 이룰 수 있는 절대 주권을 가지고 계신 것입니다. 그렇기 때문에 우리들은 이 하나님 앞에서 종이요. 일꾼이요. 머슴이라는 사실을 알아야 됩니다. 하나님과 똑 같은 주인이 되려고 하다가는 큰일 납니다. 우리는 하나님을 주인으로 섬기는 종이요. 시종이요. 머슴이요. 일꾼입니다. 성경에 종이 주인의 손을 여종으로 주모를 손을 바람같이 우리가 하나님의 얼굴을 바라고 기다린다고 말한 것입니다. 시키는 일을 해야 될 것입니다. 성령으로 기도하여 하나님께서 하라는 대로 순종해야 합니다.

다니엘서 4장을 보면 하나님의 주권을 무시하다가 크게 낭패를 당한 느부갓네살의 이야기가 있습니다. 바벨론의 위대한 왕, 느부갓네살의 하루 꿈을 꾸었는데 꿈에 보니까 세상 중앙에 큰 나무가 있는데 그 나무가 높아서 하늘에 닿고 뿌리가 땅속에 깊이 뻗었으며 가지가 벌어져서 세계를 덮고, 나무 잎사귀가 아주 무성하고, 거기에 각종 열매가 맺고, 온 공중에 새들이 깃들고, 그 밑에 각종 짐승들이 와서 먹을 것을 얻고, 사람들이 살 곳을 발견했는데 보니까 하늘에 거룩한 순찰자가 내려와서 명령을 하되 "이 나무를 베고 그 가지를 치고 잎사귀를 떨어뜨리고 그 열매를 다 흩어 버리고 공중에 새들을 날려 보내고 짐승들을 쫓아내라. 그리고 그 그루터기는 노새와 쇠로써 묶어서 청초 가운데 넣어 던져서 짐승의 마음을 얻어 7년 동안 서리를 맞으며 풀 가운데 있게 하라. 그리고 그가 나중에 지극히 높으신 자가 인간나라를 다스리시며 자기의 뜻대로 그것을 누구에게든지 주시는 줄을 깨닫게 되거든 다시 회복하라." 이 꿈을 꾸었습니다. 너무나 놀래서 바벨론의 모든 박사와 점술사를 다 불러서 물어도 해석을 못합니다. 그런데 다니엘을 불러서 해석을 요구했습니다.

다니엘은 다니엘서 4장 25-26절에 이렇게 말했습니다. "왕이 사람에게서 쫓겨나서 들짐승과 함께 살며 소처럼 풀을 먹으며 하늘 이슬에 젖을 것이요 이와 같이 일곱 때를 지낼 것이라 그 때에 지극히 높으신 이가 사람의 나라를 다스리시며 자기의 뜻대로 그 것을 누구에게든지 주시는 줄을 아시리이다 (26) 또 그들이 그 나무뿌리의 그루터기를 남겨 두라 하였은즉 하나님이 다스리시는 줄을 왕이 깨달은 후에야 왕의 나라가 견고하리이다.”

그 다니엘의 해석을 듣고 난 다음 열두 달이 지난 어느날 왕이 바벨론의 왕궁 지붕에 거닐면서 그 아름답고 장엄한 바벨론 도시를 바라보고 그는 가슴을 내어 밀고 말했습니다. “이 큰 바벨론은 내가 능력과 권세로 건설하여 나의 도성을 삼고 이것으로 나의 위엄의 영광을 나타낸 것이 아니냐?” 그러자 마자 하늘에서 음성이 들려 말하기를 “느부갓네살아! 오늘 너의 왕위가 너에게서 떠났느니라. 네가 버림을 받아 정신 이상이 걸려서 소와 같이 풀을 먹고 7년 동안 이슬을 맞으며 들어서 거하다가 지극히 높으신 자가 인간나라를 다스리시며 자기의 뜻대로 그것을 누구에게든지 주시는 줄을 깨닫는 그날에 다시 네가 정신이 회복되고 왕위가 복권되어 나라를 다스리게 되리라.”

그 음성이 들리고 그 길로 그는 정신이상이 되고 왕위에서 축출 당했습니다. 7년 동안 짐승처럼 들에 다니면서 풀을 뜯어 먹고 머리털이 독수리같이 길었습니다. 짐승과 같은 고통을 당하다가 7년 만에 경배하고 깨어지고 낮아지고 정말 하나님이 만왕의 왕이요, 만주의 주요. 자기는 종이요, 시종이요, 머슴이요, 일꾼인 것을 깨닫고 난 다음에 정신이상에서 고침을 받고 다시 왕위가 복

구된 사실이 성경에 기록되어 있는 것입니다.

그러므로 사람은 하나님 앞에서 자기 신분을 분명히 알아야 됩니다. 사람은 하나님이 아닙니다. 하나님만이 만왕의 왕이요, 만주의 주가 되시고 하나님만이 절재 주권자가 되시고 우린 하나님의 다스림을 받는 종이요, 시종이요, 머슴이요, 일꾼인 것을 깨달아 알아야만 하는 것입니다.

둘째, 선한 일을 한다고 하나님께서 기뻐하시지 않는다. 우리는 이 세상에서 살면서 선한 일이면 다 하나님이 기뻐하신다고 생각하는 어리석음에서 벗어나야만 하는 것입니다. "아 나는 착한 일을 하니까 이 하나님이 좋아 하실 것이다. 내가 선한 일을 하니까 하나님이 기뻐하실 것이다." 이렇게 생각하는 것은 큰 오해입니다. 한 농부가 피땀을 흘려 농사를 지어서 아들을 고등교육을 시킵니다. 그런데 아들이 공부는 하지 않고 자꾸 농촌에 내려와 농부들과 함께 일꾼들과 함께 일만 합니다. 그래서 물었습니다."너 공부하라고 학교에 보냈는데 왜 농촌에 내려와서 고생을 하느냐?" "아버님이 농사짓는데 너무 수고하기 때문에 마음이 안되어서 효도하려고 내가 공부는 뒤로 두고 나와서 이렇게 고생합니다." 아버지가 노발대발 했습니다. "야 이놈아! 내가 너를 공부 시키려고 이렇게 농사를 지으며 고생하는데 그래 공부는 안하고 와서 내 농사짓는데 거드는 것이 효도냐? 아버지의 뜻을 행하는 것이 효도지 네가 착한 일을 한다고 효도가 되는 것이 아니다." 맞습니다. 아무리 좋은 일이라도 아버지의 뜻을 따라야 되지, 아버지 뜻 이외 좋은 일은 소용이 없어요. 바울선생은 복음을 전도하는 것이 좋은 일인 줄 확실히 알았습니다. 왜 그러냐 하면은 주님께서 "너희는 온 천하에 다니며 만민에게 복음을 증거하라"하였으니 복음 증거 하는 것이 좋은 일이 아닙니까? 그래서 그는 아시아에 복음 증거를 하러 가는데 성령이 못 가게 했습니다. 그 다음 비두니아로 갈려고 하는데 예수 그리스도의 영이 막았습니다.

그는 갈 길이 막혀서 낙심하고 좌절하여 드로아에 내려와서 캄캄한 밤중에 하나님께 엎드려 있는데 하나님께서 마게도니아인의 환상을 보이면서 이곳으로 와서 우리를 도우라고 했습니다. 복음을 증거해도 하나님의 뜻은 바울이 마게도니아에 가서 전하는 것이 하나님 뜻인데 바울은 아시아로 가려고 하고 비두니아로 가려고 했었습니다. 복음을 전하는 것은 좋은 일입니다. 그러나 좋은 일이라고 해서 다 하나님의 뜻은 아닌 것입니다. 하나님의 뜻을 따라 좋은 일을 해야 칭찬 받지 하나님의 뜻을 뒤로하고 자기 생각에 좋은 일이라고 하나님은 인정하지 않는다는 것을 알아야 되는 것입니다. 일의 계획은 사람에게 있어도 그 성사는 하나님께 있습니다. 아무리 좋은 일을 사람이 계획하고 열심 있게 한다고 할지라도 하나님이 원하지 아니하시면 이루어지지 아니합니다. "사람의 마음에는 많은 계획이 있어도 오직 여호와의 뜻만이 완전히 서리라"(잠19:21)고 말했습니다. "사람의 걸음은 여호와께로서 말미암나니 사람이 어찌 자기의 길을 알 수 있으랴"(잠

20:24)고 말씀한 것입니다. 우리가 사소한 인간의 일상 계획도 하나님의 뜻을 따라 해야 성공합니다.

히틀러는 강력한 무력을 동원하여 전 구라파를 초토화해서 구라파를 지배하려고 했으나 2차 대전에 무조건 항복하고 말았습니다. 스탈린은 세계 공산화를 하려고 했으나 53년에 74세로 급사하고 말았습니다. 우리는 하나님을 뒤로하고 인간이 자기 마음대로 계획해서 무슨 일을 하려고 해서 성공한 것이 없는 것을 잘 알고 있는 것입니다. 하나님께서는 우주의 통치자이시며, 지배자이시며, 절대주권자이십니다. 하나님의 주권을 무시하고 인간이 아무리 선한 계획을 세웠을지라도 자기 스스로 막강한 능력으로 계획을 세울지라도 하나님의 허락 없이는 이루어지지 않습니다.

셋째, 우리가 살아갈 길을 어떻게 해야 될까요? 우리는 항상 분수를 지키고 탐심에 빠지지 말아야 되는 것입니다. 우리가 우리의 분수를 알고 탐심에 빠지지 않고 하나님께 나가면 하나님이 우리 갈 길을 보여 주시는 것입니다. 아담이 왜 실패했습니까? 아담은 하나님의 말씀(길)을 버리고 분수를 뛰어 넘어서 탐욕을 가지고 자기 길로 가려고 했기 때문입니다. "여호와 하나님이 그 사람에게 명하여 가라사대 동산 각종 나무의 실과는 네가 임으로 먹되 선악을 알게 하는 나무의 실과는 먹지 말라 네가 먹는 날에는 정녕 죽으리라 하시니라"(창2:16-17)고 했습니다. 이것이 하나님의 뜻이요, 길이었습니다. 그러나 그는 하나님의 뜻이요, 길을 버리고 선악과를 따먹고 스스로 좋고 나쁜 것을 분별하는 주권자가 되어서 하나님과 동등 되려고 계획했습니다. "내가 너더러 먹지 말라 한 나무 실과를 먹었은 즉 너는 흙이니 흑으로 돌아 갈 것이니라"(창3:17-19)고 말씀했습니다. 에덴에서 살지 못하고 하늘나라에 가지 못한다는 처참한 파멸의 선고를 받고 말은 것입니다. 그러나 마지막 아담인 예수님의 승리한 생활은 왜 그렇게 되었습니까? 그는 자기의 길을 버리고 하나님의 길을 따랐기 때문인 것입니다. 마귀가 철저히 육신의 정욕으로 그를 인도해도 예수님은 넘어가지 않고 안목의 정욕으로 유혹해도 넘어가지 않고 이 세상 자랑을 가지고 유혹해도 예수님은 넘어가지 아니 했었습니다.

예수님께서는 철저히 하나님께 순종하되 죽기까지 순종했으므로 하나님이 그를 지극히 높여 보좌 우편에 앉게 해주신 것입니다. 그러므로 우리는 범사에 하나님의 뜻을 간절히 구해야만 됩니다. 하나님의 뜻은 말씀을 통해서 우리가 알 수 있습니다. "사람이 떡으로만 살 것이 아니요 하나님의 입으로 나오는 모든 말씀으로 살 것이라 하였느니라 하시니"(마4:4). 우리가 계속해서 창세기부터 계시록까지 말씀을 순서적으로 읽고 묵상하고 기도하는 생활을 하면 성령께서 그 말씀을 통해서 우리로 기억나게 하시며 인도하여 주시는 것입니다. "이 말씀은 나의 곤란 중에 위로라 주의 말씀이 나를 살리셨음이니이다."(시119:50).

곤란 중에 말씀이 위로가 되시고 우리의 생명을 주시는 것입니다. 그리고 우리는 기도와 성령님의 인도를 통해서 하나님의 뜻을 알고 하나님의 도우심을 받을 수 있습니다. "너는 네가 부르짖으라 그러면 내가 너희에게 크고 은밀한 일을 보여주겠다" 부르짖어 기도하면 크고 은밀한 일을 보여 주겠다고 말씀한 것(렘33:3)입니다. "너희를 향한 나의 생각은 내가 아나니 재앙이 아니라 곧 평안이요, 너희 장래에 소망을 주려 하는 생각이라 너희는 내게 부르짖으며 와서 내게 기도하면 내가 너희를 들을 것이요. 너희가 전심으로 나를 찾고 찾으면 나를 만나리라"(렘29:11-13). 전심으로 마음을 다해서 혼신의 힘을 다해 주님께 부르짖고 주님을 찾으면 주님을 만나고 주님께서 인도해 주겠다고 말씀한 것입니다.

"보혜사 곧 아버지께서 내 이름으로 보내실 성령 그가 너희에게 모든 것을 가르치고 내가 너희에게 말한 모든 것을 생각나게 하리라."(요14:26)하셨고, "저는 너희와 함께 거하심이요, 또 너희 속에 계시겠음이라 내가 너희를 고아와 같이 버려두지 아니하고 너희에게로 오리라"(요14:17-18)고 하셨습니다. 예수님이 세상을 떠나가시고 난 다음 오순절 날에 강림하신 성령은 우리를 저버리지 않고 오늘날도 우리와 같이 계시고 우리 안에 와서 계신 것입니다. 오늘 우리는 고아와 같이 버림을 받지 않았습니다. 우리 안에 성령께서 계셔서 지혜가 되시고 총명이 되시고 몰약이 되시고 재능이 되시고 지식이 되시고 인도함이 되어 주시는 것입니다.

우리가 우리를 낮추고 간절히 깨어져서 하나님 앞에 엎드려 기도하고 구하면 하나님이 우리가 마땅히 해야 되고 가야 될 길을 보여 주시는 것입니다. 그러므로 우리는 모든 일에 하나님의 나라와 의를 먼저 구하면서 생활해야 됩니다. 먼저 할 것과 나중 할 것을 혼돈하면 안 됩니다. 나의 삶을 하나님의 일 앞에 두면 안 되는 것입니다. 하나님의 나라, 아버지의 나라와 하나님의 의, 즉 예수 그리스도를 따르는 삶을 우리 삶 속에 먼저 두어야만 하는 것입니다. "나의 하나님이 그리스도 예수 안에서 영광 가운데 그 풍성한 대로 너희 모든 쓸 것을 채우시리라"(빌4:19)고 하셨는데 그 나라와 그 의를 구하면 하나님이 책임지고 채워 주시겠다고 말씀한 것입니다.

그 나라와 그 의를 먼저 구하라 그리하면 이 모든 것을 너희에게 더하시리라고 하신 하나님이 뜻을 이루어진 것입니다. 그러므로 하나님 앞에 항상 겸허하게 자기를 낮추고 일을 행하시고 성취하는 하나님을 영화롭게 하고 찬미하며 우리는 살아야 됩니다. "하나님이여 나를 살피사 내 마음을 아시며 나를 시험하사 내 뜻을 아옵소서 내가 무슨 악한 행위가 있나 보시고 나를 영원한 길로 인도하소서"(시139:23-24). 교만한 마음은 패망의 선봉이요 거만한 마음은 넘어짐에 앞잡이입니다. 낮아져야 되요. 겸손해야 되요. 땅에 납작 엎드려야 되요. 중국의 저 나라의 안자 마부가 있었는데, 하루는 마부의 아내가 가만히 보니까, 정승이 탄 말을 끌고 가는 남편이 정승은 말을 타고 허리를 이렇게 굽히고 있는데, 마부인 자기 남편은 배를 밀어내고, 말을 끌고 갑니다. 그 부인이 보고 혀를 찾습니다.

저녁에 집에 남편이 오니까 "여보! 당신, 정승 안자는 오히려 마루에 타고서 허리를 굽혀서 겸손히 가는데 당신은 정승 마부가 되었다고 턱을 높이 들고 배를 내밀고, 그냥 팔자걸음으로 걸어가는 모습이 아주 좋지 않다." 그 부인의 말을 듣고 이 마부는 크게 회개를 하고, 그 다음에는 말을 끌면서 겸손하게 끌고 갔습니다. 그래 정승이 보니까 달라졌거든요. 턱도 낮추고 배도 들어가고 허리를 굽혀서 겸손하게 하기에 "자네에게 무슨 일이 일어났냐?" "예, 우리 집사람이 내가 턱을 높이고 배를 내밀고 팔자걸음을 걸으면서 정승님의 말을 끌고 가는 것을 보고 굉장히 꾸짖었습니다. 내가 크게 깨닫고 회개하고 겸손하게 되기로 작정을 하고 이제는 겸허하게 정승님을 모십니다."

정승이 거기에 감동을 해가지고서 임금님에게 이 사실을 고백하니까 임금님이 그 사람 되었으니 마부이상 벼슬을 주어야 되겠다고 벼슬을 주고 성실을 다하니까 점점 지위가 높아졌다는 이야기가 고사에 있습니다. 그러므로 사람이 교만하면 하나님께 버림을 당하고 겸손하면 하나님의 사랑을 받아 높임을 받게 되는 것입니다. 우리가 아무리 현명하고 오랫동안 하나님을 믿었다고 해도 하나님의 뜻의 높이와 깊이와 넓이를 다 측량할 수가 없습니다. 우리는 최선을 다하여 하나님의 뜻을 알려고 노력하고 하나님의 뜻에 순복해 살면서 그 다음 일은 하나님께 무조건 맡기고 믿는 길 밖에는 없습니다.

아브라함은 25년을 기다려 그 많은 시련을 지난 후 하나님의 뜻이 이루어짐을 체험했고, 이삭은 죽음의 체험을 통해서 비로소 하나님의 뜻을 깨달았습니다. 야곱은 20년, 요셉은 13년, 모세는 40년이 지나서야 하나님의 뜻과 섭리를 깨달을 수가 있었습니다. 그러므로 내가 현재 알지 못한다고 해서 하나님의 뜻을 저버려서는 안 됩니다. 눈에는 아무 증거 안보이고 귀에는 아무 소리 안 들리고 손에는 잡히는 것 없어도 하나님의 뜻을 말씀과 성령으로 깨닫게 해주시면 내 뜻대로 마옵시고 주의 뜻대로 하옵소서. 하나님께 항복하고 순복하고 절대주권에 의지해서 걸어갈 때 많은 시련이 다가와도 내가 기대하는 반대의 나쁜 일이 다가와도 하나님의 뜻을 따라 묵묵히 인내하고 참으면 뒤에 가서 하나님께서 일을 마칠 때는 모든 것이 합력하여 유익이 되는 것을 알 수 있게 되는 것입니다. 하나님께서 우리에게 주신 이 성경말씀에 귀를 기울여 보십시오. "너의 길을 여호와께 맡기라 저를 의지하면 저가 이루시고 네 의를 빛같이 나타내시며 네 공의를 정오의 빛같이 하시리로다."(시37:5-7). "너는 마음을 다하여 여호와를 의뢰하고 네 명철을 의지하지 말라. 너는 범사에 그를 인정하라 그리하면 네 길을 지도하시리라"(잠3:5-6). "마음의 경영은 사람에게 있어도 말의 응답은 여호와께로서 나느니라"(잠16:1). 그러므로 길이요. 진리요. 생명이신 예수님을 통해서 하나님 아버지를 중심으로 섬기고 이 아버지의 절대 주권을 인정하며 그 앞에 엎드려 종이요. 시종이요, 머슴이요, 일꾼인 자기의 신분을 확실히 알고 하나님을 따라 가기고 결심하면 하나님께서 말씀과 성령으로 우리를 인도하여 주시는 것입니다. 하나님의 길과 하나님의 인도를 따를 때 하나님께 인정받는 성도가 되는 것입니다. 하나님께 인정을 받을 때 우리는 언제나 종국적으로 위대한 승리와 은혜와 축복을 얻게 되는 것입니다.

하나님께 인정을 받은 다윗을 생각해 보시기를 바랍니다. 양치기 소년이었던 다윗이 담대함으로 침략자 골리앗을 죽이고 사울 왕의 눈에 들어 이스라엘 왕국의 장군이 되었습니다. 얼마가지 않아 사울왕의 사위가 되었으나 왕의 시기와 질투를 받아 예루살렘에서 도주하여 13년 동안 아내의 아버지인 사울로부터 쫓기는 몸이 되었습니다. 사울의 증오심은 극에 달했고 다윗은 광야를 전전하면서 목숨을 유지하기 위하여 온갖 고난을 겪어야 했습니다. 하지만 다윗의 마음속에 천국이 있었습니다. 늘 믿음을 통하여 하나님을 바라보았고 하나님께 기도했습니다. 하나님으로 채웠습니다. 하나님은 마침내 사울의 왕좌를 다윗에게 넘겨주었습니다.

일개 도주자였던 다윗에게 가정은 물론 열 두 이스라엘 지파를 다스리는 왕국을 주신 것입니다. 계획은 인간이 세울지라도 경영은 하나님께서 하십니다. 사울 왕과 같이 하나님께 인정받지 못하는 삶을 살아가고 있는 지 살펴보아야 합니다. 그것은 예배와 경배를 잃어버리고 불신과 미움과 인간적인 욕심을 가지고 무모하게 살아가는 것입니다. 하나님을 존중하지 않고 권모와 술수 우상 숭배와 탐심 속에서 인간적 욕망을 채우고자 하는 것들은 열매 없는 인생이 될 수밖에 없습니다.

13장 하나님의 사랑을 받는 믿음을 개발하라.

(렘 32:21-23)"주께서 표적과 기사와 강한 손과 펴신 팔과 큰 두려움으로 주의 백성 이스라엘을 애굽 땅에서 인도하여 내시고, 그들에게 주시기로 그 조상들에게 맹세하신 바 젖과 꿀이 흐르는 땅을 그들에게 주셨으므로 그들이 들어가서 이를 차지하였거늘 주의 목소리를 순종하지 아니하며 주의 율법에서 행하지 아니하며 무릇 주께서 행하라 명령하신 일을 행하지 아니하였으므로 주께서 이 모든 재앙을 그들에게 내리셨나이다."

하나님께서는 이스라엘을 지극히 사랑하셔서 하나님의 선민으로 만민 중에서 택하셨습니다. 그리고 이 지상 어떤 민족에게도 행치 않으신 수많은 기적과 능력을 그들 가운데서 행하시고 하나님의 영광을 나타내 보여 주심으로 하나님의 살아계신 것을 죽어도 의심할 수 없게 도와주셨습니다. 그러나 이스라엘 사람들은 이 하나님의 사랑과 은혜를 받아들이지 않고 하나님의 말씀을 거역하고 하나님의 계명을 저버리고 자기 마음대로 행했습니다. 그 결과로 하나님께 버림을 당하고 무서운 형벌을 받았던 것입니다.

오늘 우리들도 옛 이스라엘 사람들처럼 하나님의 택하심과 부르심을 받고 성도로 하나님께서 인정해 주셨습니다. 예수님을 믿어 구원을 얻고 성령님을 모시고 사는 참으로 특별한 하나님의 자녀들이 되었습니다. 이제 우리들이 하나님 앞에서 하나님의 사랑을 받고 복을 받기 위해서는 옛 이스라엘 사람들이 살아온 그 전철을 절대로 밟아서는 안 됩니다. 옛날이나 오늘이나 하나님께서 하나님의 자녀에게 요구하는 사항이 있습니다. 우리는 이 하나님의 요구사항을 자세히 알아보고 그 길을 따라서 살아야만 하는 것입니다. 우리 마음대로 살아갈 수는 없는 것입니다. 그러면 하나님께서 옛날 선민 이스라엘 사람이나, 오늘 하나님이 택한 우리들에게 근원적으로 요구하는 사항이 무엇이겠습니까?

첫째, 말씀에 귀를 기우리고 순종하라. 하나님께서는 하나님의 말씀에 귀를 기울이고 그 말씀을 실천하라고 말씀을 하고 계신 것입니다. 사무엘상 15장에 보면 이스라엘의 초대왕 사울이 있었습니다. 그 사울은 특별히 하나님의 선택을 받아 기름 부음을 받은 이스라엘의 초대 왕이었습니다. 그런데 한번은 사무엘 선지자를 통해서 하나님이 사울왕을 부르셨습니다. "내가 내 백성 이스라엘을 애굽에서 인도해 나올 때 르비딤에서 아말렉이 나의 백성을 공격하고 가나안 땅에 못 들어오도록 훼방한 것을 내가 기억한다." 그러므로 너는 이제 가서 아말렉을 멸하되 왕으로부터 모든 사람까지 짐승까지 남기지 않고 진멸하라. 그렇게 명령을 했습니다. 그래서 사울이 군대를 거느리고 하나님의 기름부으심과 은혜 가운데서 아말렉을 쳤습니다.

그래서 그 아말렉의 왕 아각을 잡고 아말렉 백성을 진멸하고 그 많은 짐승들을 진멸한 중에 탐욕이 생겼습니다. 소와 양들이 너무나 살찌고 좋습니다. 죽이기에는 너무나 아깝다는 마음이 들었습니다. 그래서 그만 소도 탈취하고 양도 탈취해서 죽이지 않고 또 아말렉의 왕 아각을 살려서 포로로 잡아서 그는 돌아왔습니다. 그럴 때 하나님께서 사무엘에게 말했습니다. "내가 사울을 택해서 기름 부어 왕을 삼을 것을 후회한다. 그가 내 명령을 듣지 아니하고 자기 마음대로 행했다."

그래서 사무엘이 밤새도록 기도하고, 그리고 사울 왕을 만나러 오니까 사울 왕을 만난즉 사울이 내가 하나님의 명령에 순종해서 아말렉을 진멸하고 돌아온다고 자랑을 했습니다. 그러니까 사울이 그 말을 듣고 사무엘에게 말했습니다. 왕이여! 그러면 저 뒤에 들리는 소 울음소리와 양의 울음소리는 무엇을 의미합니까? 아 그건! 우리가 아말렉을 멸하는 중에 백성들이 소와 양이 너무 살찌고 좋으니까 아까워서 저를 잡아다가 하나님께 제물로 들이고자 함으로 내가 살려 왔나이다.

그럴 때 사무엘이 이렇게 말했습니다. "사무엘이 가로되 하나님께서 번제와 다른 제사를 그 목소리 순종하는 것을 좋아하심같이 좋아시겠나이까? 순종이 제사보다 낫고 듣는 것이 수양의 기름 보다 나으니, 이는 거역하는 것은 사술의 죄와 같고 완고한 것은 사신 우상에게 절하는 죄와 같으니라. 왕이 하나님의 말씀을 버렸음으로 하나님께서도 왕을 버려 왕이 되지 못하게 하셨나이다."

하나님께서 진노하신 것은 사울 왕이 하나님의 말씀을 듣고 그대로 준행하지 않았기 때문에 진노하신 것입니다. 그 결과로 결국 사울은 왕권을 잃고 다윗이 그 대신 왕이 된 역사적 사건이 기록되어 있는 것입니다.

오늘 그러므로 하나님께서 가장 원하시는 것은 하나님의 음성 듣기를 원하는 것입니다. 우리들이 하나님의 음성을 듣고 그리고 하나님 음성에 귀를 기울이고 그것을 준행하기를 하나님께서 원하시는 것입니다. 하나님은 살아계신 하나님이기 때문에 우리에게 늘 말씀하십니다. 우리 사람들도 서로 늘 말하지 않습니까? 우리가 하나님 말씀에 귀를 기울이기를 작정하면 하나님께서는 언제나 우리에게 말씀하여 주시는 것입니다. 사람들은 말하기를 나는 하나님 음성을 들어본 적이 없는데요! 그렇게 말한 사람도 있습니다.

오늘날 하나님은 설교를 통하여 말씀하고 계시는 것입니다. 주일 강단에서 주의 종을 통하여 설교 말씀을 하실 때 이 말씀을 통하여 하나님께서 우리의 심금을 울리면서 말씀을 하는 것입니다. 하나님의 성령께서 설교를 들을 때 내 영혼을 울리며 심금에 부딪치는 말씀을 주십니다. 여기에 우리가 손가락으로 귀를 막아버리면 하나님을 거역하게 되는 것입니다. 하나님이 내 마음을 감동하고 내 심금을 울릴 때 그 하나님 말씀을 듣고 그대로 준행해야 됩니다. 또 하나님께서는 우리가 기도하고 묵상할 때 마음과 생각을 통하여 말씀하십니다. 오늘날 하나님의 성령은 우리 마음에 계시고 우리 생각에 계시고, 그러므로 우리가 기도하고 묵상할 때 성령께서는 우리의 마음을 통하여 우리의 생각을 통하여 말씀하시는 것입니다. 그러므로 우리가 기도하고 묵상할 때, 종종! 자신의 생각이 아닌 동떨어진 하나님의 성령께서 마음에 감화 감동으로 말씀주신 것을 느꼈을 것입니다. 그 하나님의 음성이 들리거든 거기에 귀를 기울이고 그대로 실천해야만 되는 것입니다.

또 그렇지 않으면 우리가 성경 읽을 때 하나님 말씀이 성경 말씀을 통해서 우리 심령에 큰 감동을 줍니다. 성경은 말하기를 내 말이 숲을 태우는 불과 같지 않던가? 내 말이 바위를 쳐서 깨뜨리는 방망이 같지 않던가? 내 마음에 불타오르고 내 마음에 부딪쳐올 때 이것은 하나님이 내게 말씀하시는 것입니다. 그렇지 않으면 혹은 하나님은 꿈이나 환상을 통하여 말씀하십니다. 보통은 꿈이나 환상을 통해서 말씀하지 않지만, 특별한 사람들에게 꿈을 통하여 환상을 통하여 주님께서 말씀하시는 것입니다.

그리고 어떤 때는 하나님께서 환경을 통하여 우리에게 말씀하는 것입니다. 우리에게 직접 음성을 말씀하지 않더라도 환경을 통하여 말씀하는 것입니다. 하나님께서 직접 음성으로 말씀하지 않더라도, 현재 일어난 환경을 통해서 우리에게 깨달음을 주고 말씀하고 있는 것입니다. 이러한 환경을 통해서 주께서 우리에게 말씀하는 말씀에 귀를 기울여야 하는 것입니다. 하나님의 말씀에 인간적인 해석을 달아서는 안 됩니다. 하나님께서 내 마음속에 말씀하실 때 나는 그 말씀을 받아들이고 그대로 준행해야 되는 것입니다.

사울 왕처럼 하나님께서는 아멜렉을 진멸하라고 하지만, 사울 왕은 자기 생각대로 소와 양떼가 너무 살이 찌고 좋으니까 진멸하지 말고 도로 잡아가서 하나님께 제물 드리기 위해서 잡아왔다, 이 렇게 변명하자! 그렇게 스스로 토를 달고 해석을 했습니다. 그러면 안 됩니다. 하나님께서 하라면 그대로 우리가 실천을 해야만 되는 것입니다. 이렇기 때문에 오늘날 하나님께서 가장 자기 백성에게 바라는 것은 하나님의 음성에 귀를 기울이고 하나님께서 우리에게 말씀하실 때 그대로 준행하기를 하나님께서 간절히 바라는 것입니 다. 순종이 제사보다 낫다고 말씀하십니다. 옛날 이스라엘이 끝까 지 하나님의 음성에 귀를 막고 하나님의 말씀을 반역했기 때문에 하나님께서는 자기 음성을 듣지 아니하고 말씀에 반역하는 자에게 몸서리치는 것입니다.

둘째, 하나님의 계명을 실천하며 살라. 우리 하나님께서 우리에 게 원하시는 것은 우리가 하나님의 성품이신 계명을 실천하며 살 기를 원하는 것입니다. 오늘날 우리는 예수님을 믿음으로 구원을 얻고 율법 행위로 구원을 얻는 것은 아닙니다. 그러나 성경에 기록 한 율법과 계명은 우리의 삶이 하나님이 기뻐하시는 삶인지 아닌 지를 비춰주는 거울이 되는 것입니다. 우리는 오직 예수 그리스도 의 십자가의 보혈로 구원을 받습니다. 그 피로 인하여 믿음으로 말 미암아 구원을 얻었은즉, 이것이 우리에게서 난 것이 아니요, 하나 님의 선물이라 행위에서 난 것이니 자랑할 것이 없습니다.

그러나 우리 일상생활에는 구원받은 사람답게 하나님의 자녀답 게 하나님이 살아달라는 것입니다. 예수를 믿고 난 다음에도 하나 님 자녀답지 않게 구원받지 않은 사람답게 살면 하나님과의 친밀한 교통이 이루어질 수가 없어요. 늘 하나님의 진노의 채찍을 맞게 되는 것입니다. 그러므로 하나님의 율법과 계명이라는 것은 우리를 구원하기 위해서 있는 것이 아니라, 우리의 행동을 하나님의 성품에 비춰보아서 하나님의 기뻐하시는 삶을 살게 하는 거울이 되는 것입니다.

그러므로 우리는 십계명을 종종 생각하게 되는 것입니다. 십계명 그 자체가 우리를 구원하는 조건은 안 되지만, 우리가 하나님과 친밀한 관계를 가지고 살아갈 수 있는 길을 보여주는 것입니다. 십계명은 바로 하나님의 성품이요, 하나님의 뜻인 것입니다. 우리가 십계명을 잘 알지만, 너는 나 외에 다른 신을 네게 있게 하지 말라고 하시는데 하나님은 하나님 이외에 다른 마귀를 신으로 섬기는 것을 절대로 허락하지 않습니다.

왜! 이런 말을 했을까요? 일본에 가보면 일본에서는 예수 믿는 사람들이 정원에 들어가면 거기에 불상이 있고, 응접실에 들어가면 일본신 가미다나를 거기 갖다 놓고 방안에 들어가면 성경책을 갖다 놓았답니다. 교회에 나오는 집사까지 그렇다고 합니다. 그래서 이거 치우라고 그러면 이게 나쁠 게 뭡니까? 신은 다 좋은 신인데 요사이 사람들도 유엔 총회에서 서로 합쳐 가지고서 세계 평화를 가지고 오려고 하는데 아! 우리 집에서 불교신도, 예수 그리스도도 합쳐서 같이 모시면 얼마나 좋습니까? 그렇게 말하는 사람이 너무나 많다고 합니다. 이거 기가 막힌 일인 것입니다. 하나님만이 하늘과 땅을 지으신 유일하신 창조주가 되신 것입니다. 하나님 이외는 모두 다 귀신이요, 잡신입니다.

하나님과 귀신과 잡신을 똑같이 생각하면 안 되는 것입니다. 그렇기 때문에 나 외에 다른 신을 내게 있게 하지 말라는 이 하나님의 절대 명령을 우린 순종해야 됩니다. 너를 위하여 세긴 우상을 만들지 말고 그것들에게 절하지 말며, 그것들을 섬기지 말라고 했었습니다. 성경은 말하기를 "나 여호와 너희 하나님은 질투하는 하나님인즉, 나를 미워하는 자의 죄를 갚되 아비로부터 아들에게로 삼사대까지 이르게 하려니와 나를 사랑하고 내 계명을 지키는 자에게는 천대까지 은혜를 베풀겠다고"고 말한 것입니다. 이러므로 우상과 사신에 우리가 절하는 것은 하나님을 거역하는 것입니다. 이러므로 우리 하나님을 경배하는 사람은 우리의 삶 가운데서 일체 우상을 제거해 버려야 하는 것입니다.

그 다음에는 너희 하나님의 이름을 망령되게 부르지 말라고 했습니다. 사람들이 하나님의 이름을 가볍게 장난삼아 부르는 때가 대단히 많습니다. 농담 삼아 하나님의 성호를 부를 때가 많습니다. 하나님의 성호는 거룩하니 예배하고 찬양하고 경건하게 불러야 됩니다. 옛날 유대 사람들은 성경을 번역할 때 하나님의 성호인 여호와라는 글을 적을 때 한 획을 적고 난 다음에는 일어나서 손 씻고 하나님께 경배하고, 또 그 다음 한 획 적고는 또 손 씻고 하나님께 경배하고 떨면서 그들은 여호와라는 이름을 적었습니다. 그래서 그들은 여호와라는 하나님의 이름을 쓰기가 너무나 황송하기 때문에 그만 아도나이란 이름을 씁니다. 주님이란 이름을 쓰고 여호와라는 이름을 안 씁니다. 하나님의 이름을 부르기가 너무 황송하다고, 그러므로 우리는 하나님의 성호를 지극히 존경하고 거룩하게 되며 떨면서 하나님의 성호를 부르는 이러한 존경심을 가지고 있어야 하는 것입니다.

그 다음 하나님은 안식일을 기억하여 거룩히 지키라고 말했습니다. 오늘날은 우리가 토요일 안식일을 지키지 아니하고, 예수 그리스도께서 부활하신 주일을 우리가 안식일로 지킵니다. 이 안식일을 내 사리사욕이나 내 개인의 오락을 위해서 사용하지 말라는 것입니다. 온전하게 하나님을 예배하는 날이 되어야 합니다.

공공의 유익과 생명을 위해서는 안식일에도 일해야 되는 것입니다. 발전소 직원들은 발전을 해야 하고, 버스 운전사는 버스를 운전해야 되고, 경찰서는 안식일에도 질서를 지켜야 되고, 병원에서는 안식일에도 환자를 치료해야 되는 것입니다. 그러나 공공의 질서와 생명을 위한 것이 아니라, 내 개인의 오락이나 내 개인의 탐욕을 위해서 안식일을 지키지 아니하면 하나님께서 슬퍼하십니다.

그 다음에 성경은 주안에서 네 부모를 공경하라고 말했습니다. 성경에는 그리하면 너희 하나님 나 여호와가 네게 준 땅에서 네 생명이 길리라고 말하는 것입니다. 사람들은 부모 공경을 안 하기 때문에 하나님께선 십계명 중에서 유일하게 벌을 주지 않고 상급을 주겠다고 한 것은 부모 공경에 달려 있는 것입니다. 부모 공경을 하면 네가 세상에서 잘 되며 오래오래 장수하게 만들어 주겠다고 말하는 것입니다. 그것은 사람들이 부모 공경을 안 하기 때문에 하나님은 그것에 상급을 주기 위해서 특별히 축복을 거기에 멸하고 있는 것입니다.

그 다음 살인하지 말라고 했습니다. 요사이 살인하는 것 보면 섬뜩섬뜩합니다. 빚 받으러 가다가 빚을 받는 대신에 살인 당해 가지고서 버림을 당하고 이 얼마나 무섭습니까? 심지어 어린 유아를 꼬집고 발로 차면서 폭행하여 췌장이 망가져서 사망하게 했다는 것입니다. 사회가 이렇게 살벌해집니다. 이것은 오늘날 사랑이 식어지고 이 사회에 살상의 분위기가 꽉 들어차 있다는 증거입니다. 성경으로는 마음으로도 살인하지 말라고 했습니다.

그 다음 간음하지 말라고 했습니다. 도덕적인 문란은 오늘날 극도에 달했습니다. 그러므로 이 하나님의 계명을 우리가 지켜야 우리 몸은 거룩한 성전이니, 거룩한 성전을 더럽히면 하나님께서 그 성전을 멸하겠다고 말한 것입니다. 오늘날 에이즈로 시작해서 수많은 병들이 와서 사람의 몸을 파괴하는 것은 하나님의 성전인 몸으로서 허랑방탕하게 그 몸을 더럽혔기 때문에 하나님의 심판이 오늘 임한 것입니다.

그 다음 도적질하지 말라고 했습니다. 내가 땀 흘려서 얻은 대가로서 살지 남의 땀 흘린 것을 훔쳐서 살지 마라! 네 이웃을 대하여 거짓증거하지 말라. 사람들에게 이웃에 이야기를 들으면 거기에 보태고 보태어서 눈사람을 만들어서 다른 사람에게 전달하는 이런 일은 하지 말라고 하는 것입니다. 오늘날 세상에 오해가 많고 분쟁이 많은 것은 말을 전달하는 사람이 정확하게 말을 전달하지 않고 자기의 생각을 보태 가지고서 사람이 감정을 갖도록 그렇게 거짓 증거 하기 때문에 문제가 생겨나는 것입니다. 이것도 하나님께서 미워하시는 것입니다.

네 이웃의 소유를 탐내지 말라! 탐심이 있기 때문에 오늘날 시기와 질투가 있고 사람들을 못살게 자꾸 끌어내리려고 하는 것입니다. 탐심을 갖지 말라고 성경은 말하고 있는 것입니다. 하나님을 모시고 살기 위해서는 하나님께서 기뻐하시지 않은 일들을 행치 말아야 하나님과 올바른 교제가 됩니다.

셋째, 하나님의 소원을 이루어 드리라. 우리가 하나님께 복을 받고 사랑을 받으려면 하나님의 소원을 이루어 드리는 삶을 살아야 됩니다. 하나님이 간절히 소원하는 것을 알고서도 그것을 이루어 드리지 않는다면 하나님께서 우리를 극히 기뻐할 리가 있겠습니까? 아 전지전능 무소부지하신 하나님이 하나님 무슨 소원이 있겠습니까? 하나님이 뜨거운 마음에 소원을 가지고 있습니다. 그것은 온 세상 사람들이 그 아들 예수님을 믿고 구원을 받으며, 예수님을 공경하기를 하나님은 간절히 소원하고 사모하고 있습니다. 인생들은 하나님이 만든 걸작품입니다. 하나님의 형상과 모양대로 지은 인생들이 마귀에게 속아서 마귀와 짝을 하고, 하나님을 반역하고 떠나가 버렸으니, 하나님의 마음이 얼마나 아프겠습니까?

그래서 하나님께서는 인생들이 하나님을 반역하고 지옥으로 떨어지는 것이 너무나 고통스러워서 인생들을 구원하기 위해서 그 아들 예수님을 이 세상에 보내신 것입니다. 그리고 그 예수 그리스도를 공경하고 하나님의 뜻을 받들어 이루어드리기를 하나님은 간절히 소원하고 계신 것입니다.

시편 2편 10~12절에 보면 "그런즉 군왕들아 너희는 지혜를 얻으며 세상에 관원들아 교훈을 받을지어다 여호와를 경외함으로 섬기고 떨며 즐거워할지어다. 그 아들에게 입 맞추라 그렇지 아니하면 진노하심으로 너희가 길에서 망하리니 그 진노가 급하심이라. 여호와를 의지하는 자는 다 복이 있도다."라고 말했었으며, 요한복음 6장 40절에 "내 아버지에 뜻은 아들을 보고 믿는 자마다 영생을 얻는 이것이니 마지막 날에 내가 이를 다시 살리리라 하시니라" 이러므로 아버지의 간절한 소원은 아버지께서 보내신 그 아들 예수 그리스도를 믿고 그 아들에게 입 맞추고 그 아들을 모셔들이고 그 아들을 경배하고 그 아들을 통해서 아버지에게 나오기를 원하시는 것입니다.

오늘 그러므로 우리 주 예수 그리스도를 의지하고 아버지께 나오면 아버지는 보좌에서 일어나서 기뻐하여 우리를 환영하고 영접해 주시는 것입니다. 그 아들이 없는 자에게는 하나님 아버지도 없습니다. 아들이 있는 자에게는 아버지도 있습니다. 그러므로 아버지의 간절한 소원이 그 아들 예수 그리스도를 믿고 경배하고 사랑하기를 사모하는데 이 일을 하지 아니하고서 하나님께 아무리 나와서 부르짖어 받자, 무슨 소원이 이루어지겠습니까? 그 아들 예수 그리스도의 소원은 무엇입니까? 십자가의 복음을 믿어 천국의 해방과 자유를 얻는 것이 아닌 것입니까?

요한복음 3장 14～16절에 주님 말씀하기를 "모세가 광야에서 뱀을 든 것 같이 인자도 들려야 하느니 이는 저를 믿는 자마다 영생을 얻게 하려 하심이니라 하나님이 세상을 이처럼 사랑하사 독생자를 주셨으니 이는 저를 믿는 자마다 멸망치 않고 영생을 얻게 하려 하심이니라" 그 아들 예수의 소원은 예수께서 우리를 대신해서 죄를 짊어지고 원수된 담을 다 걸머지고 질병과 저주와 가난과 낭패와 죽음과 지옥의 고통을 대신 담당했으니 주님께서는 우리가 이 예수를 믿고 이 모든 속박에서 해방과 자유를 얻기를 원하시는 것입니다. 이게 예수님의 소원이예요. 그러므로 주를 알지 못하는 사람들에게 그를 전도하여서 눈을 떠서 마귀의 권세에서 하나님의 아들 나라로 돌아오기를 주님께서 간절히 소원하는 이 소원을 가지고 계십니다.

성경은 말하기를 마가복음 10장 45절에 "인자의 온 것은 섬김을 받으려 함이 아니라 도리어 섬기려 하고 자기 목숨을 많은 사람의 대속물로 주려 함이니라" 주님께서는 목숨을 대속물로 주시고 그 다음 그 복음으로 사람들을 섬겨 주겠다고 한 것이니, 이 얼마나 주님의 간절한 소원이요, 겸비한 외침이십니까?

그리고 보혜사 성령님의 소원은 뭡니까? 성령의 소원은 예수 그리스도의 복음을 온 천하에 전파하는 것입니다. 예수님은 부활 승천에서 아버지 보좌 우편에 앉아 계시지만 성령은 이 땅에 오셔서 교회 가운데 계시고, 우리 성도의 마음과 생각 속에 지금 임하여 계신 것입니다. 그러므로 성령은 우리 성도들을 통해서 이 아버지의 소원을 따라 예수 그리스도의 희생을 따라 이 복음을 온 천하에 전하는 것이 성령님의 간절한 소원인 것입니다.

사도행전 1장 8절에 "오직 성령이 너희에게 임하시면 너희가 권능을 받고 예루살렘과 온 유대와 사마리아와 땅 끝까지 이르러 내 증인이 되리라 하시니라"고 말한 것입니다. 이러므로 오늘 성부, 성자, 성령 삼위일체 하나님의 간절한 소원은 그리스도 예수의 복음이 온 천하에 전파되어 마귀의 나라에서 하나님의 사랑이 아들 나라로 사람들이 옮겨지기를 간절히 소원하는 것입니다.

이 일을 누가 이룹니까? 이는 하나님의 성령께서 우리 마음에 와 계시고 우리의 생각에 지금 와서 계시기 때문에 우리의 마음과 우리 생각을 통하여 예수 믿는 한사람, 한사람의 입을 통하여, 접촉을 통하여 이루어지게 되는 것입니다.

하나님의 성령께서 우리에게 충만히 채우시는 유일한 목적은 우리의 마음과 생각을 통해서 이 세상을 하늘나라 만들기 위해서 전도하는 것이 그 목적이기 때문에 우리가 전도할 때 성령이 충만해지는 것입니다. 전도하지 않는데 성령이 무엇 때문에 충만합니까? 성령이 오신 근본적인 목적이 이 세상 사람들에게 그리스도 예수를 전도해서 구원하는 것이 목적인데 그 일을 안 하는데 성령 채워주소서! 성령 채워주소서! 한다고 성령이 무엇 때문에 채웁니까? 전도하는 사람에게 성령이 임하여서 성령은 지혜와 지식과 총명과 모략과 재능과 그리고 하나님을 경외하는 능력을 주시고 의와 평강과 희락으로 보답으로 채워주시는 것입니다.

3부 믿음으로 순종하며 행하는 법

14장 믿음의 사람인가 진단하는 법

(롬 4:17-18)"기록된바 내가 너를 많은 민족의 조상으로 세웠다 하심과 같으니 그가 믿은 바 하나님은 죽은 자를 살리시며 없는 것을 있는 것으로 부르시는 이시니라. 아브라함이 바랄 수 없는 중에 바라고 믿었으니 이는 네 후손이 이 같으리라, 하신 말씀대로 많은 민족의 조상이 되게 하려 하심이라."

믿음이란 어떠한 환경 속에서도 하나님을 생각하는 성도입니다. 예수님을 믿는 다고 하면서 하나님의 뜻보다 자기의 뜻을 우선하는 사람은 자기 자신을 섬기는 사람입니다. 믿음의 행위가 따르지 않는 사람은 거짓 신앙인이요, 위선자입니다.

믿음이란 하나님의 눈으로 세상을 바라보는 것입니다. 하나님의 생각이 나의 생각이 되고, 나의 생각을 하나님의 뜻과 일치시키는 것이 믿음이요, 신앙생활입니다. 믿음의 사람은 하나님의 눈으로 삶을 해석해내며 하나님의 눈으로 역사를 만들어내는 사람입니다. 조건이 되지 않는 상황 속에서라도 하나님만 바라보면서 하나님께서 주시는 힘과 능력으로 충성하는 것이 참된 충성이요, 믿음의 삶입니다.

하나님은 나의 의인은 믿음으로 말미암아 살리라고 말씀하셨습니다. 그러면 믿음의 사람의 특성은 무엇일까요? 이 세상에 사는 사람들도 그 나라와 지역에 따라 민족적, 문화적 특성이 있습니다. 믿음의 사람의 특성도 확실합니다. 스페인 격언에 "돈을 잃어버린 자는 큰 것을 잃은 자다. 친구를 잃어버린 자는 더 큰 것을 잃은 자다. 그러나 하나님을 믿는 믿음을 잃어버린 자는 모든 것을 잃은 자"라는 말이 있습니다. 왜 그렇습니까? 믿음이 삶의 원천이기 때문인 것입니다. 하나님은 "나의 의인은 믿음으로 말미암아 살리라"고 확실히 말씀을 하셨습니다.

첫째, 믿음의 사람은 하나님의 말씀과 성령으로 사는 사람이다.
이스라엘 백성이 애굽에서 살 때는 인간의 수단과 방법과 노력으로 일해서 그 대가로 떡을 사서 먹었습니다. 혹은 농사를 지을 때는 나일강물을 대서 씨를 뿌리고 열매를 거두었던 것입니다.

그러므로 애굽에서 사는 모든 삶은 인간으로 계획하고 인간으로 애쓰고 인간으로 노력해서 결실을 맺어서 먹고 살았습니다. 그러나 모세를 따라 홍해를 건너 광야로 나왔을 때 이제는 인간의 힘으로 살수가 없었습니다. 물도 없고, 밭도 없고, 논도 없고, 종자를 뿌려봤자 자라날 수도 없습니다. 황막한 광야, 황막한 산천이었습니다. 그러므로 어찌할 도리 없이 그들은 하늘을 쳐다 볼 수밖에 없었습니다. 자기를 바라보고 살수도 없고 환경을 바라보고 살수도 없습니다.

살아남을 길이 하늘밖에 없고 하늘에서 들려오는 것은 하나님의 말씀밖에 없었습니다. 하나님 말씀을 의지해야만 살수가 있었고 하나님 말씀을 의지할 때, 그들은 하나님의 능력으로 살았던 것입니다. 애굽에서 살 때는 인본주의로 인간의 수단과 방법과 노력으로 살았는데, 광야를 지날 때는 하나님만 바라보는 신본주의로 오직 하나님의 말씀을 믿음으로 말미암아 살 수밖에 없었습니다.

출 16절 4절에 "내가 너희를 위하여 하늘에서 양식을 비 같이 내리리니 백성이 나가서 일용할 것을 날마다 거둘 것이라 이같이 하여 그들이 내 율법을 준행하나 아니하나 내가 시험하리라"고 성경은 말씀하고 있습니다.

예수님께서도 사람이 떡으로만 살 것이 아니요. 하나님의 입으로 나오는 모든 말씀으로 살 것이라고 말씀한 것입니다. 요 1장 1절에 보면 "태초에 말씀이 계시니라 이 말씀이 하나님과 함께 계셨으니 이 말씀은 곧 하나님이시니라" 하나님의 말씀으로 산다는 것은 하나님으로 말미암아 사는 것을 말하는 것입니다. 인간의 수단과 방법으로 사는 것이 아니라, 말씀을 따라 사는 것은 하나님을 따라 하나님의 능력과 은혜로 사는 것을 말하는 것입니다.

우리가 성경에는 믿음은 들음에서 나며 들음은 그리스도의 말씀으로 말미암는다고 했는데, 우리가 말씀을 받아들이고 말씀에 굳세게 서므로 모든 환경을 극복하는 것입니다. 먼 바다에서 파도가 몰려옵니다. 해안에 당장 삼킬 것 같이 휘몰아 옵니다. 바깥에서 볼 때는 야! 저 거대한 파도가 저렇게 높이 몰아쳐 오니 해안에 있는 바위는 완전히 파도에 박살이 나겠다고 생각하는 것입니다.

그래서 그 바다에 파도가 와서 해안에 있는 바위를 때려 칩니다. 순식간에 바위는 사라져 버리고 바닷물은 바위에 넘실거리는 것 같지만, 그 다음에 바닷물은 흰 물보라가 되어 날아가고 물러간 뒤에는 오직 반석은 그대로 서있는 것입니다. 바로 말씀은 이 반석인 것입니다. 우리가 인생을 살면서 시험과 환난의 파도가 쳐 옵니다. 인간으로 볼 때는 이제 죽었다고 생각이 드는 것입니다. 말로 다할 수 없는 위세를 가지고 강한 바람과 더불어 우리에게 쳐 올 때 우리가 그 앞에 견뎌낼 수 없습니다.

그러나 한 가지 알아야 될 것은 말씀을 마음속에 모시고 말씀에 서있으면 우리가 반석인 것입니다. 반석에 서있으면 결국 그 시험과 환난이 우리를 감싸고 내려쳐도 순식간에 그 파도는 산산조각이 나고 물보라만 날리고 떠나가고 반석은 그대로 남아있는 것입니다. 우리는 성령하나님께서 주인된 반석이기 때문입니다.

그렇기 때문에 이 보배를 질그릇에 가졌으니 사방으로 우겨 싸임을 당하여도 쌓이지 아니하고, 답답한 일을 당해도 낙심하지 아니하고, 핍박을 받아도 버린바 되지 아니하고, 거꾸러뜨림을 당하여도 망하지 않는다고 말한 것입니다. 예수님이 우리의 반석이요, 말씀을 통해서 우리 가운데 와 계시기 때문에 이 반석을 무너뜨릴 힘은 우주에는 없는 것입니다. 그러므로 믿음은 들음에서 나며 들음은 그리스도의 말씀인데 이 말씀이 바로 하나님이요, 말씀이 바로 예수님이신 것입니다.

요한복음 2장 5절에 보면 예수님께서 어머니와 그 제자들을 데려오시고 잔칫집에 갔습니다. 그런데 잔칫집에 포도주가 떨어졌습니다. 그럴 때 예수님의 어머님이 나와서 이 집에 포도주가 떨어졌다고 말했습니다. 그리고 난 다음에 그 하인들 보고 이렇게 말씀했습니다. "그의 어머니가 하인들에게 이르되 너희에게 무슨 말씀을 하시든지 그대로 하라 하니라" 무슨 말씀이든지 예수님이 말씀하시는 그대로 하면은 문제가 해결되는 것입니다. 상황이 변화되는 것입니다.

가나의 혼인잔치에 포도주가 떨어졌더라도 예수님께서 물통에 물을 채우라고 하시고 그를 떠서 연회장에 갖다 주라고 하실 때 그 물은 포도주로 변화되어 버리고 만 것입니다. 말씀이 운명과 환경을 변화시키는 기사와 능력을 나타내는 것입니다.

그러므로 이 말씀을 듣고 말씀을 묵상하고 말씀을 믿고, 말씀을 마음속에 깊이 간직하면 우리가 만세반석 위에 서서 살게 되는 것입니다. 눈에는 아무 증거 안보이고 귀에는 아무 소리 안 들리고 손에는 잡히는 것 없어도 말씀 위에 서있기 때문에 어떠한 풍파가 닥쳐와도 우리를 삼키지 못하고 그 풍파는 산산조각 나버리고 말게 될 것입니다. 승리는 말씀 속에 서면 가질 수가 있습니다.

둘째, 믿음의 사람은 꿈을 품고 사는 사람이다. 닭장에 닭이 알을 품고 있는 것을 본적이 있지요? 그 눈을 반짝반짝 하면서 알을 품고 있습니다. 우리가 상상 컨데 그 닭은 알을 품고 있지만 그 머릿속에는 병아리를 꿈꾸고 있는 것입니다. 믿음의 사람이란 언제나 마음속에 꿈을 품고 있는 사람이 믿음의 사람인 것입니다. 이스라엘 백성이 430년 동안 애굽의 고센 땅에 살았습니다. 부조전래로 고센 땅에 뿌리를 내리고 살았으니 좀처럼, 그 기름진 땅을 버리고 알지 못하는 가나안 땅으로 나오려고 하지 않습니다.

하루 이틀이 아닌 430년 동안 고센 땅에 살았습니다. 또 고센 땅은 굉장히 기름진 땅입니다. 초목이 많고 물도 넉넉하고 목축도 할 수 있고 농사도 지을 수 있는 곳입니다. 그런데 모세를 통해서 하나님이 가나안 땅으로 인도해 내실 때 그냥 나오라고 말한 것이 아닙니다.

그들의 마음속에 꿈을 심어준 것입니다. 젖과 꿀이 흐르는 땅으로 가자. 여기에 나일 강이나 여기에 있는 초목은 비교할 것도 없다. 가나안 땅은 젖과 꿀이 흐르는 땅이다. 그들이 모세를 통해서 주시는 하나님의 말씀을 들었을 때 마음속에 폭발적인 꿈을 가진 것입니다. 젖과 꿀이 흐르다니. 세상에 그런 땅이 있느냐? 그들이 마음속에 젖이 강물같이 흐르고 꿀이 강물같이 흐르는 것을 상상할 수 있었습니다. 그들이 그 꿈을 마음속에 품었기 때문에 부조전래로 살아온 고센 땅을 등 뒤로 버리고 떠나올 수 있었던 것입니다. 꿈이 있어야 우리 생활 속에 변화가 다가오는 것입니다. 꿈이 있어야 개혁이 다가올 수 있는 것입니다. 꿈이 있어야 현실을 떠나고 앞으로 전진 해 나갈 수 있는 것입니다.

레위기 20장 24절에 "젖과 꿀이 흐르는 땅을 너희에게 주어 유업을 삼게 하리라 하였노라 나는 너희를 만민 중에서 구별한 너희의 하나님이니라"고 말씀하고 있는 것입니다. 꿈이 없는 백성은 망합니다. 이스라엘 백성이 가데스바네아에 와서 이제 가나안 땅에 들어가려고 할 때 모세가 12정탐꾼을 택해서 40주 40야를 가나안땅을 정탐하게 한 것입니다. 그들이 저 가나안 땅을 정탐하고 돌아와서 보고할 때 10명은 꿈(하나님)을 잃어버린 보고를 한 것입니다. 그들이 무엇을 보든지 하나님이 함께 계시므로 젖과 꿀이 흐르는 땅을 얻을 수 있다는 꿈을 가져야 되는 것인데, 꿈을 잃어버렸습니다. 하나님을 잃어버렸습니다. 그들은 인간적인 생각으로 인본주의에 서서 순수하게 하기들의 눈으로 관찰한 것을 보고했습니다. 그들의 관찰은 인간적으로 볼 때는 맞았습니다. "우리가 본 땅은 젖과 꿀이 흐르는 땅이 아니라 광막한 광야요 사막이다. 그리고 그곳에 성은 굉장히 높다. 그곳에 사는 사람은 네피림의 후손 아낙자손 대장부라 우리가 보기에는 메뚜기 같다. 그들도 우리보고 메뚜기라고 말할 것이다." 완전히 꿈(하나님)이 없습니다.

인간적인 관찰로써 본 그대로 말을 했습니다. 그것을 들은 사람은 그들 마음속에 "와! 우리가 가는 땅은 젖과 꿀이 흐르는 땅이 아니라 광막한 광야구나. 그리고 우리가 들어갈 곳은 성은 높고 그곳에 사는 사람은 네피림의 후손 아낙자손 대장부라." 우리는 메뚜기 같다고 했으니 모두다 자기들을 메뚜기로 상상했습니다. 절대로 들어갈 수 없겠다. 들어가면 우리 처자가 사로잡히고 우리는 죽을 것이다. 우리 장관을 세워서 애굽으로 도로 돌아가자. 완전히 좌절과 절망에 처한 것입니다.

부정적인 상상력을 동원해서 부정적인 꿈을 꾸자 그들은 미약해지고 연약해지고 패배자가 된 것입니다. 그러나 여호수아와 갈렙은 하나님의 말씀을 마음속에 간직하고 하나님의 약속을 통해서 사물을 보았습니다. "아니다. 우리가 본 땅은 과연 젖과 꿀이 흐르더라. 그리고 물론 성은 높고 그들은 아낙자손 네피림의 후손 대장부지만 그들의 보호자는 떠났고 그들은 우리의 먹이다. 우리 들어가서 점령하자." 그들은 사물을 볼 때 하나님과 함께 사물을 봤습니다. 하나님과 함께 보니 하나님의 약속대로 광야로도 젖과 꿀이 흐르게 될 수 있고, 하나님이 같이 계시므로 아무리 높은 성도 무너지고, 하나님이 함께 계시므로 아무리 큰 대장부도 하나님 앞에서는 아무것도 아닌 것입니다. 여호수아와 갈렙은 꿈(하나님)을 가지고 보고를 했고 10명의 정탐꾼은 꿈이 없이 보고를 했습니다. 우리가 인생을 살면서 하나님 없이 사물을 바라보면 안 믿는 사람들이 보는 관점에서 사물을 보게 되는 것입니다.

우리 예수 믿는 사람은 예수 그리스도의 보혈로 하나님과 언약 맺고, 하나님이 우리와 함께 계시고, 하나님의 성령이 우리를 도와주시고, 하나님의 약속의 말씀이 있기 때문에 눈에는 아무증거 안보이고 귀에는 아무소리 안 들리고 손에는 잡히는 것 없어도 말씀을 통하여 꿈속에 살아야 되는 것입니다.

말씀을 통하여 오늘과 내일에 대한 꿈을 마음속에 품어야 되는 것입니다. 꿈이 없는 백성은 망합니다. 알을 속에 갖지 않는 닭은 알을 낳을 수 없습니다. 속에 알이 있기 때문에 알을 낳는 것입니다. 속에 꿈을 품어야 꿈이 현실로 다가오게 되는 것입니다. 꿈이 없으면 현실에 새로운 창조적인 역사는 일어나지 않습니다.

민수기 14장 36~38절에 보면 "그 땅을 악평하여 온 회중이 모세를 원망하게 한 사람 곧 그 땅에 대하여 악평한 자들은 여호와 앞에서 재앙으로 죽었고 그 땅을 정탐하러 갔던 사람들 중에서 오직 눈의 아들 여호수아와 여분네의 아들 갈렙은 생존하니라" 보십시오. 꿈을 잃어버린 사람은 재앙을 만납니다. 그러나 꿈을 잃어버리지 않은 여호수아와 갈렙은 축복을 받은 것입니다. 꿈이 없으면 그 자체가 재앙인 것입니다.

내일이 없으니까요. 그러나 여호수아와 갈렙은 하나님을 향한 꿈을 가졌기 때문에 그들은 젖과 꿀이 흐르는 가나안 땅으로 들어갈 수 있었던 것입니다. 우리들은 예수 그리스도의 십자가 밑에서 꿈을 받고, 그 꿈을 품고 살아야 되는 것입니다. 예수님은 하나님의 아들로써 육신을 쓰고 오셔서 우리를 대신하여 십자가에 올라가서 우리의 원수들과 싸워서 이기신 것입니다. 몸을 찢고 피를 흘려서 십자가에서 다 이루신 것입니다.

우리는 십자가를 통하여 죄 많은 우리들이 용서받고 의롭게 될 수 있는 꿈을 품을 수 있는 것입니다. 더럽고 추악한 우리가 씻음 받고 거룩하고 성령 충만한 사람이 되는 꿈을 품을 수 있습니다. 십자가를 통하여 병약하고 연약한 우리가 치료받고 건강하게 될 수 있는 꿈을 품을 수 있는 것입니다.

"누구든지 그리스도 안에 있으면 새로운 피조물이라. 이전 것은 지나갔으니 보라 새것이 되었도다." 나는 새것이 된 나 자신을 꿈꾸는 사람이 되어야 되는 것입니다. 용서 받은 의인이 된 자기를 꿈꾸어야 되며, 거룩하고 성령 충만한 자기를 꿈꾸어야 되며, 치료받고 건강하게 된 자기를 꿈꾸어야 되며, 아브라함의 축복과 형통을 받은 자기를 꿈꾸어야 되며, 부활, 영생, 천국을 얻은 자기를 꿈꾸어야 되는 것입니다. 십자가를 바라보고 꿈을 잉태하고 꿈을 꾸는 사람은 그대로 되는 것입니다.

꿈이 없는 사람은 망하고 마는 것입니다. 그러므로 우리들은 모두다 그리스도를 통하여 꿈을 갖고 사는 사람이 되어야 되는 것입니다. 주를 믿지 않는 사람은 꿈을 꿀 수 있는 근거가 없습니다. 그러나 우리는 꿈을 꿀 수 있는 이유가 있습니다.

예수께서 우리를 대신하여 십자가에서 몸 찢고, 피 흘려, 값 주고 위대한 삶을 우리에게 허락해 주셨기 때문에 십자가 밑에 가서 꿈을 꾸지 않을 수 없는 것입니다. 십자가 밑에서 꿈을 꿀 수 없는 사람은 어느 곳에 가서도 꿈을 꿀 수 없습니다. 십자가 밑에서 꿈을 꾸는 사람을 통해서 하나님은 새로운 삶을 우리에게 허락하여 주시는 것입니다.

셋째, 믿음의 사람은 담대하고 창조적인 사람이다. 믿음의 사람은 인간으로써 상상할 수 없는 담대한 일을 할 수가 있는 것입니다. 항상 저는 일생을 살아온 저의 삶을 뒤돌아 볼 때 번지점프를 한 그런 기분입니다. 번지점프 하는 것 보았지요? 높은데 올라가서 뒤에 줄을 달아매고서 뛰어내린 거의 밑바닥에 닿을 때까지는 그냥 자유낙하를 합니다. 거의 밑바닥에 닿으려고 할 때 줄이 철컥 붙잡아 주는 것입니다. 믿음이라는 것은 말씀을 마음속에 품고 말씀의 줄에 묶여서 번지 점프를 하는 것입니다. 벼랑에 서서 몸을 날리는 것입니다. 눈으로 볼 때 아찔합니다. 귀로 들으면 저 밑에 계곡의 물소리가 들립니다. 피부로 느껴도 밑에 불어오는 바람이 피부를 스쳐가는 것입니다.

모든 것을 볼 때 위험하다. 위험하다. 뛰어 내리면 절망이다. 그렇게 말합니다. 그런데 보통 사람들은 그 낭떠러지 곁에 안가지요. 될 수 있으면 멀리 서 있으려고 하는 것입니다. 예수 믿는 사람은 그런 낭떠러지까지 갑니다. 왜, 우리는 눈에 안보이지만 말씀이 나를 묶고 있는 것을 알고 있기 때문인 것입니다.

말씀의 밧줄이 나를 묶고 있으므로 번지점프 하는 것처럼 벼랑에서 몸을 날려도 나중에 땅에 부딪힐 정도가 되면 철컥하고 그 말씀의 줄이 나를 붙잡아 주는 것을 알고 있는 것입니다. 그렇기 때문에 믿음이란 번지점프인 것입니다. 믿음이란 처음부터 붙잡아 주는 것 아닙니다. 눈에는 아무증거 안보입니다. 귀에는 아무 소리 안 들립니다. 손에는 잡히는 것 없습니다. 내 앞길 캄캄합니다. 그럼에도 불구하고 말씀의 줄을 잡고 뛰어 내리는 것입니다. 이렇기 때문에 하나님께서 함께 하신다는 것을 굳건하게 믿는 모험의 사람이 아니고는 믿음의 사람이 될 수없는 것입니다. 우리 예수 믿는 사람들이 보혈의 언약을 맺은 사람이 어떻게 담대하게 모험을 하고 나가지 아니할 수 있겠습니까? 모험이 없으면 아무 역사도 일어나지 않습니다.

베드로가 밤새도록 물고기를 잡아도 한 마리 잡지 못하고 새벽녘에 와서 배에 그물을 싣고 있는 예수님이 배를 빌려 달라고 하셔서 배를 좀 빌려 드렸습니다. 배에서 말씀을 전하고 난 다음 해가 중천에 또 오를 때, 깊은 데로 가서 그물을 던져 고기를 잡으라고 하셨습니다. 원래 갈릴리 호수는 물이 맑기 때문에 밤에 물고기가 해변으로 나오고 해가 뜨면 전부 물 한가운데 들어가서 물 밑바닥으로 내려가기 때문에 그물을 쳐도 잡히지를 않습니다.

못 잡습니다. 어이없는 말입니다. 베드로가 어이가 없어 예수님을 쳐다 보았습니다. 그러나 예수님의 형형한 눈빛과 그 권위에 눌려서 그는 말하기를 "밤이 맞도록 그물을 던졌으나 잡은 것이 없으되 말씀에 의지해서 그물을 내리리라" 모험입니다. 다시 예수님을 모시고 바다 한가운데로 배를 저어가니 모든 어부들이 다 보고 비웃었습니다. "저 정신없는 사람 봐라. 여태까지 해변 가에서 고기를 못 잡은 사람이 이제 대낮에 물고기를 잡아가는 것은 상식에 어긋나는 일이 아닌가. 저런 엉터리 같은 일이 어디 있는가? 저런 모험이 어디 있는가?" 그러나 하나님 말씀을 믿고 모험을 하니까 그물이 찢어지도록 고기가 많이 잡혔습니다. 자기의 배에도 채우고 동료의 배를 불러서 가득히 채운 것입니다. 예수님의 말씀을 믿고 순종하고 행했기 때문에 기적을 체험한 것입니다. 우리도 삶에 문제가 발생했을 때 기도해야 합니다. 기도하고 성령의 감동에 순종하면 기적을 체험하게 됩니다.

베드로가 성령으로 세례 받고 난 다음에 베드로와 요한이 제 구시 기도시간에 성전에 기도하러 갈 때 앉은뱅이가 앉아서 구걸하고 있었습니다. 태어날 때부터 앉은뱅이입니다. 그런데 예수님 승천하시고 난 다음 성령 강림하시고 처음으로 큰 기적을 행한 것이 베드로와 요한입니다. 베드로와 요한이 뭐라고 말했습니까? "우리를 바라보라!" 무엇을 줄줄 알고 손을 내밀고 바라보니까 "금과 은은 내게 없거니와 내게 있는 것으로 네게 주노니 나사렛 예수이름으로 일어나라!" 손을 잡고 일으켜 버린 것입니다. 보통 환경이 아닙니다.

수많은 사람이 예배드리러 오는데 그 많은 사람 앞에서 그렇게 담대하게 금과 은은 내게 없거니와 내게 있는 것으로 네게 주노니 나사렛 예수 이름으로 일어나라고 손을 내밀어 잡아 당겨서 일으키는 그 담대함을 보십시오. 믿음의 사람은 모험의 사람인 것입니다. 담대해야 되는 것입니다. 너희가 담대함을 버리지 말라. 이것이 큰 상을 얻는다고 말한 것입니다. 그 담대함은 정말로 주의 말씀에 의지하지 않고는 그런 담대함을 얻을 수 없는 것입니다. 하나님의 말씀에 담대하게 믿고 순종하고 행하는 습관이 날마다 기적을 체험하는 것입니다.

넷째, 믿음의 사람은 천국의 말을 하는 사람이다. 믿음이란 환경이나 감각이나 느낌을 믿는 것이 아니라, 하나님을 믿는 믿음인 것입니다. 마가복음 11장 22~23절에 "예수께서 그들에게 대답하여 이르시되 하나님을 믿으라 내가 진실로 너희에게 이르노니 누구든지 이 산더러 들리어 바다에 던져지라 하며 그 말하는 것이 이루어질 줄 믿고 마음에 의심하지 아니하면 그대로 되리라" 말을 하라는 것입니다. 하나님을 믿고 이 산들에 명하여 저 바다에 던져라. 말하면 그리고 의심하지 아니하면 그대로 된다. 말한다는 것이 얼마나 두렵습니까? 산을 보고 바다로 던지라는 것은 무모하기 짝이 없는 일인 것입니다. 그러나 믿음의 사람은 믿음의 말을 사용하는 사람인 것입니다. 감각적인 말이 아닙니다.

이성적인 말이 아닌 것입니다. 인간적인 체험의 말이 아니라, 성경에 기록된 말씀을 말하는 것입니다. 상상을 초월한 말인 것입니다. 하나님을 믿고 말하는 것입니다. 내 마음대로 말하는 것이 아니라, 하나님의 말씀을 믿고 하나님의 능력을 의지해서 말을 하는 것입니다. 초환경, 초감각, 초느낌 즉 없는 것을 있는 것같이 말해야 되는 것입니다.

성경에 주님께서 한번은 산에서 변화되고 아홉 제자들하고 내려오니까 많은 사람이 남은 제자들하고 모여 있는데 간질을 하는 아들을 데린 아버지가 와서 예수님께 뛰어와서 "주여! 내 아들이 귀신에 잡히면 물에도 자빠지고 불에도 자빠집니다. 귀신이 내 아들을 죽이려고 했는데 내 아들을 데리고 왔는데 당신의 제자들이 고치지 못하더이다. 무엇을 할 수 있거든 나를 도와주시옵소서."

주님께서 당장 그 아버지 입술의 고백을 꾸짖었습니다. "할 수 있거든이 무슨 말이냐." 입술의 고백이 잘못되었음을 지적했습니다. "할 수 있거든이 무슨 말이냐. 믿는 자에게는 능치 못하심이 없느니라." 그러자 그 아버지가 입술의 고백을 바꾸었습니다.

"주여! 내가 믿나이다." 아까 전에는 "할 수 있거든"이 라고 말하다가 이제는 입술의 고백을 바꾸어서 "주여! 내가 믿나이다. 믿음 없는 것을 도와주시옵소서." 그러자 주님께서 그 소년을 향해서 꾸짖으시니 귀신이 나가고 고침을 받은 것입니다. 이 아버지가 믿음의 고백을 잘못 했을 때는 예수님께서 꾸짖으시고 어린 아이를 고치지 아니했습니다. "할 수 있거든"이 라고 말 할 때는 "도대체 무슨 말을 그렇게 말하느냐? 그런 입술의 고백을 어떻게 할 수 있느냐?" 꾸짖으니까 당장에 아버지가 회개하고 "믿습니다." 이제 '할 수 있거든'이 아닙니다. "믿습니다." 그러니까 주님께서 고쳐 주신 것입니다. 예수님은 무엇이나 하실 수가 있습니다.

예수님께서 말씀하시면 믿고 순종하고 행하시기를 바랍니다. 입술로 고백하고 이루어진 것을 바라보아 마음의 소원을 이루시기를 바랍니다. 믿음의 사람이란 하나님과 동행하는 사람으로 하나님의 성품을 닮아야 함께 동행하게 되는 것입니다. 그러므로 자연적으로 하나님을 따라 생각하고, 하나님을 따라 꿈꾸고, 하나님을 따라 믿고, 하나님을 따라 말하게 되면 하나님을 주인으로 모시고 생활할 수 있게 되는 것입니다. 오늘 말씀을 읽고 자신의 믿음을 분별하여 믿음 있는 사람이 되시기를 바랍니다.

15장 영적이면서 온전한 믿음으로 사는 법

(히 11:6)"믿음이 없이는 하나님을 기쁘시게 하지 못하나니 하나님께 나아가는 자는 반드시 그가 계신 것과 또한 그가 자기를 찾는 자들에게 상주시는 이심을 믿어야 할지니라."

온전한 믿음이라고 말하는 믿음의 대상은 바로 자신이 예수 믿고 죽고 다시 부활하신 예수로 태어났다 것을 믿는 것입니다. 자신의 온몸으로 예수님이 자신의 주인이라고 믿는 것입니다. 예수 믿고 다시 태어난 자신에 대한 믿음, 내 안의 참 나(예수님)에 대한 확신과 신뢰, 그것이야말로 온전한 믿음이 아니겠습니까? 내가 나를 예수믿고 다시 태어났다고 믿지 못한다면 누구를 믿을 수 있으며, 또 무엇을 믿을 수가 있겠으며, 다른 이에게 전도할 수 있겠습니까? 나 자신이란 예수님이 주인 되어 살아가시면서 살아계신 예수님께서 자신을 통해서 나타내고 증명해보이신다는 것을 믿는 것입니다. 그렇기에 예수님을 믿고 성령으로 다시 태어난 나 자신만이 내가 믿을 수 있는 유일한 믿음의 대상일 수 있는 것입니다. 예수님으로 다시 태어난 신비에 대한 믿음을 가진 사람은 나약하지 않고 두렵지 않으며, 강한 삶의 용기와 자신감에 넘쳐흐르게 됩니다. 자기 자신의 본질이야말로 하나님의 선택을 받고 진리이신 예수님으로 다시 태어난 존재인 것을 믿기 때문입니다.

믿음은 무엇과도 비할 수 없는 보배 중에 보배요, 세상 모든 문제를 해결하는 열쇠입니다. 사람의 힘과 능력으로는 불가능한 어떠한 일이라도 전지전능하신 창조주 하나님께서는 하실 수 있습니다. 성경에 보면 심지어 하늘의 해와 달을 멈추거나 홍해 바다를 가르기도 하며, 전쟁에서 승리하거나 죽은 사람을 살리는 등 불가능이 가능으로 변하는 무수한 기록이 있습니다. 이처럼 하나님께서는 전지전능하시므로 사람이 질병과 연약함을 고침 받는 것도, 가정과 사업 터의 문제들을 해결 받는 것도 믿음만 있다면 어려울 것이 없습니다. 여기서 중요한 것은 반드시 참된 믿음, 자신의 주인이 예수님이라는 것을 믿어야 한다는 사실입니다.

오늘날 교회에 다니는 사람은 많지만, 그중에는 믿음의 의미조차 잘 모르는 사람들이 많습니다. '믿는다'고는 하지만 구원의 확신도 없거나 세상 사람과 똑같이 질병과 각종 문제들을 해결받기 위하여 교회에 다니므로 예수님께서 주인 되지 못하니 영육의 고통을 받고 시험 환난 속에 살아가며 기도해도 응답받지 못하는 사람들이 많이 있습니다. 마가복음 9:23에 "할 수 있거든 이 무슨 말이냐 믿는 자에게는 능치 못할 일이 없느니라" 하셨으니, 믿음으로 기도했다면 반드시 응답을 받아야 하는 것입니다. '믿는다.' 하고 기도했는데도 응답받지 못한다면 이때는 자신의 믿음이 참 믿음인가, 자신의 주인이 누구인지를 점검해 보아야 합니다.

시편 37:4을 보면 "여호와를 기뻐하라 저가 네 마음의 소원을 이루어 주시리로다" 했고, 히브리서 11:6에는 "믿음이 없이는 하나님을 기쁘시게 못한다" 했습니다. 우리가 믿음으로 하나님을 기쁘시게 만 한다면 하나님께서 우리가 소원하는 것을 무엇이나 응답해 주시는데, 하나님을 기쁘시게 해 드리는 방법은 바로 믿음인 것입니다. 이때의 믿음은 하나님께 인정받을 수 있는 참된 믿음이어야 합니다. 많은 사람들이 스스로 믿는다 하면서도 하나님의 살아계신 역사를 체험하지 못하는 것은 그 믿음이 참된 믿음이 아니기 때문입니다. 믿음에도 하나님께 인정받고 응답받을 수 있는 참된 믿음, 곧 영적인 믿음이 있고 하나님께서 인정하지 않으시는 육적인 믿음이 있는 것입니다.

첫째, 육적인 믿음이 있다.

1) 자신의 지식과 생각에 일치하는 것만 믿는 믿음. 이러한 믿음은 구원이나 신앙의 문제와 상관없이 세상 사람들도 가질 수 있는 믿음입니다. 예를 들어, 흰 물수건을 들고 "이 물수건은 흰색입니다." 했을 때, 흰색임을 확인한 사람들은 누구나 이 말을 믿습니다. 자신이 태어나서부터 이제까지 배우고 받아들인 지식과 일치하기 때문입니다. 그런데 우리가 그동안 옳다고 배운 지식들이 모두가 진리는 아니라는 사실입니다. 세상에는 아무리 진리라고 알려져 있어도 세월이 지나면 변하는 것이 너무나 많으며, 나라와 민족, 또는 개인마다 진리라고 생각하는 지식이나 옳다고 생각하는 가치의 기준이 크게 다릅니다. 예를 들어, 오래 전에는 지구가 둥글지 않고 평평하다고 배웠고 태양이 지구의 주변을 돈다고 배

웠지요. 그 당시 사람들은 이것이 진리인 줄 알았지만, 지금은 이 것을 진리로 믿는 사람은 없습니다.

이와 마찬가지로 지금 자신이 배운 지식 중에서도 너무나 많은 부분이 진리가 아니라는 사실입니다. 사람들은 어려서부터 어떤 비 진리를 진리라고 가르침 받아 왔다면 그것이 진리라고 굳게 믿어 버리고, 누군가 진리를 알려 준다 해도 그것이 자신이 알고 있는 지식과 맞지 않으면 오히려 그 진리를 비진리라 생각하게 됩니다. 관념적인 신앙에 빠진 결과입니다. 오늘날 복음을 듣고도 창조주 하나님을 믿지 못하는 사람들이 이런 경우에 해당합니다. 어릴 때부터 진화론이라는 거짓 이론을 진리라 배웠기 때문에 진리인 창조를 가르쳐 줘도 믿지 않는 것입니다.

진화론은 결코 진리가 아니라, 사람들의 생각 속에서 짜맞춰낸 잘못된 이론입니다. 아무리 수천만 년, 수억만 년이 지나도 물고기가 육지 동물이 될 수 없는 것이고 유인원이 사람이 될 수도 없습니다. 그러나 그것이 가능하다고 배운 사람들은 진화론을 진리라고 굳게 믿기 때문에 창조주 하나님께서 말씀으로 천지를 창조하셨다고 하면 진리에서 벗어난 말이라고 생각하게 됩니다.

그런가 하면 어떤 사람들은 "전능하신 하나님을 믿습니다." 하면서도 성경을 전폭적으로 믿는 것이 아니라, 자기의 지식과 이론에 맞는 부분만 믿습니다. 그러나 세상 지식과 이론에 맞추려고 하면, 성경에는 믿을 수 없는 부분이 너무나 많습니다. 세상에서는 뭔가 재료가 있어야 완성품이 나오는데 성경에서는 아무 것도 없는 무의 상태에서 하나님의 말씀으로 천지 만물이 창조되었다고 하니 믿어지지가 않습니다.

또한 사람의 능력으로는 도저히 불가능한 권능의 역사들도 납득하기가 어렵습니다. 그러니 기사와 표적에 대한 기록을 읽으면 그것이 실제로 있었던 일이 아니라, 상징이나 비유라 생각하기도 하고, 베드로가 물 위를 걸었다 하면 물이 얕은 곳을 걸었던 것이라고 해석하기도 합니다. 약을 먹고 수술해서 질병이 나았다면 믿어지지만, 단지 예수이름으로 기도만 받고 나았다 하면 뭔가 다른 이유가 있을 것이라고 의심하기도 합니다. 그러나 이런 믿음은 하나님과는 상관이 없는 것입니다. 구원받을 수 있는 영적인 믿음이 아닙니다. 참된 믿음은 자신의 생각과 지식에 상관없이 성경 말씀 전체가 하나님의 말씀이요 절대적인 진리임을 믿는 것입니다. 말씀을 삶에 적용하여 체험한 믿음이 참된 믿음입니다.

2) 변개하는 믿음. 어떤 사람은 마음의 소원을 응답받기 위해서 열심히 기도하고 예배하며 충만하게 신앙생활을 해 보지만 마음에 원하는 대로 응답이 속히 나타나지 않으면 점차 의심하기 시작합니다. "하나님이 정말 살아 계신가, 내가 기도하면 참으로 들으시는가?" 하며 의심이 틈타며, 점차 은혜가 떨어지고 과거에 믿음으로 응답 받았던 것들이나 주위 사람들이 응답받은 간증들도 우연의 일치였던 것처럼 의심하게 되는 것입니다.

야고보서 1:6-7을 보면 "오직 믿음으로 구하고 조금도 의심하지 말라 의심하는 자는 마치 바람에 밀려 요동하는 바다물결 같으니 이런 사람은 무엇이든지 주께 얻기를 생각하지 말라" 했습니다. 이처럼 변개되어지는 믿음은 응답받을 수 있는 참 믿음이라 할 수가 없습니다. 마가복음 11:24에 "무엇이든지 기도하고 구하는 것은 받은 줄로 믿으라. 그리하면 너희에게 그대로 되리라" 하신 대로 구하는 것마다 응답받을 줄로 믿는 것이 아니라 이미 응답받은 줄로 믿어야 하는 것입니다.

한 예로 질병의 문제도 그렇습니다. 베드로전서 2:24에 보면 "저가 채찍에 맞음으로 너희는 나음을 얻었나니" 말씀했습니다. 약 이천 년 전에 예수님께서 고난을 당하시므로 우리의 모든 죄악과 저주를 대속하셨고 이를 믿는 우리는 이미 나음을 받았습니다. 그러니 믿음으로 기도받았다면 더 이상 힘들고 고통스러운 모습이 아니라, 소망에 가득차서 기뻐하고 감사하는 모습이 됩니다. 또한 당장 눈에 보이는 증거가 없어도 응답받았다는 믿음에 변함이 없을 때 참으로 응답받을 참된 믿음이라 인정받을 수 있습니다.

3) 행함이 없는 믿음. 하나님의 말씀을 아는 것과 믿는 것은 별개입니다. 하나님의 말씀은 머리로가 아니라, 마음 중심에서 믿어져야 합니다. 그럴 때는 말씀대로 순종하는 행함이 따르게 되어 있습니다. 예를 들어 하나님께서는 "무엇이든지 심은 대로 거두게 하신다." 했습니다. 이것은 건강이나 물질, 모든 분야에 해당되는 영계의 법칙입니다. 구약 성경에 사르밧 과부는 하나님의 명령을 믿음으로 순종하여 오랜 가뭄 중에 마지막으로 남은 한 끼의 양식을 선지자 엘리야에게 드렸습니다. 사람의 생각을 동원하면 도무지

드릴 수 없는 생명과 같은 양식이지만 하나님의 명령을 믿었기 때문에 행함으로 순종하였고, 그 결과 가뭄이 끝날 때까지 기름병과 가루통에서 양식이 떨어지지 않는 축복을 받았습니다(왕상 17장).

그런데 육적인 믿음을 가진 사람들은 이런 말씀을 들어서 머리로는 알지만, 막상 어려운 현실에 직면하면 행할 수가 없습니다. 당장 생활비가 부족하겠다 싶으면 십일조를 온전히 드리지 못하기도 하고 각종 예물을 심는 것에도 인색하게 됩니다. 하나님께 심는 것마다 축복으로 갚아지는 줄을 정말로 믿는다면 인색할리가 없는데 머리로만 알기 때문에 행함이 따르지 못하는 것입니다. 행함이 따르지 않기 때문에 기적을 체험하지 못합니다.

질병의 문제도 그렇습니다. 정말로 하나님께서 전지전능하심을 믿는다면 어떤 질병에 걸렸을 때 어찌 세상 방법을 쓰겠습니까? 하나님의 능력을 머리로는 알지만 마음으로는 믿지 못하기 때문에 하나님께 기도하지도 않고 세상 방법을 의지하는 것입니다. 이렇게 믿음 없는 모습을 보실 때 하나님께서 얼마나 서운해 하시는지는 아사 왕이 병들었을 때 여호와께 구하지 아니하고 의원들에게 구하였다가 죽었다 하신 기록에서 잘 알 수 있습니다(대하 16:12-13). 우리는 질병이 생기면 일단 하나님께 기도하여 하나님께서 기도로 고치라면 기도로 고치고 병원에 가라면 병원도 이용하는 것입니다. 병원도 하나님께서 만드신 것입니다.

그 밖의 다른 말씀들도 마찬가지입니다. 성경에는 "항상 기뻐하라, 범사에 감사하라, 쉬지 말고 기도하라, 원수도 사랑하라, 섬기라, 모든 사람과 화평하라." 하십니다. 이런 말씀 구절을 줄줄 암송한다 해도 머리로만 알고 행하지 못하는 사람은 여전히 육적인 믿음을 가진 것이요, 하나님의 살아계신 기적의 역사를 체험할 수도 없습니다. 야고보서 2:26에 보면 "영혼 없는 몸이 죽은 것같이 행함이 없는 믿음은 죽은 것이니라" 하여 성령께서 인도하는 대도 행함이 없는 믿음을 '죽은 믿음'이라 했습니다. 죽은 믿음으로는 응답도 축복도 받지 못할 뿐 아니라, 자칫하면 구원조차 받을 수 없음을 기억하여 반드시 행함 있는 믿음으로 변화되어야 합니다.

둘째, 영적인 믿음이란 어떤 것인가요? 영적인 믿음이란 육적인 믿음과 반대로 자신이 배운 지식이나 생각에 맞지 않아도 성령께서 감동하시는 하나님의 말씀이라면 다 믿고 행하는 믿음이며, 한 번 믿은 것은 변함없이 믿으며, 하나님의 말씀대로 순종하여 행하는 믿음입니다. 이런 영적인 믿음이 있으면 무에서 유를 창조할 수도 있고, 가정, 일터, 사업 터의 문제나 건강의 문제 등, 어떤 마음의 소원도 응답받을 수 있으며, 권능을 받아 하나님의 나라를 이룰 수도 있습니다. 그런데 영적인 믿음을 갖고 있다 해도 각 사람마다 믿음의 분량은 다 다릅니다. 영적인 믿음이 큰 사람은 소원하는 것을 마음에 품기만 해도 응답을 받는가 하면, 믿음이 적은 사람은 동일한 기도 제목을 가지고 며칠씩 기도해야 하는 경우도 있습니다.

만약 사람이 영적인 믿음을 자기 스스로 가질 수 있다면 누구나 더 큰 믿음을 갖기 원할 것입니다. 하지만 영적인 믿음은 사람이 원한다고 해서 마음대로 가질 수 있는 것이 아니라, 하나님께서 주셔야만 하는 것입니다. 그러면 어떻게 해야 영적인 믿음을 받을 수 있을까요? 영적인 믿음을 받을 방법만 알면 어떤 마음의 소원을 가지고 있다 해도 하나님의 응답과 축복의 길이 활짝 열리는 것입니다. 무엇보다도 자신이 하나님의 나라가 되어야 합니다. 걸어 다니는 성전이 되어야 합니다. 하나님을 주인으로 모시고 살아야 합니다. 항상 하나님을 찾아야 합니다.

셋째, 하나님께서 주셔야 소유할 수 있는 영적인 믿음. 우리가 구원받아 천국에 가는 것도, 하나님께 기도하여 응답받는 것도 믿음으로 이뤄지는 일들입니다. 그런데 이 믿음은 반드시 하나님께서 인정하시는 영적인 믿음이라야 합니다. 사람 편에서 아무리 "믿습니다." 고백한다 해도 하나님께서 인정하시는 영적인 믿음이 아니면 구원받을 수도, 응답받을 수도 없다는 사실입니다.

영적인 믿음이란 자신의 지식이나 이론, 생각에 맞지 않아도 믿고 순종하고 행하는 믿음이요, 현실과 조건에 상관없이 변개하지 않는 믿음이며, 지식으로 아는 데 그치지 않고 행함으로써 증거를 보이는 믿음이라 했습니다. 이러한 영적인 믿음이 있으면 사람으로서는 도저히 불가능한 일이라도 믿음으로 기도하여 응답을 받을 수 있는 것입니다.

그런데 이러한 영적인 믿음은 사람이 스스로 가질 수 있는 것이 아닙니다. 로마서 12:3을 보면 "마땅히 생각할 그 이상의 생각을 품지 말고 오직 하나님께서 각 사람에게 나눠 주신 믿음의 분량대로 지혜롭게 생각하라” 말씀한 대로 영적인 믿음은 각 사람에게 하나님께서 나눠 주신 분량만큼 가질 수 있는 것입니다.

만약 사람이 마음대로 영적인 믿음을 가질 수 있다면 세상에는 많은 문제가 생길 것입니다. 예를 들어, 이웃을 심히 미워하는 어떤 사람이 “저 미운 사람이 교통사고를 당하게 해 주소서”라고 기도했는데, 이런 사람들도 스스로 응답받을 믿음을 가질 수 있다면, 세상은 엉망이 될 것입니다. 그러므로 공의로우신 하나님께서는 응답받기에 합당한 자격을 갖춘 사람에게만 응답받을 수 있는 믿음을 주시는 것입니다.

마가복음 9:22에 보면 벙어리 귀신 들린 아들을 둔 아비가 예수님께 나와 고쳐 주시기를 간청합니다. “귀신이 저를 죽이려고 불과 물에 자주 던졌나이다. 그러나 무엇을 하실 수 있거든 우리를 불쌍히 여기사 도와주옵소서” 했습니다. 여기서 ‘하실 수 있거든 도와주소서’ 하는 말은 믿음의 고백이 아닌 요행을 바라는 마음입니다. 이에 예수님께서는 “할 수 있거든이 무슨 말이냐 믿는 자에게는 능치 못할 일이 없느니라.” 깨우쳐 주셨고 “곧 그 아이의 아비가 소리를 질러 가로되 내가 믿나이다. 나의 믿음 없는 것을 도와주소서” 했습니다. 여기서 “내가 믿나이다” 한 것은 놀라운 권능의 역사를 베푸시는 예수님의 소문을 들어서 지식적으로는 안다는 육적인 믿음의 고백입니다.

그다음에 “나의 믿음 없는 것을 도와주소서” 한 것은 지식적으로는 들어서 알지만, 막상 자신의 마음에는 아들의 문제를 응답받을 수 있는 영적인 믿음이 없음을 깨달았기에, 응답받기 위한 영적인 믿음을 달라고 구하는 것입니다. 이처럼 겸비한 자세로 진실하게 간구하는 모습을 보시고 예수님께서 명하시니, 귀신이 떠나고 아이는 온전하게 되었습니다. 아이의 아비는 처음에는 지식적인 믿음을 가졌지만 간절하게 구하여 영적인 믿음을 갖게 되었고 이를 통해 아들이 온전케 되는 하나님의 역사를 체험한 것입니다.

넷째, 영적인 믿음을 소유하려면 어떻게 해야 할까요?

1) 영적인 믿음을 갖지 못하게 방해하는 모든 생각과 이론을 깨뜨려야 합니다. 그러려면 고린도후서 10:5 말씀대로 "모든 이론을 파하며 하나님 아는 것을 대적하여 높아진 것을 다 파하고 모든 생각을 사로잡아 그리스도에게 복종"시켜야 합니다. 구습과 샤머니즘을 깨뜨려야 합니다. 사람이 태어나서부터 배운 모든 지식과 이론, 사고와 가치관이 다 옳은 것은 아니며, 오직 하나님의 말씀만이 영원불변의 진리입니다. 사람이 자신의 지식과 이론을 옳다고 고집할 때는 자아가 강하여 진리인 하나님의 말씀을 받아들일 수가 없고 영적인 믿음을 가질 수도 없습니다. 세상에서 배운 것들이 하나님의 말씀과 대치될 때는 그러한 것들을 철저히 부인하며 하나님의 말씀만을 온전히 신뢰하고 인정해야 하는데 그러지를 못하므로 영적인 믿음을 갖지 못하는 것입니다.

우리 충만한 교회에서 신앙생활하시는 성도님들은 지식과 이론, 틀과 생각을 깨뜨리는 것이 어떤 사람들보다 수월합니다. 매주 수많은 기사와 표적을 보고 듣고 있으며, 특히 불치, 난치의 온갖 질병과 약한 것들이 하나님의 권능으로 치료받는 간증들은 이루 헤아릴 수도 없을 정도이기 때문입니다. 이렇게 무수한 하나님의 역사를 체험하니, 아무리 지식이 많다 해도 자신의 이론과 생각을 하나님의 말씀보다 앞세울 수가 없는 것입니다. 그래서 체험해야 살아계신 하나님의 말씀을 믿고 믿음이 자라는 것입니다. 그래서 기독교는 체험의 신앙입니다. 로마서 8:7에 "육신의 생각은 하나님과 원수가 되나니 이는 하나님의 법에 굴복지 아니할 뿐 아니라 할 수도 없음이라" 했습니다. 오늘날 충만한 교회에 하나님께서 보여 주시는 역사들을 통해서 하나님의 살아계심을 알고 하나님의 말씀을 믿지 못하게 하는 모든 생각과 이론을 벗어 버리고 하나님의 말씀이라면 오직 아멘으로 받을 수 있으시기를 바랍니다.

2) 하나님의 말씀을 열심히 듣고 배워서 그대로 행해야 합니다. 말씀을 교회에서 뿐만 아니라 세상의 삶에서 적용해야 합니다. 많은 성도들이 교회 안에서는 말씀대로 사는데 교회밖에 나가면 불신자로 사는 경우가 많습니다. 말씀을 삶에 적용하지 않는 다는 것입니다. 그러니 오만가지 문제가 발생하는 것입니다. 말씀 안에서 세상을 살아갈 때 하나님의 보호가 있다는 것을 믿어야 합니다. 로마서 10:17에 "믿음은 들음에서 나며 들음은 그리스도의 말씀으로 말미암았느니라." 했습니다. 먼저는 하나님의 말씀을 열심히 듣고 배워서 진리로 마음을 채워 나가야 하는 것입니다. 마음을 진리로 채워 나가면 진리와 반대되는 비 진리는 빠져나가게

되고 깨끗한 마음을 이루게 되며, 깨끗한 마음을 이루는 만큼 하나님께서는 더 큰 영적인 믿음을 주시는 것입니다.

　요한일서 3:21-22에 "사랑하는 자들아 만일 우리 마음이 우리를 책망할 것이 없으면 하나님 앞에서 담대함을 얻고 무엇이든지 구하는 바를 그에게 받나니 이는 우리가 그의 계명들을 지키고 그 앞에서 기뻐하시는 것을 행함이라" 했고, 이외에도 성경 곳곳에 이러한 약속들을 무수히 해 놓으셨습니다. 하나님께서는 반드시 약속을 지키시는 분이므로 마음을 진리로 채워 나가며 말씀대로 살아가는 자녀들에게는 믿어지는 영적인 믿음을 주시고 그 믿음으로 구할 때 반드시 응답해 주십니다. 마음 밭이 아주 좋은 사람이라면 말씀을 듣고 배우는 대로 마음에 믿어지므로 영적인 믿음이 쑥쑥 자라납니다. 그러나 대부분의 경우는 말씀을 들을 때 처음에는 지식적인 믿음으로 담아두게 되고, 점차 이것을 영적인 믿음으로 바꿔나가야 합니다. 듣고 배워서 지식으로 담아 놓은 하나님의 말씀이 마음 안에 성령으로 발원한 믿음이 채워지기 위해서는 하나님의 말씀에 그대로 순종하는 행함이 반드시 있어야 합니다.

　예를 든다면 피아노를 잘 치려면 악보를 달달 암기했다고 해서 되는 것이 아니라, 직접 피아노 앞에 앉아서 열심히 연습을 해야 합니다. 마찬가지로 아무리 하나님의 말씀을 많이 읽고 듣는다 해도 정작 그 말씀대로 행치 않으면 아무 소용이 없다는 것입니다. 성령의 인도따라 말씀대로 행할 때 하나님의 말씀이 살아 운동력 있게 역사되어 응답과 축복의 아름다운 열매로 나옵니다.

그러므로 하나님의 말씀을 들었으면 일단 지식으로 담되 이것을 순종함으로, 행함으로 나타내야 합니다. 그래서 체험해야 합니다. "미워하지 말라, 판단 정죄하지 말라, 시기 질투하지 말라, 도적질하지 말라, 간음하지 말라, 거짓말하지 말라" 하셨으니 이런 행동을 하지 말아야 합니다. 반대로 "기도하라, 사랑하라, 전도하라" 등 하라 하신 말씀대로 행해 나갑니다.

또 "안식일(주일)을 지키라, 십일조를 드리라, 계명을 지키라" 등 지키라 하신 말씀대로 지켜 나가며 "죄를 피 흘리기까지 싸워 버리라, 악은 모양이라도 버리라" 등 버리라 하신 것은 버리면 되는 것입니다. 이처럼 '하지 말라' 하신 것은 하지 않고, '하라' 하신 것은 하며 '지키라' 하신 것은 지키고. '버리라' 하신 것은 열심히 버려 나가면 지식적인 믿음이 성령으로 발원한 믿음, 행동하는 믿음으로 바뀌는 것입니다. 우리가 열심히 하나님의 말씀에 순종하여 그대로 행하면 그 행함을 보시고 하나님께서 위로부터 성령으로 발원한 믿음을 주시는 것입니다. 이러한 믿음을 가지면 믿음대로 범사가 잘 되고 형통한 복을 받아 누리게 됩니다.

물론 말씀대로 순종하려고 해도 즉시로 순종하지 못하는 경우도 있습니다. 하나님 말씀에 사랑하라 하셨으니 말씀대로 사랑하려고 하는데 마음에서는 미움이 버려지지 않고 혈기를 버리려고 하는데 자꾸 혈기가 나기도 합니다. 그럴 때는 불같이 성령으로 기도해서 혈기를 몰아내고 순종할 수 있는 능력을 받아야 합니다. 기도해도 안 되면 전문치유나 금식이라도 해서 반드시 성령의 능력을 받아야 합니다. 이렇게 중심으로 하나님의 은혜와 능력을 구하면 하나님께서는 반드시 순종할 수 있는 능력을 주십니다. 그래서 말씀대로 순종하여 행해 나갈 때라야 성령으로 발원한 믿음을 소유할 수가 있습니다. 이렇게 행함으로써 성령으로 발원한 믿음을 갖게 되면, 하나님의 말씀에 약속하신 대로 축복이 임합니다. "영혼이 잘됨같이 범사가 잘되고 강건하며" 마음의 소원에도 응답받게 되지요. 이런 축복의 체험들을 하게 되면 이후로는 점점 더 큰 것도 순종할 수 있고, 그로 인해 더 큰 믿음을 갖게 됩니다.

로마서 1:17에 보면 "복음에는 하나님의 의가 나타나서 믿음으로 믿음에 이르게 하나니 기록된 바 오직 의인은 믿음으로 말미암아 살리라 함과 같으니라" 했습니다. "믿음으로 믿음에 이른다" 하신 말씀처럼, 들은 대로 순종하여 행할 때라야 지식적인 믿음에서 성령으로 발원한 믿음에 이르게 되며, 작은 믿음에서 더 큰 믿음에 이르게 되는 것입니다.

하나님의 말씀도 마찬가지입니다. 성경 말씀을 들었을 때, 겨자씨만한 믿음으로라도 일단 순종하여 행해 보면 순종한 대로 믿음의 체험을 하게 되고, 그 체험을 통해 영적인 믿음을 얻게 되는 것입니다. 그래서 위로부터 성령으로 발원한 믿음이 주어지는 만큼 다음번에는 더 쉽게 말씀대로 행할 수 있게 되는 것입니다. 차츰 믿음이 장성하여 온전한 분량에 이르면, 하나님께서 아무리 불가능한 일을 명하신다 해도 온전히 순종하여 행할 수 있습니다.

예를 들어, 아브라함은 백세에 얻은 독자 이삭을 번제로 드리라는 하나님의 명령에도 그대로 순종할 수 있었지요. 아브라함은 하나님의 전지전능하심을 확신했으며, 이삭을 번제로 드릴지라도 하나님께서 다시 살려주실 것을 믿었기 때문입니다. 이렇게 불가능한 일까지도 믿음으로 순종했을 때, 그는 '믿음의 조상'이요, '하나님의 벗'이라고까지 칭함 받는 축복을 받을 수 있었습니다. 우리들도 아브라함과 같이 들으시는 말씀마다 믿음으로 순종하여 행함으로 믿음의 증거를 보이시기 바랍니다. 그래서 하나님의 마음을 기쁘시게 하고 점점 더 큰 믿음의 분량을 소유하여, 매순간 전지전능하신 하나님의 능력을 체험하시기를 바랍니다. 말씀을 듣고 행함이 있어야 체험할 수 있습니다. 하나님의 말씀을 지켜 행함으로 마음을 진리로 채워 나가면, 그만큼 더 큰 성령으로 발원한 믿음이 주어집니다. 결국 각 사람의 믿음의 분량은 마음이 얼마나 진리로 채워졌는지에 따라 결정되는 것이지요. 그리고 믿음의 분량이 큰 사람은 믿음의 분량이 작은 사람보다 더 신속히 응답의 역사가 나타납니다. 같은 시간 기도를 한다 해도 기도의 향이 더 굵고 아름다운 향으로 하나님께 상달되기 때문입니다.

그런데 우리가 큰 믿음의 분량을 가져야 하는 더 중요한 이유는 장차 천국 중에서도 얼마나 더 아름다운 천국에 들어가서 얼마나 더 큰 영광중에 살 수 있는지, 그 척도가 되는 것이 바로 믿음의 분량이기 때문입니다. 그러므로 더욱 크고 온전한 성령으로 발원한 믿음을 소유하여 이 땅에서도 구하는 것마다 응답받으며 장차 천국에서도 가장 영광스러운 처소에 들어가시기를 바랍니다.

16장 믿음으로 세상을 살아가는 법

(히 11:1-3)"믿음은 바라는 것들의 실상이요 보이지 않는 것들의 증거니, 선진들이 이로써 증거를 얻었느니라. 믿음으로 모든 세계가 하나님의 말씀으로 지어진 줄을 우리가 아나니 보이는 것은 나타난 것으로 말미암아 된 것이 아니니라"

하나님은 성령으로 발원한 믿음으로 살아가는 성도에게 복을 주시고 사용하여 주십니다. 우리는 항상 믿음으로 살아라. 믿음으로 살아라. 오직 믿음만 가지고 살아가라는 교훈을 받습니다. 그러나 막상 믿음으로 살려고 하면 어떻게 해야 믿음으로 사는지 막연할 때가 많습니다. 그래서 이 성경 말씀은 바울선생이 믿음에 대한 법칙을 분명하게 우리에게 보여 주고 있습니다.

첫째, 믿음은 바람이 있어야 한다는 것입니다. 믿음은 바라는 것들의 실상이라고 해서 마음에 간절한 소원이 있어야 된다는 것입니다. 아무런 소원이 없는 사람은 믿음을 가질 수가 없습니다. 하나님을 찾는 소원도 있어야 되고 예수님을 만나고 싶은 소원도 있어야 되고 성령 충만하고 싶은 간절한 간구가 있어야 믿음이 생겨나지 소원이 없는데 믿음이 생겨날 이유가 없는 것입니다. 목이 마른 사람 위해서 우물을 파는 것이고 배고픈 사람을 위해서 밥을 짓듯이 믿음이 있어야 되겠다고 간절히 소원하는 사람에게 믿음이 생겨나는 것입니다. 빌립보서 2장 13절에 "너희 안에서 행하시는 이는 하나님이시니 자기의 기쁘신 뜻을 위하여 너희에게 소원을 두고 행하게 하시나니" 하나님은 우리에게 먼저 소원을 주시고 그를 통하여 믿음이 생겨나게 하시고 역사하시는 것입니다.

시편 37편 4절에 "여호와를 기뻐하라 그가 네 마음의 소원을 네게 이루어 주시리로다" 마음에 소원이 있을 때 하나님이 우리 마음을 살펴보아 주시는 것입니다. 우리가 성경에 보면 하나의 기도를 볼 수 있는 것입니다. 엘가나가 두 아내를 거느리고 있었는데 하나는 본처 아내이고, 둘째는 브린나였습니다.

그런데 하나는 아들을 낳지 못하고 브린나는 아들을 쑥쑥 낳으니까 브린나가 한나를 조롱하고 시기하고 못살게 굴어서 한나가 죽을 지경이었습니다. 매년마다 성전에 가서 하나님을 뵈옵고 제사를 드리는데 한나는 울고 먹지도 아니하고 성전에 가서 부르짖어 기도한 것입니다. 너무나 절박한 간절한 소원의 기도에 한나는 성령의 인도로 깊은 경지에 이르렀습니다.

사무엘상 1장 10절로 11절에 "한나가 마음이 괴로워서 하나님께 기도하고 통곡하며 서원하여 이르되 만군의 여호와여 만일 주의 여종의 고통을 돌보시고 나를 기억하사 주의 여종을 잊지 아니하시고 주의 여종에게 아들을 주시면 내가 그의 평생에 그를 하나님께 드리고 삭도를 그의 머리에 대지 아니하겠나이다" 얼마나 소원했기에 마음에 고통을 가지고 눈물을 펑펑 쏟으면서 성전에서 하나님께 부르짖어 기도했습니다. 그때 문 곁에 앉아있던 엘리 제사장은 한나가 술이 취한 줄 알았습니다. 기도를 하는데 얼굴에 혈색이 변하고 나중에는 고함쳐 기도하던 기도도 그치고 입술만 들썩들썩 했습니다. 사무엘상 1장 13절에 "한나가 속으로 말하매 입술만 움직이고 음성은 들리지 아니하므로 엘리는 그가 취한 줄로 생각한지라" "엘리가 대답하여 이르되 어찌하여 네가 술이 취해서 하나님 성전에 와서 부르짖느뇨. 술을 끊어라!" 그러니까 한나가 말하기를 "나는 마음이 슬픈 여자라. 포도주나 독주를 마신 것이 아니요, 하나님 앞에 내 심정을 토한 것입니다." 하나님 성령께서 엘리 제사장을 통해서 말씀해 주셨습니다. "평안히 가라 이스라엘의 하나님이 네가 기도하여 구한 것을 허락하시기를 원하노라" 그 말에 평안이 왔습니다.

하나님이 기도를 응답하시는 증거는 마음에 평안입니다. 아무리 기도해도 마음이 착잡하고 불안하고 잡히지 않으면 기도가 응답받은 것이 아닙니다. 파도가 이는 바다가 잠잠해지고 고요해지는 것처럼, 마음에 염려, 근심, 불안, 초조, 절망이 요동치고 파도치다가 조용해지면 기도가 응답받은 것입니다. 그러므로 우리가 하나님이 응답할 때까지 기도해야 된다는 것은 마음에 평안이 오고 환경에 보증의 역사가 올 때 까지 기도하라는 것입니다. 하나님이 오케이 하시면 마음에 평안이 옵니다. 그러나 아무리 고함을 치고 부르짖어도 마음에 평안이 점령하지 못하면 아직 응답이 오지 아니한 것입니다.

그러므로 한나는 부르짖어 기도했는데 엘리 제사장이 "일어나 가라! 네 소원을 이루어 주리라!" 는데 마음에 놀라운 평안이 왔기 때문에 눈물을 닦고 슬픔을 그치고 집으로 돌아간 것입니다. 그래서 그는 1년 만에 잉태해서 낳은 아들이 바로 사무엘인 것입니다. 하나님께서는 기적을 베푸신 것입니다. 믿음은 바람이 있어야 합니다. 한나가 간절히 소원하며 깊은 경지에 이르러 기도할 때 엘리 제사장은 그녀가 술이 취한 줄로 오해할 정도였습니다.

둘째, 믿음이라는 것은 바람 다음에 꿈이 있어야 되는 것입니다. 막연한 소원은 백일몽이나 망상이 되지만 확실하고도 구체적인 소원은 꿈이 되는 것입니다. 그냥 막연하게 자리에 엎드려서 발꼬아 놓고 팔로써 머리 베게하고 난 다음에 "아~ 나도 고랫등 같은 집에 살았으면 좋겠다. 나도 큰 부자가 되었으면 좋겠다. 나도 양귀비 같은 아름다운 여인을 데리고 살았으면 좋겠다." 그것은 백일몽입니다. 그런 꿈은 이루어지지 않는 것입니다. 이 믿음을 가져오는 꿈이라는 것은 확실한 목표를 가지고 분명한 꿈을 꾸는 것을 말하는 것입니다. 성령께서 감동하신 꿈을 품어야 합니다. 하나님을 영화롭게 하는 꿈을 꾸어야 합니다. 꿈은 구체적이 되어야 하는 것입니다. 성경에는 꿈이 없는 백성은 망한다고 했는데 백성만 아니라 개인도 꿈이 없으면 망하는 것입니다. 확실한 꿈을 마음속에 품고서 기도해야지 꿈이 없이는 아무것도 이루어지지 않는 것입니다. 어린 아기를 가져야 아기 낳고 기를 수 있는 준비를 할 수 있지, 아기도 안 가졌는데 아기 낳을 준비를 하고 아무리 애를 써도 소용이 없는 것입니다.

꿈을 잉태해야 되는 것입니다. 마음속에 꿈이 들어와서 점령해서 자나 깨나 꿈을 바라보고 꿈이 마음을 점령해야 믿음의 역사가 일어나는 것입니다. 그냥 소원만 있는 것이 아니라 소원이 구체화되어서 꿈이 이루어져야 되는 것입니다. 그러므로 구체적으로 꿈을 그려보아야 되는 것입니다. 남편이 교회 나오기를 원하면 남편이 나와 함께 교회 나와서 회개하고 부르짖는 것을 항상 마음속에 꿈꾸어 보고 그리면서 기도해야 되는 것입니다. 자녀들이 다 예수를 잘 믿게 되기를 원하면 항상 자녀들이 주님 앞에 나와 있는 모습을 그려보고 꿈꿔야 되는 것입니다. 내가 하나님 뜻을 따라 좋은 집으로 이사 가기를 원하면 그 집을 항상 마음속에 꿈꿔 보고 그려 보아야 되는 것입니다. 구체적으로요. 막연한 구름 위에 뜬 꿈 아닙니다. 구체적으로 집을 그려보고 그 장소를 생각해 보고 마음속에 새겨 놓아야 되는 것입니다.

그리고 내용을 적어 보아야 되는 것입니다. 적는다는 것은 굉장히 중요한 것입니다. 안적을 때는 구체적이 되지 않지만 실제로 종이에다가 연필을 가지고 적기 시작하면 굉장히 구체적인 꿈이 되는 것입니다. 한해를 보내고 새해를 맞이하면서 새해를 향한 소원을 마음속에 꿈꿀 때 반드시 종이에 연필로 적으십시오. ① 무엇을 원한다. ② 무엇을 원한다. ③ 무엇을 원한다. 종이에 적어 놓고 그것을 책상이나 경대 앞에 붙여 놓고 늘 보고 읽고 꿈꿔야 되는 것입니다. 적는 것만큼 큰 힘이 있는 것이 없습니다.

　사람들은 그냥 백일몽을 꿀 때가 많습니다. 헛된 일인 것입니다. 꿈은 반드시 구체적이 되어야 되고 마음에 분명히 보아야 되고 종이에 적어서 읽어야 되는 것입니다. 빌립보서 3장 14절에 "푯대를 향하여 그리스도 예수 안에서 하나님이 위에서 부르신 부름의 상을 위하여 달려가노라" 분명한 푯대가 있어야지요. 목표를 분명히 정하고 그것을 마음속에 분명히 그려보고 새기고 종이에다가 연필로 그려보고 적어보아야 되는 것입니다. 그래서 마음속에 확실한 꿈이 이루어지면 그것을 바라보아야 됩니다. 그것을 벽에다 붙여 놓고, 경대 앞에 붙여 놓고, 부엌에 붙여 놓고, 화장실에 붙여 놓고, 내가 자주 보는 곳에 얼굴을 마주치는 곳에 붙여 놓고, 그것을 늘 바라보아야 되는 것입니다. 바라봄의 법칙인 것입니다. 바라보고 기도한다는 것은 아주 중요한 것입니다.

　창세기 13장 14절로 15절에 "아브람에게 이르시되 너는 눈을 들어 너 있는 곳에서 북쪽과 남쪽 그리고 동쪽과 서쪽을 바라보라 보이는 땅을 내가 너와 네 자손에게 주리니 영원히 이르리라" 아브라함에게 가나안 땅을 주실 때도 하나님은 바라봄의 법칙을 사용한 것입니다. "동서남북을 바라보라!" "하나님 그냥 주시면 주시지 바라보기는 뭘 바라보라고 합니까?" 그러나 "아니다. 바라보아야 네가 꿈을 가질 수가 있다." 꿈이란 바라보는 것입니다. 내가 마음에 소원하는 것을 목적을 두고 끊임없이 바라보아야 되는 것입니다. 그렇게 하면 하나님께서 바라보는 것이 이루어지게 만들어 주는 것입니다. 바라보지 않는 사람은 결코 믿음이 생겨나지 않는데 바라보기만 하면 그 다음 믿음이 생겨나는 것입니다. 믿음이란 그냥 믿습니다. '믿습니다.' 한다고 믿음이 생기는 것은 아닙니다. 믿음이란 마음에 뜨거운 소원의 바탕 위에서 마음에 아름다운 확실한 목표와 꿈을 이룰 때 그 꿈을 바라보고 있을 때 믿음이 생겨나는 것입니다.

1903년 미국의 한 형제는 하늘을 날겠다는 꿈을 바라보았었습니다. 그들은 자동차 자전거를 만들고, 고치는 점포를 가지고 있으면서 라이트 삼형제가 항상 그들은 꿈을 꾸었습니다. 하늘을 나는 꿈인 것입니다. 그 당시에는 공기보다 무거운 물체는 하늘로 날지 못한다는 물리학의 정의였습니다. "모든 사람들은 저사람 무식하기 짝이 없다. 공부를 하지 못해서 물리학의 법칙도 모른다. 공기보다 무거운 것은 날지 못한다"고 했습니다. 그러나 라이트 삼형제는 다른 이들의 말에 관심을 두지 않고 하늘을 나는 것에 집중하며 꿈을 꾸고 노력을 했습니다.

그 결과로 그들은 나는 비행틀을 만들었고 그것이 오늘날 보잉 747이 되어서 태평양과 대서양을 수백명을 태우고 날아갔다가 날아오고 있는 것입니다. 꿈을 꾸는 3형제 때문에 그 꿈이 이루어진 것입니다. 구체적인 꿈을 꾸어야 되는 것입니다. 꿈을 꾸지 아니하면 아무 일도 이루어지지 아니하는 것입니다. 우리가 타고 다니는 자동차도 헨리 포드라는 사람이 만든 것인데 그는 학교 수업도 받지 못한 무식한 사람이었습니다. 그러나 항상 그가 바라볼 때

마차를 타고 다니는 사람을 보고 말이 끌지 않고 자기 힘으로 가는 수레를 만들어야 되겠다고 꿈꾸었습니다. 그가 직장에서 돌아오면 집 뒤뜰에서 뚱땅 거리고 망치를 때리고 야단법석을 해서 부인이 항상 걱정을 했습니다. 그러나 포드는 꿈을 꾸었습니다. 자동차…. 자기 스스로 달리는 차를 만들겠다고 애를 쓴 결과에 그 꿈이 이루어져서 오늘날 우리가 타고 다니는 자동차의 원조인 티 포드를 만든 것입니다. 그러므로 자동차는 자동차를 꿈꾸는 사람이 만들었습니다.

오늘날 세계에서 편하게 가지고 있는 모든 것이 옛날에는 없었습니다. 없는 것이 있어진 것은 없는 것을 있는 것같이 소원하고 바라본 사람에 의해서 만들어진 것입니다. 없는 것이 그대로 된 것이 아닙니다. 없는 것을 있는 것같이 바라보고 간절히 소원한 사람에 의해서 만들어진 것입니다. 자신의 미래도 어떻게 만들어집니까? 없는 것을 있는 것같이 뜨겁게 소원하고 바라보는 사람에 의해서 미래가 만들어지는 것입니다.

그냥 가만히 있다고 운명적으로 미래가 만들어지는 것 아닙니다. 사주팔자로 만들어진다는 얼토당토 않는 소리 하지 마십시오. 점쟁이도 사주팔자를 보는데 왜 자신의 팔자는 못 봅니까? 자기 팔자 잘 보면 자기가 잘살지 왜 남의 팔자 보는데 자기는 쪼그려 앉아 있습니까? 그것 다 엉터리 같은데 속지 말아야 되는 것입니다. 우리는 없는 것을 있는 것같이 소원하고 바라보고 꿈꿀 수 있는 사람이 되어야 되는 것입니다.

새해에 무엇을 원하십니까? 금년에 마음속에 바라보고 소원하는 그것이 새해에 이루어지는 것입니다. "믿음은 바라는 것들의 실상이요. 없는 것을 있는 것같이 바라보는 사람에 의해서 기적이 일어난다." 마음을 그냥 비워 놓으면 안 되는 것입니다. 아무것도 그려놓지 않고 비워 놓으면 마음에 황무지가 되지 않습니까? 항상 마음속에 꿈이 가득하고 뜨거운 열정이 있어서 열정으로 기도하고 바라보고 소원하여 이루는 모두가 되시기를 바랍니다.

셋째, 믿음 그 자체는 응답이 아닙니다. '아, 나는 믿었는데 왜 안 이루어지나?' 그런 사람 많습니다. "나는 믿었는데 왜 병이 안 낫느냐. 믿었는데 왜 축복을 못 받느냐. 믿었는데 왜 가족들이 아직 예수께로 나오지 않느냐." 그런 말을 하는 사람이 많습니다. 믿음이란 그 자체가 응답이 아닌 것입니다. 믿음은 바라는 것들의 실상이라는데 실상이란 헬라원어는 '휘포시타시스'로써 그는 '휘포'라는 말과 '히스템'이라는 말이 보태어진 것인데 '휘포'는 밑이고 '히스템'은 받침대라는 것입니다. 믿음은 '받침대'입니다. 물건이나 화분을 얹어 놓는 받침대가 있어야 되지 않습니까? 이 강단은 받침대지 이 강단 자체가 설교가 아니지 않습니까? 강단이 받침대가 되어서 성경을 그 위에 얹어 놓는 것처럼 믿음은 받침대인 것입니다.

하나님의 응답을 받을 준비를 하는 것입니다. 내가 믿음이 있다는 것은 하나님 저 준비되었습니다. 이제 응답을 올려놓아 주시옵소서. 그것인 것입니다. 준비 안 된 사람에게 은혜를 주지 않습니다. 준비 안 된 사람에게 믿음을 주지 않습니다. 믿음은 마음에 믿음이 생겼을 때는 이제 받침대가 이루어졌으니 언제 이루어져도 이루어지는 것입니다. 지금 이루어지든지 한 달 후에 이루어지든지 1년 후에 이루어지든지 이루어지는 것입니다. 아브라함은 75살에 믿었는데 25년 걸려서 100살에 응답이 온 것입니다. 오랜 세월이 걸렸습니다. 요셉은 그가 17살에 하나님의 꿈을 받았으나 그것이 이루어지는데 13년이 걸렸습니다. 모세는 40에 그 꿈을 이루려고 했으나 안 되어서 80살에 그 꿈이 이루어져서 40년 동안 기다렸던 것입니다.

　믿음이란 받침대를 만들어 놓고 포기하면 안 되는 것입니다. 받침대가 오래 응답이 안 된다고 집어 치워 버리면 얹어 놓을 물건이 다 쏟아지는 것입니다. 그래서 받침대를 꼭 준비하고 있어야 되는 것입니다. 나중에 하늘나라 가보십시오. 자신의 박스에 응답이 쌓여 있을 것입니다. "하나님! 왜 땅위에 있을 때 내가 부르짖었는데 응답은 안하고 거기에 이렇게 쌓여 있습니까?" "응답을 가져가니까 네가 받침대를 집어 치워 버렸더라. 얹어 놓을 데가 없어서 도로 가지고 왔다." 믿음이란 받침대인 것입니다. 그래서 받침대를 가져야 되는데 성경에도 보면 시편 81편 10절에 "네 입을 넓게 열라 내가 채우리라" 입을 열어 놓아야 채우지요. 입을 꾹 다물고 있는데 먹으라고 아무리 줘도 못 먹지 않습니까?

　그러므로 입을 열어 놓고 시간은 좀 걸리더라도 기다려야 됩니다. 하나님 앞에서는 입을 열어 놓으라는 것은 간절한 소원을 가지고 바라봄의 법칙으로써 바라보면서 입을 벌리고 믿고 기다리라는 것입니다. 소원을 가지고 바라보면 믿음이 생기고 믿음이 생겼으면 인내로써 기다리라는 것입니다. 굉장히 기다리는 것이 필요한 것입니다. 에베소서 3장 20절에 "우리 가운데서 역사하시는 능력대로 우리가 구하거나 생각하는 모든 것에 더 넘치도록 능히 하실이에게" 라고 먼저 구하고 생각이 있어야 그 다음에 응답이 있지 구하지도 아니하고 바라봄의 법칙을 가지는 생각도 없는 그 사람에게 하나님이 응답하지 않는 것입니다. 그렇기 때문에 우리가 먼저 마음에 준비해야 믿음의 역사가 일어나는 것입니다. 믿었으면 믿음으로 간구해야지요. 이제 믿음이 생겼으면 기다리면서 하나님께 계속해서 믿음으로 구해야 되는 것입니다.

넷째로, 믿음은 보지 못하는 것들의 증거라고 한 것입니다. 믿음은 눈에 보이면 믿겠다고 하면 믿는 사람 아무도 없어요. 믿음이란 눈에 보이지 않는 것을 믿고 증거를 하는 것입니다. 없는 것을 있는 것같이 말하는 것입니다. 사람들은 다 믿어야 보여야 믿는다고 말합니다. 이 세상 사람은 다 보아야 믿지 않습니까? 우리 예수 믿는 사람은 보이지 않는 것을 먼저 믿고 난 다음 그 다음 보이게 되는 것입니다. 보아야 믿는 것이 아니라 믿어서 보게 되는 것입니다. 꿈이나 믿음은 아직 이뤄지지 않는 것입니다. 그러나 하나님은 없는 것을 있는 것처럼 부르십니다.

로마서 4장 17절에 보면 "기록된바 내가 너를 많은 민족의 조상으로 세웠다 하심과 같으니 그가 믿은바 하나님은 죽은 자를 살리시며 없는 것을 있는 것으로 부르시는 이시니라" 죽은 자를 살린다는 것은 하나님이 기적을 행하신다는 것입니다. 하나님은 기적을 행하시는 하나님으로써 없는 것을 있는 것같이 부르시는 하나님이십니다. 없을 때 이미 있는 것처럼 하나님은 말씀하신다는 것입니다. 우리가 늘 입으로 '못한다. 없다. 안 된다' 하면 만사가 다 되지 않는 것입니다. 믿었으면 있는 것처럼 말하라는 것입니다. 이것이 믿음에 마지막 증거인 것입니다. 믿음의 증거가 어디 있느냐. 말을 들어보면 아는 것입니다.

그 사람 말을 들어보면 믿는지 안 믿는지 알 수 있는 것입니다. 아무리 기도하고 난 다음에 일어나서 "나는 안돼요. 모든 것이 절망이에요. 슬퍼요. 괴로워요." 그러면 "나는 믿음이 없습니다. 안 믿습니다." 그 말인 것입니다. 그러나 눈에는 아무 증거 안보이고 귀에는 아무 소리 안 들리고 손에는 잡히는 것 없을지라도 "나는 믿습니다. 나는 됩니다. 할 수 있습니다. 응답과 복을 받았습니다." 그러면 믿음이 있는 사람인 것입니다. 입술의 고백이 그 증거가 되는 것입니다. 꿈이나 믿음은 이미 있는 것처럼 증거 하는 입술의 고백이 필요한 것입니다. 그것이 우리 믿음의 마지막 단계인 것입니다.

로마서 10장 9절로 10절에 "네가 만일 네 입으로 예수를 주로 시인하며 또 하나님께서 그를 죽은 자 가운데서 살리신 것을 네 마음에 믿으면 구원을 받으리라 사람이 마음으로 믿어 의에 이르고 입으로 시인하여 구원에 이르느니라" 아무리 교회 왔다 갔다 해도 "당신 예수 믿습니까?" "뭘요? 아니요~" 그러면 구원 못 받은 것입니다. 첫날 왔더라도 "당신 예수 믿습니까?" "그럼요. 오늘 내가 예수를 구주로 믿었는데요. 예수님은 나의 주인입니다." 구원받은 사람인 것입니다. 교회를 한평생 다녀도 영원한 천국에 못가는 사람 수두룩합니다. 왜냐, 교회 왔다 갔다 하면서 믿는 형태는 가졌지만 온몸으로 믿지 못하고 입으로 시인하지 않습니다.

많은 성도들이 현재 천국을 누리지를 못합니다. 제가 옛날 한창 병원에 전도하러 다닐 때 집중 치료실에 중풍 걸린 권사님이 앉아 있기에 "권사님, 오늘 저녁에 죽으시면 천당 갑니까?" 권사님이 하시는 대답이 "죽어봐야 알지요." 그러면 영원한 천국에 못갑니다. 지금 알고 누려야 영원한 천국을 가는 것이지 죽어봐야 안다고 하면 천국 못 갔기 때문에 죽어봐야 아는 것입니다. 먼저 마음 속에 믿음이 있는 것을 입으로 시인해야 하나님이 역사하는 것이지 입으로 부인해 버리면 모든 것이 끝장이 나고 마는 것입니다.

다섯째, 입으로 시인해야 되는 것입니다. 독일에 가면 고속도로에 속도 제한이 없다고 합니다. 얼마든지 속도 내고 싶은 데로 내라. 죽으면 네 책임이고 정부책임은 아니다. 독일의 아우토반에는 있는 데로 다 달린답니다. 밴츠가 300킬로를 달리게 만들었는데 많은 사람들이 50킬로 밖에 못 달립니다. 겁이 나서… 혹은 100

킬로, 150킬로, 200킬로, 250킬로 정도 달리다가 겁이 나서 움츠려서 더 이상 액셀러레이터를 밟지 못합니다. 그러나 차는 300킬로 달리게 되어 있어요. 그런데 겁이 나서 그보다 못 달리는 것입니다. 하나님이 우리를 만드실 때 300킬로 달리도록 만든 것입니다. 그런데 믿지 않고 입으로 시인하지 아니하므로 50킬로밖에 못 달려요. 혹은 100킬로 밖에 못 달려요. 자기의 능력껏 달리지 못하는 것입니다. 마음으로 믿고 입으로 시인하면 능력의 150%를 달릴 수가 있는 것입니다. 100%에다가 플러스 50%가 더해지는 것입니다.

얼마나 좋은 일입니까? 그러므로 믿고 입으로 시인하는 것 얼마나 중요한지. 우리 인생이 성공하기 위해서는 뜨거운 소원과 꿈과 믿음과 입술의 고백은 반드시 필요한 것입니다. 뜨거운 소원과 꿈과 믿음과 입술의 고백 없이, 수능시험에 잘 응할 수도 없고, 취직 시험에 합격도 안 되고, 장사도 성공할 수 없는 것입니다. 언제나 뜨거운 소원과 목표 있는 꿈을 확실히 가지고, 그리고 기도해서 마음속에 믿음이 생기면 믿음을 입술로 고백하고 나가면 하나님의 기적의 역사가 일어나게 되는 것입니다.

몸으로 소리를 내면 이루어져요. 아메리카 인디언들 사이에서는 어떤 말을 '만 번' 이상 되풀이하면 그 일은 반드시 이루어진다고 믿고 있는 것입니다. 주기도문을 만 번 외우고 난 다음 병이 나은 간증도 있지 않습니까? 주기도문을 만 번 외운다는 것 얼마나 힘듭니까? 그러나 만 번을 외우고 난 다음 불치의 암에서 고침 받은 간증을 제가 들어본 적이 있습니다. 이는 주기도문을 만 번 외워서 병이 치유가 된 것이 아닙니다. 주기도문을 만 번을 외우는 동안 온몸을 성령께서 사로잡아 하늘나라 천국이 되니까, 천국의 역사로 병이 물러간 것입니다. 주기도문을 외우는 동안 자신이 하늘나라가 되니까, 병이 물러간 것입니다.

프랑스의 심리학자인 에밀 쿠에 박사는 반복적인 말의 효과를 통해 '자기혁신' 분야를 크게 발전시켰습니다. 그가 한 일은 환자들에게 "나는 매일 어떤 방식으로든 점점 기분이 좋아 진다. 나는 점점 나아진다." 자꾸 이 말을 하게 한 것입니다. "아이고 나는 점점 약해진다. 점점 늙어진다. 점점 죽어간다." 그러지 말고 "나는 점점 좋아진다. 점점 나아진다. 점점 건강해진다." 그렇게 말을 반복하게 시킨즉 단순한 방법으로 각종 질병을 치료하고 자기혁신을 이루는데 놀라운 효과를 거둔 것입니다.

충만한 교회에서는 매주 토요일 09:30-12:00까지 개별 특별집중 기적치유 시간을 갖고 있습니다. 한번에 4-6명밖에 할 수 없으므로 1주일 전에 전화로 확인을 하시고 예약을 해야 합니다.

*대상은 이렇습니다. 불치병, 귀신역사를 빨리 치유 받을 분/ 목과 허리디스크, 허리어깨통증, 근육통, 온몸이 아프고 무거움에서 치유해방 받고 싶은 분/ 자녀나 본인의 우울증, 공황장애, 조울증, 불면증을 빨리 치유 받을 분/ 가슴이 답답하고 기도하기가 힘이 드는 분/ 성령의 불세례를 체험하고 싶은 분/ 최단기간에 현실문제 해결과 성령치유 능력 받고 싶은 분입니다.

17장 보이지 않는 것을 밝게 보는 믿음

(고후 4:18)"우리가 주목하는 것은 보이는 것이 아니요 보이지 않는 것이니 보이는 것은 잠깐이요 보이지 않는 것은 영원함이라."

　믿음이란 눈앞에 있는 상황을 보는 것이 아니라 하나님의 말씀하심을 믿고 따르는 것입니다. 믿음은 때로는 눈에 보이는 현실에서는 모순된 모습으로 보여 지기도 합니다. 우리는 이때 눈에 보이는 상황으로 결정을 하며 판단의 오류를 경험하게 되지요. 보이는 현실과 보이지 않는 하나님의 음성(약속) 사이에서, 하나님의 선하심을 바라보는 것이 너무나 중요한 것입니다. 그것을 알고 나에게 말씀하신 하나님을 신뢰하며 나아갈 때 우리는 그 약속을 받는 자들이 되기 때문입니다. 보이는 현실 속에서 믿음은 때로는 두렵고 불가능하게 보여 지기도 합니다. 그러나 보이지는 않지만 그 모든 현상과 보이는 이면의 진짜 의미를 담고 계신 존재이며 사실이신 하나님의 음성을 들을 수 있어야 합니다. 보이는 현실을 넘어 보이지 않는 초월적인 사실이 하나님의 말씀(약속)에 있음을 아는 것이며 아는 것을 따르는 행함이 바로 믿음인 것입니다.

　하나님은 보이지 않지만 분명하게 살아서 5차원으로 역사하십니다. 하나님은 보이지 않는 하나님께서 살아계신 다는 것을 믿고 행하는 성도를 사랑하십니다. 하나님은 예수를 믿는 우리가 보이는 감각으로 살지 말고, 보이지 않는 하나님의 말씀을 믿는 믿음으로 살아가라고 말씀하십니다. 예수를 믿기 전에 세상에 살 동안에 영적으로 죽었기 때문에 모든 것을 인간적으로 생각하고, 인간적으로 느끼고, 감각적으로 살았습니다만, 예수님을 믿고 난 다음에 우리는 애굽의 세상인 홍해수를 건넜기 때문에 이제는 영이신 하나님과 더불어 살고 하나님의 말씀을 믿음으로 사는 세계에 들어온 것입니다. 나의 의인은 믿음으로 말미암아 살리라고 말씀한 것입니다. 믿음이 없으면 하나님을 기쁘시게 할 수가 없습니다.

첫째, 육의 사람이 사는 방식은 이렇습니다. 그런데 이 세상사람 육에 속한 사람이 사는 방식은 일반상식에 감각으로 느낄 수 있는 것은 있고, 감각으로 느낄 수 없는 것은 없다고 생각하는 것입니다. 눈으로 봐야 알고, 귀로 들어야 인정을 하고, 냄새 맡고 맛봐야 인정을 하고, 접촉하여 느껴야만 하는 것입니다. 고린도 전서 2장 14절에 "육에 속한 사람은 하나님의 성령의 일들을 받지 아니하나니 이는 그것들이 그에게는 어리석게 보임이요, 또 그는 그것들을 알 수도 없나니 그러한 일은 영적으로 분별되기 때문이라" 육에 속한 사람은 모든 것이 합리적이 되어야 믿는 것입니다. 그래서 자신의 능력의 한계를 초월하는 기적을 체험하지 못하는 것입니다. 영적인 세계를 육신으로는 깨달아 알 수 없는 것입니다. 바로 사람의 입이 볼 수 없는 것처럼, 귀가 말할 수 없는 것처럼, 입이 들을 수 없는 것처럼, 육의 눈을 가지고는 영의 세계를 볼 수도 알 수도 없습니다.

영의 세계는 성령으로 거듭난 영으로만 알 수 있는 것입니다. 영의 세계는 오직 성령으로 말미암아 믿음을 통해서 알 수 있는 것입니다. 그렇기 때문에 우리가 예수를 믿고 하나님 안에 들어왔다는 것은 영으로 살고 믿음으로 살아야 되는 것입니다. 영의 사람은 보이지 않는 것을 보는 것같이 믿는 사람입니다. 예수를 믿는 영의 사람답게 영의 눈으로 세상을 살아가시기를 바랍니다.

둘째, 영의 사람이 사는 방식은 어떻습니까? 육의 사람은 없는 것은 없는 것이고, 있는 것이 있는 것이지만, 영의 사람은 없는 것을 있는 것같이 믿고 사는 생활인 것입니다. 영적인 것 즉, 하나님의 말씀, 성령님의 역사, 천국, 지옥 등은 모두다 감각으로는 체험할 수 없습니다. 육신의 사람에게 하나님이 있느냐고 물어 보십시오. 없다고 말하지요. 육신의 사람에게 하나님의 말씀을 믿느냐고 말하면 모른다고 말할 것입니다. 성령님의 역사가 있느냐. 모르겠다. 천국과 지옥이 있는 것을 아느냐. 모른다고 말합니다. 보이지도 않고, 들리지도 않고, 만질 수 없고, 맛볼 수 없는 것을 어떻게 있다고 하느냐. 그러나 우리, 예수를 믿는 성도들은 눈에 보이는 것, 들리는 것, 맛보는 것, 만지는 것을 믿는 것이 아니라, 성령으로 눈에 보이지 않는 영의 세계를 믿음으로 믿는 것입니다. 우리는 이 영적 세계를 우리 눈에 보이지 않는 마음의 생각 속에 가지고 있는 것입니다. 우리는 마음속에 있는 생각을 통해서 영적 세계를 깨닫고, 보고, 알고 살아가고 있는 것입니다.

　잠언서 4장 23절에 "모든 지킬 만한 것 중에 더욱 네 마음을 지키라 생명의 근원이 이에서 난다"고 한 것입니다. 실상은 마음에서 모든 생명의 근원이 나오는데 세상 사람들은 마음을 보지 못하므로 환경을 바라보고 사는 것입니다. 환경을 변화시키는 근본이 마음에 있는 것입니다. 마음이 성령으로 충만하냐 세상으로 충만하냐에 따라서 믿음의 분량이 결정됩니다. 에베소서 3장 20절에 "우리 가운데서 역사하시는 능력대로 우리가 구하는 것이나 생각하는 모든 것에 더 넘치도록 능히 하실 이라"고 해서 하나님은 우리의 생각을 통해서 역사 하시는 것입니다. 우리 생각을 통해서 하나님을 뵙고 하나님은 우리 생각을 통해서 나타나시는 것인데 우리 생각은 눈에 보이지 않습니다. 보이지 않는다고 없나요? 보이지 않지만 분명히 우리 속에 생명이 있는 것입니다. 하나님께서는 우리의 생각을 통해서 우리에게 나타나시는 것입니다.

　하나님은 또한 우리 마음의 꿈속에서 나타나는 것입니다. 마음으로 꿈꾸어 봅니다. 하나님 아버지, 그런데 하나님 아버지가 보입니까? 하나님 아버지의 음성을 들어 본 적이 있습니까? 하나님의 옷자락을 만져 본 적이 있습니까? 하나님 냄새 맡아 본 적이 있습니까? 없습니다. 그럼에도 불구하고 우리가 하나님 아버지라고 말할 때, 마음속에 하나님 아버지를 꿈꿔보는 것입니다. 하나님 아들 예수님을 꿈꿔보고 성령님이 마음에 같이 계신 것을 꿈꿔 보는 것입니다. 없는 것을 있는 것같이 꿈꾸고 바라보는 것입니다.

시편 81편 10절에 "네 입을 크게 열라 내가 채우리라" 하였는데 우리가 입을 넓게 연다는 것은 마음의 꿈을 넓게 연다는 것입니다. 마음을 크게 가지라는 것입니다. 그래서 하나님을 마음속에 모시고 하나님의 은혜를 받아드릴 수 있다는 것입니다. 우리는 또한 우리의 마음의 믿음 속에서 하나님과 교제하는 것입니다. 히브리서 11장 1절은 "믿음은 바라는 것들의 실상이요 보이지 않는 것들의 증거라고" 한 것입니다. 바라고 보이지 않는 것을 우리는 믿음으로 있는 것처럼 인정하는 것입니다. 믿음으로 하나님을 바라보고, 예수님 은혜를 받아들이고, 믿음으로 성령과 교제하는 것입니다.

이 자리에 하나님이 계신 것 안 보입니다. 예수님이 은혜 베푸신 것 안보입니다. 성령께서 우리와 함께 계신 것을 느낄 수 없습니다. 어떻게 압니까? 우리가 성령으로 충만한 믿음으로 하나님이 같이 계시고, 예수님이 십자가의 은혜를 주시고, 성령께서 우리와 함께 계신 것을 알고 있는 것입니다. 성령께서는 보이지 않은 것을 보는 믿음을 보시고 역사하시는 것입니다. 그러므로 우리는 눈에 안 보이는 생각을 통해서 꿈을 통해서 믿음을 통해서 하나님과 교제하는 것입니다.

고린도전서 2장 9절 "기록된바 하나님이 자기를 사랑하는 자들을 위하여 예비하신 모든 것은 눈으로 보지 못하고 귀로도 듣지 못하고 사람의 마음으로 생각하지도 못하였다 함과 같으니라"고 한 것입니다. 하나님이 예비한 것은 눈으로 안보이고 귀로 들리지 않고, 인간의 감각으로 깨달을 수 없는 것이기 때문에 오직 생각

속에서 꿈속에서 믿음으로 우리 하나님이 예비한 것을 우리가 받아들이게 되는 것입니다.

그리고 우리의 말 속에 하나님의 역사가 있는 것입니다. 하나님의 역사가 어디 있느냐. 우리가 매일같이 고백하는 입술로 고백하는 말속에 하나님도 역사 하시고, 안 보이는 마귀도 우리의 말을 통해서 나타나는 것입니다. 잠언서 18장 21절에 "죽고 사는 것이 혀의 힘에 달렸나니 혀를 쓰기 좋아하는 자는 혀의 열매를 먹으리라" 우리가 살리는 생명의 말을 하면 하나님이 그 말을 통하여 역사하시고 사망의 패배적인 말을 하면 마귀가 그 말을 통해서 역사하는 것입니다. 눈에 안 보이는 하나님도 말씀을 통해서 역사하고, 눈에 안 보이는 마귀도 우리 입에서 나오는 말을 통해서 우리에게 역사하는 것입니다. 마귀는 말을 통해서 도적질하고 죽이고 멸망시키지만은 하나님은 우리의 신앙고백을 통해서 생명을 얻되 더 풍성하게 얻는 역사를 베풀어 주시는 것입니다.

마가복음 11장 23절에도 보면 "내가 진실로 너희에게 이르노니 누구든지 이 산더러 들리어 바다에 던지라 하며 그 말하는 것이 이루어질 줄 믿고 마음에 의심하지 아니하면 그대로 되리라" 말이 얼마나 중요합니까? 말을 통해서 이 산들에 명하여 저 바다에 던지라. 믿으면 그대로 된다고 한 것입니다.

그러므로 우리 하나님의 역사는 우리의 생각을 통해서 꿈을 통해서 우리의 믿음을 통해서 말을 통해서 역사하는 것입니다. 생각도 안보입니다. 꿈도 눈에 안보입니다. 믿음도 눈에 안보입니다.

말도 눈에 안 보이는 것입니다. 그러나 안 보이는 세계 속에 계신 하나님이 우리의 믿음을 통해서 나타나고 역사 한다는 것을 알아야 되는 것입니다. 하나님을 눈으로 보려고 하면 안 됩니다. 하나님을 손으로 만지려고 하면 안 됩니다. 하나님 만져보려고 해도 안 되고, 하나님 냄새를 맡아 보려고 해도 안 되는 것입니다.

감각으로는 영의 세계를 알 수가 없는 것입니다. 감각에 의지하면 불신자가 되고 낭패를 당하게 되는 것입니다. 우리는 항상 우리 마음의 생각을 통해서 마음의 꿈을 통해서 마음의 믿음을 통해서 마음에서 나오는 입술의 고백을 통해서 하나님과 교제하고 하나님과 더불어 사는 연습을 해야 되는 것입니다.

영적인 삶을 우리 마음속에 받아들이면 인간으로써 불가능한 현실이 이뤄지는 것입니다. 현실적인 세계는 3차원의 세계입니다. 영적인 세계는 4차원 이상의 세계입니다. 5차원의 세계가 생각을 통해서 꿈을 통해서 믿음을 통해서 말씀의 선언을 통해서 나타나면 4차원의 세계인 마귀가 떠납니다. 마귀가 떠나니 3차원인 환경이 변화되는 것입니다.

미국 중서부 지방의 어느 작은 농촌 마을에서 일어난 이야기입니다. 어느 해 오랫동안 가뭄이 계속되어 농작물이 타들어가고 논바닥이 갈라지는 등 문제가 심각했습니다. 사람들은 걱정하며 기도하기 시작했고 지역 교회마다 모여서 비가 오기 위해서 간절히 기도했습니다. 어느 교회에서 철야하면서 그날 비오기를 기도하기 위해서 사람들이 모였는데 오직 앞자리에 어린 소녀 한 사람이 빨간 우산을 가지고 나왔습니다. 그래서 목사님이 물었습니다. "왜 너는 기도회에 나오는데 빨간 우산을 가지고 나왔느냐?" 그러자 어린 소녀가 이렇게 대답을 했습니다. "집에 돌아갈 때 비가 오기 때문에 우산 쓰고 가야 되지 않습니까?" "비가 올지 안 올지 누가 아느냐?" "아니 비오기 위해서 기도회로 모였다면서요. 우산도 안가지고 나오면 거짓말 아닙니까? 비가 올 것이기 때문에 나는 우산을 가지고 나왔습니다." 이게 믿음인 것입니다.

비오기 위해서 기도하면서 "우산 준비하지 아니하고 우의도 입지 아니하고 오는 것은 와도 좋고, 안와도 좋다. 올 똥 말똥 하여라. 비가 오려면 오고 오지 않으려면 오지 말아라." 그러한 마음을 가졌기 때문에 그런 것입니다. 이 어린 소녀같이 확실히 "비가 온다. 그러므로 우산을 준비하고 가자. 기도회 마치고 올 때는 우산을 쓰고 올 것이다." 그러한 믿음이 참된 믿음인 것입니다. 우리는 이 세상에 살면서 언제나 없는 것을 있는 것같이 생각하고, 없는 것을 있는 것같이 보고, 없는 것을 있는 것 같이 믿고, 없는 것을 있는 것같이 말하는 신앙을 훈련해야 되는 것입니다. 있는 것만 보고, 있는 것만 듣고, 있는 것만 냄새 맡고, 있는 것만 말하고, 있는 것만 만져보면 육신에 속한 사람인 것입니다.

영에 속한 사람은 있는 것 이상의 세계를 바라보는 것입니다. 4차원 이상의 세계 영적 세계는 생각으로 보고 믿음으로 보고 꿈으로 보고 믿음으로 말하는 것이 바로 4차원 이상의 세계인 것입니다. 5차원의 신앙세계를 사는 믿음의 사람이 오늘날 현실을 지배하고 다스리는 것입니다. 영의 사람답게 5차원의 생각으로 세상을 바라보고 믿음으로 보고 꿈으로 보고 믿음으로 말하는 것이 이루어지는 기적을 날마다 체험하시기를 바랍니다.

셋째, 안 보이는 세계가 보이는 세계를 다스린다는 것입니다.
눈에 안 보이는 세계가 눈에 보이는 세계를 다스린다는 것을 잊지 말아야 되는 것입니다. 세상도 큰 자가 작은 자를 다스리는 것입니다. 영적인 세계는 큰 자이고 육적인 세계를 작은 자인 것입니다. 항상 영적인 세계가 육적인 세계를 다스리기 때문입니다. 이와 같이 우리 육신적인 세계는 영적인 세계에 끌려가는 것입니다. 육신적인 세계는 영적인 세계로 말미암아 변화되는 것입니다. 육신적인 세계의 배후에는 5차원의 하나님이 계시고 4차원의 마귀가 있습니다. 그러므로 자신이 당하는 축복과 고통의 배후에는 하나님이 계시고 마귀가 있습니다.

하나님은 우리에게 생명을 주되 풍성히 주는 역사로 우리를 인도하지만 우리 현실적인 세계 뒤에 있는 마귀는 인간을 도적질하고 죽이고 멸망시키는 처참한 파괴를 감행하는 것입니다. 우리는 항상 우리의 마음속에 부정적인 환경은 부정적인 마음에서 생겨나는 것을 알아야 됩니다. 우리 가정에 부정적인 일, 불행, 사업의 고통, 육신의 질병, 여러 가지 혼란, 괴로움이 현실에 나타나기 전에 먼저 영적으로 마음속에서 부정적인 것이 있었기 때문에 보이는 불행이 나타나는 것입니다. 성경에는 마음에 가득한 것이 입

밖으로 나온다고 말한 것입니다.

생각이 부정적이면 부정적인 일들이 우리 환경에 나타나는 것입니다. "나는 못산다. 나는 안 된다. 나는 할 수 없다."고 생각하기 때문에 못되고 안 되고 불행한 일들이 환경에 나타나는 것입니다. 마음에 꿈이 부정적이면 안 됩니다. 늘 못사는 자기를 바라보고 못사는 자기 자녀들을 바라보고 안 되는 사업을 바라보고 부정적인 꿈을 가지면 파괴적인 일이 환경에 나타나는 것입니다. 믿음이 부정적이면 불안과 공포에 떨게 되는 것입니다. "못살지. 사고가 생기겠지. 절망이야. 죽을 거야. 병들 거야." 부정적인 믿음은 불안과 공포를 가져오는 것입니다. "내 불안과 공포대로 될찌어다," 라고 마귀는 말하는 것입니다. 욥이 두려워하고 무서워했더니 그대로 이루어졌다고 탄식한 것입니다.

그러므로 말이 부정적이면 안 되는 것입니다. 말은 씨앗이 되는 것입니다. 내가 부정적인 말을 하면 부정적인 씨앗을 심습니다. 콩 심은데 콩 나고 팥 심은데 팥 납니다. 콩을 심어놓고 팥이 나기를 기대하는 것은 어림도 없는 일인 것입니다. "내가 못산다. 안 된다. 할 수 없다. 병든다. 죽는다." 파괴적으로 말하는 것은 잘못된 것입니다. "사는 게 의미가 없어, 사는 게 다 지겨워, 모든 것이 엉망이야, 나는 지쳤어, 다 귀찮아, 이제 사는 것이 신물이 난다." 그러면 "네 믿음대로 될 찌어다." 그대로 되는 것입니다. 말조심하세요. 말은 힘 안 든다고 마음대로 부정적인 말을 뱉는데 이것이 불행의 씨앗이 되는 것입니다. 부부간에 서로 싸우더라도 저주의 말은 하지 마십시오. 자녀들을 꾸짖을 때 부정적인 말로써 꾸짖지 마십시오. 그것이 큰 세력이 되어서 우리를 도적질하고 죽이고 멸망시키는 것입니다.

약한 사람이 "나는 강하다. 나는 힘 있다. 나는 장골이다. 나는 튼튼하다"고 말을 하면 그대로 되는 것입니다. 그러나 강한 사람도 "나는 약하다. 나는 병든다. 나는 허약하다. 나는 못한다."고 하면 점점 그렇게 흘러 들어가고 마는 것입니다. 자신의 말이 자신의 내일을 만들어 내는 힘이 있다는 것을 잊어서는 안 되는 것입니다. 우리의 생각과 마음에 따라 환경과 삶이 변화되는 것입니다. 눈에 안 보이는 세계가 보이는 세계를 다스리기 때문인 것입니다. 이것을 믿는 것이 성령으로 거듭난 참 믿음인 것입니다.

그러므로 우리는 늘 긍정적이고 희망찬 꿈을 꾸며 이루어질 것을 믿고 입으로 시인해야 되는 것입니다. 눈에 안 보이는 세계가 눈에 보이는 세계를 다스리는 것입니다. 영적인 세계가 현실의 세계를 다스리는 것입니다. 그러므로 현실의 세계를 바라보고 울고 불고 좌절하고 절망하지 말고 눈을 들어 영적인 세계를 바라보십시오. 긍정적인 세계를 생각하고 긍정적인 세계를 꿈꾸고 긍정적인 세계를 믿고 긍정적인 세계를 말하면 그대로 이루어지고 마는 것입니다.

긍정적이고 복된 삶도 마음에서 나오는 것입니다. 우리 마음이 복된 사람이 환경에 복되지, 마음에 복이 없는데 환경에 복이 될 수가 없는 것입니다. 성경에도 복이 있는 사람이 들에 나가면

들에 복이 임하고, 복 있는 사람이 집에 들어오면 집에 복이 임하고, 복 있는 사람이 짐승을 기르면 짐승의 새끼도 복을 받는다는 것입니다. 복이 어디에서 나옵니까? 성령으로 충만해야 복이 옵니다. 성령으로 충만하면 복이 생각을 통하여 꿈을 통하여 믿음을 통하여 말을 통하여 나오는 것입니다. 복이 여기 있다 저기 있다 못할 것은 복은 예수 그리스도로 말미암아 마음속에서부터 넘쳐 나오는 것입니다. 사람의 마음이 어떠하면 그 사람도 그러한 것입니다. "지킬만한 것보다 내 마음을 지켜라. 생명의 근원이 이에서 나오느니라." 당신의 생명은 마음에서 넘쳐 나오는 샘물인 것입니다. 마음이 흙탕물이면 온 인생이 흙탕물로 꽉 들어차게 되고, 마음이 맑은 물이면 온 인생이 밝고, 맑고, 환하게 되는 것입니다. 그러므로 생각이 항상 주님을 통해서 긍정적이 되고, 꿈이 긍정적이 되고 희망적이 되고, 믿음이 긍정적이 되고, 복된 말을 사용해야 되는 것입니다. 어떻게 말해야 될까요? "내 인생이 멋져, 모든 것이 좋아, 나는 행복해, 기분이 최고야, 정말 기뻐" 어때요? 좋죠? 자신의 마음에, 이와 같이 긍정적인 생각과 꿈과 믿음과 말을 할 때 환경이 그렇게 변화되는 것입니다. 환경이란 거대한 소용돌이를 누가 운전하느냐. 각자의 마음이 운전하는 것입니다.

기관차를 그대로 세어 놓으면 그대로 있지요. 기관사가 기관차를 운전하면 가지요. 환경을 운전하는 조종사는 사람의 마음이 그것인 것입니다. 마음이 가는대로 자신의 인생은 그리로 달려가게 되는 것입니다. 그렇기 때문에 마음을 지키라고 성경은 말하고 있는 것입니다. 생각과 마음과 꿈이 긍정적이냐 부정적이냐에 따라서 우리는 환경과 삶을 바꿀 수가 있는 것입니다. 못한다면 못합니다. 한다면 할 수 있는 것입니다. 못한다는 사람은 언제나 꼬리가 되어 빌빌 기고 있는 것입니다. 할 수 있다는 사람은 기어코 산꼭대기로 올라가는 것입니다.

하버드 대학에는 목표 곧 꿈이 인생에 미치는 영향을 조사한 유명한 자료가 있습니다. IQ와 학력, 나이와 환경 등이 비슷한 사람들을 대상으로 인생의 목표가 있는가를 물어 보았었습니다. 이 중 27%는 목표가 없고, 60%는 목표가 희미하며, 10%는 목표가 있지만 비교적 단기적인 목표였습니다. 단지 3%의 사람만이 명확하면서도 장기적인 목표와 꿈을 갖고 있었습니다.

그리고 이들을 25년 간 끈질기게 연구한 결과 재미있는 사실이 발견되었습니다. 명확하고 장기적인 목표와 꿈을 가진 사람은 3%의 사람들은 25년 후에 사회 각계각층에서 최고의 인사가 되어 있었고, 10%의 단기적인 목표를 가진 사람은 의사, 변호사, 건축가 등 전문가로서 사회의 중상위 계층이 되었고, 목표가 희미했던 60%의 사람들은 대부분 사회의 중하위층에서 나름대로의 생활을 유지하고 있었고, 그런데 목표가 없던 27%의 사람들은 취업과 실직을 반복하며 대부분 최하위 수준의 생활을 하면서 다른 사람을 원망하고 불평하며 고통스러운 삶을 살았다고 하는 것입니다. 그런가 하면, 일본에는 관상용 물고기 중에 '고이'라는 잉어가 있습니다. 이 잉어를 작은 어항에 넣어두면 5cm에서 8cm 밖에 자라지 않습니다. 그런데 아주 큰 수족관에 넣어 놓으면 15cm에서 25cm까지 자랍니다. 그런데 고이를 강물에 방류하면 90cm에서 120cm까지 자란다고 하는 것입니다. 환경에 따라 자라는 것이 바뀌는 것입니다.

물고기조차도 환경이 5cm, 8cm 밖에 안자라는 것은 조그마한 어항이기 때문에 요것만큼 자라야 되겠다고 생각해서 그것밖에 자라지 못하는 것입니다. 좀 큰 수족관에 넣으니까 아~ 나는 좀 자라겠다고 생각하니까 15cm에서 25cm 바다에 던져 놓으니까 그는 90cm에서 120cm까지 자란다는 것입니다. 우리가 꿈을 가졌느냐 안 가졌느냐 하는 것이 이와 같이 인생 전체에 큰 영향을 줍니다. 우리 마음과 생각이 긍정적이며 꿈이 크고 희망찰 때, 우리의 삶도 긍정적이고 복된 성공적인 삶을 이룰 수가 있는 것입니다. 그러므로 성경에는 네 입을 넓게 열라. 내가 채우리라고 말한 것입니다.

부정적인 말을 하면 인생은 불행하고 실패합니다. 말을 조심하고 잘 들어 보십시오. "하고 싶지만 시간이 없어, 인맥이 있어야 하지. 이 나이에 뭘 할 수 있겠어. 왜 나에게는 걱정거리만 생기는 거야. 이런 것도 못하니 나는 실패자야. 사실 난 용기가 없어. 사람들이 나를 화나게 해. 오랜 습관이라 버리기 어려워. 그건 내가 할 수 있는 일이 아니야. 맨 정신으로 살 수 없는 세상이야. 가만히 있으면 중간이라도 되지. 나는 원래 이렇게 생겨 먹었어. 상황이 협조를 안 해줘." 이렇게 말하면 안 됩니다. 그렇게 말하면 파괴가 다가오는 것입니다.

앤드류 매튜스는 이렇게 말했습니다. "언제나 자기 자신과 자신의 상황을 긍정적으로 생각하라. 자신이 원하는 대로 일이 진행되는 것을 상상하고 열심히 노력하라."고 말했습니다. 맞습니다. 말이 부정적이어서 사는게 의미가 없어, 사는게 지겨워, 나는 지쳤어 등의 말을 할 때 우리의 말로써 우리 환경은 어렵고 부정적이고 고통스럽게 되고 마는 것입니다.

충만한 교회에서는 매주 화-수-목 성령치유 집회를 10:00-12:00까지 진행을 합니다. 무료집회입니다. 단 교재를 매주 구입을 해야 입장이 가능합니다. 매주 다른 과목을 가지고 집회를 인도합니다. 우리 교회 집회는 "성령의 불세례, 내적치유, 귀신축사, 신유, 성령의 은사 전이, 깊은 영의기도"는 기본으로 깔아놓고 집회를 인도합니다. 어느 집회에 오시더라도 "성령의 불세례, 내적치유, 귀신축사, 신유, 성령의 은사 전이, 깊은 영의기도"를 받을 수 있다는 말입니다

오시면 병원이나 세상 방법으로 해결하지 못하는 15가지 질병과 문제도 해결 받겠다는 믿음과 의지를 가지고 참석하면 모두 해결 받습니다. 단 성령께서 자신을 장악해야 치유가 되기 때문에 성령이 장악하는 기간이 사람마다 다릅니다. 오시는 분 모두 지금 천국과 아브라함의 복을 누리면서 하나님께 쓰임을 받는 목회자 성도가 됩니다. 그래서 무슨 문제이든지 믿음을 가지고 오시면 해결이 된다는 것입니다.

18장 믿음으로 행하여 축복 받는 법

(고후 5:7)"이는 우리가 믿음으로 행하고 보는 것으로 행하지 아니함이로라"

하나님은 보이는 것으로 믿는 것이 아니라 성령께서 감동하시는 믿음으로 행하는 성도를 축복하십니다. 믿음이란 보는 것 듣는 것, 냄새 맡는 것, 감각으로 느끼는 것을 초월한 제육감에 속하기 때문에 이해하기가 굉장히 어렵습니다. 그러나 우리가 하나님과 함께 주인으로 모시고 사는 수단은 오직 믿음뿐입니다. 오감을 통하여 하나님을 알려고 하면 낭패를 당하게 됩니다. 예수님께서 광야에서 40일 금식하신 후 마귀에 시험을 당하실 때 주님은 철저히 하나님 말씀을 믿는 믿음으로 행하고 보는 것 즉, 감각으로 느끼는 것을 따라 행하지 않았기 때문에 마귀를 이길 수가 있었던 것입니다. 우리는 아브람의 항상 믿음의 조상이라고 말합니다.

첫째, 아브람은 왜 믿음의 조상이 되었나. 아브람이 믿음으로 행하고 보는 것으로 행하지 않았기 때문에 그랬습니다. 아브람의 생애 속에 대개 믿음으로 행하고 보는 것으로 행해서 시험도 좀 들었지만은 결국 믿음으로 극복한 것입니다. 그는 부르심을 받았을 때 믿음으로 갈 바를 모르고 나갔습니다. 하나님이 지도를 쫙 펼쳐놓고 이곳에 네가 갈 곳이다. 이렇게 하지 않고 그냥 나오라고 하셨습니다(창12:1-4).

75세의 나이에 하나님이 가라고 하시니 갈 바를 모르고 오직 하나님의 말씀을 믿고서 떠난 것입니다. 그래서 가나안 땅까지 들어왔는데 반드시 믿음은 시험을 당합니다. 진짜로 믿느냐, 가짜로 믿느냐는 시험을 통해 보아야 알 수 있습니다. 쇠붙이가 진짜냐는 자석을 사용해야 진짜, 가짜가 드러나는 것과 같습니다. 그러므로 불같은 시험이 반드시 다가와서 믿음을 증명해 보는 것입니다.

아브람이 하나님 믿고 가나안 땅에 들어왔는데 가나안땅에 큰 기근이 다가왔습니다. 모든 나무와 풀들이 다 마르고 우물물이 말라 버렸습니다. 짐승들이 다 굶어죽고 종들도 뿔뿔이 도망치고 따라온 일가친척들도 다 고향으로 돌아갔습니다. 아브람은 그 아내 사래와 조카 롯과 가나안땅에 남아 있었는데 굉장한 시련이 다가 왔습니다. 보는 것이 다 가뭄에 시들어지고 불타버렸습니다. 어느 곳을 보아도 희망은 없습니다.

그러나 하나님은 가나안에 가라고 말합니다. 가나안 이상 다른 데 가란 말씀 안했습니다. 아브람은 "말씀을 믿고 그 자리에 머물러 있을 것이냐?, 보는 환경을 보니 황폐해졌는데 살길을 찾을 것이냐?"는 시험에 들었고, 그만 믿음을 놓아 버렸습니다. 아브람은 보는 것에 영향을 받아서 "여기 있다가는 다 굶어죽겠다. 우리가 비가 내리고 물이 많고 살기가 좋은 애굽으로 가자!" 믿음을 놓아 버리고 보는 것을 따라 출발했습니다. 그 결과 아브람이 애굽에 내려가서 얼마나 큰 수치와 곤욕을 당한 것은 모두가 잘 알고 있습니다. 아내를 바로에게 뺏기고 수치와 곤욕을 한없이 당하게 되었습니다. 믿음으로 행하고 보는 것으로 행하지 말아야 되는데 믿음을 저버리고 보는 것으로 행하면 환경과 운명의 노예가 되어 버리고 마는 것입니다. 하나님의 특별하신 자비와 긍휼이 아니었으면 아브람은 애굽에 내려가서 망했을 것입니다.

아브람은 말씀을 믿는 믿음을 저버리고 보는 것을 따라 갔다가 큰 낭패에 떨어졌던 것입니다. 회개하고 돌이켜 하나님이 다시 가나안 땅으로 올라오게 했습니다. 가나안 땅에 올라와서 아브람도 은과 금이 풍부하고 종들도 많고 짐승도 많았는데 조카 롯도 일가를 이루어서 은과 금도 많고 종도 많고 짐승 떼도 많아서 조그만 땅에 두 가족이 함께 살수가 없었습니다.

아브람의 종과 롯의 종들이 우물물 때문에 싸우고 풀 때문에 싸웠습니다. 어린아이 싸움이 어른 싸움이 되어서 아브람과 조카 롯이 다투게 되니 기가 막힙니다. 믿지 않는 사람들이 주변에 많이 있는데 덕이 되지 않았습니다. 그래서 아브람이 믿음으로 선언합니다. "아브람이 롯에게 이르되 우리는 한 친족이라 나나 너나 내 목자나 네 목자나 서로 다투게 하지 말자 (9) 네 앞에 온 땅이 있지 아니하냐 나를 떠나가라 네가 좌하면 나는 우하고 네가 우하면 나는 좌하리라."(창 13:8-9). 그때 조카 롯이 "…롯이 요단 온 지역을 택하고 동으로 옮기니 그들이 서로 떠난지라."(창 13:11). 롯이 믿음으로 행하였다면, 하나님께서 가나안 땅 밖 요단으로 가라고 하지 않았음을 알았을 것입니다.

그러나 조카 롯은 요단지역을 바라보니 온 땅에 물이 넉넉하고 굉장히 좋은 땅이었습니다. 조카 롯은 믿음으로 행하지 않고 보이는 것으로 행했습니다. 그래서 요단으로 옮겨가고, 아브람은 메마른 땅에 혼자 남았습니다. 아브라함은 어디를 가나 하나님만 함께하면 된다는 믿음을 택했습니다. 보이는 것으로 행하지 않았습니다. "나는 하나님만 나와 함께 계시면 된다." 마땅히 아저씨가 되니까 조카보다도 선취권이 있지 않습니까? "내가 먼저 택하겠다." 그리고 눈에 보이는 좋은 땅으로 갈수 있었는데도 불구하고, 그는 믿음으로 조카에게 선취권을 주고 조카가 떠나고 난 다음 하나님의 약속의 땅에 믿음으로 머물러 있으니까 하나님이 아브람에게 복을 주셨습니다.

창세기 13:14~15에 "롯이 아브람을 떠난 후에 여호와께서 아브람에게 이르시되 너는 눈을 들어 너 있는 곳에서 북쪽과 남쪽 그리고 동쪽과 서쪽을 바라보라 보이는 땅을 내가 너와 네 자손에게 주리니 영원히 이르리라" 보이지 않는 하나님을 믿음으로 행하면 하나님이 대답해 주시는 것입니다. 네 믿음대로 될 찌어다. 보이는 것으로 행하면 세상과 마귀의 올무에 빠져 들어가는 것입니다. 조카 롯은 보이는 것으로 행했다가 나중에 소돔 고모라 성에서 전쟁이 일어나서 가산 다 잃어버리고 포로로 잡혀가는 비극적인 신세까지 되었으나 아브람이 구출한 것 알고 계신 것입니다.

아브람은 믿음으로 행했다가 보이는 것으로 시험에 떨어지고, 또 믿음으로 행했다가 또 보이는 것으로 시험에 떨어져서 우리에게 큰 위로가 됩니다. 우리가 믿음으로 행했다가 보이는 것으로 떨어지고 믿음으로 행했다가 시험으로 떨어질 때가 많지 않습니까? 이런 체험을 통해 보이지 않는 하나님을 믿게 되는 것입니다.

아브람이 가나안 땅에 들어온 지 10년이 지나서 85세 때 하나님께 아들을 달라고 부르짖어 기도했습니다. 그러니까 하나님이 하루 아브람을 밤중에 불러내서 하늘을 쳐다보고 별들을 헤아리라고 했습니다. 창세기 15: 5-6에 "그를 이끌고 밖으로 나가 가라사대 하늘을 우러러 뭇별을 셀 수 있나 보라 또 그에게 이르시되 네 자손이 이와 같으리라 아브람이 여호와를 믿으니 여호와께서 이를 그의 의로 여기시고" 아브람이 굉장하고 광대한 하나님의 약속을 순수하게 믿었습니다.

자기 나이 85세이고 아내 나이 75세인데도 불과하고 하나님이 네 자손을 저 하늘에 별들같이 많게 하실 것이라. 믿음이 가슴에 가득해서 흐뭇하게 들어오는데 당장 보는 것으로 시험을 받습니다. 사래가 뭐라고 한줄 아십니까? "여보, 여보 이리 좀 오세요. 내가 당신에게 시집온 지 지금까지 춘풍추월을 같이 나누면서 살았는데 자식을 못 낳아서 얼마나 미안한지 몰라요. 이제 나는 경수가 떨어졌습니다. 이제는 자식 낳을 수 없어요. 얘야, 이리 오너라." 하니 하인 하갈이 왔습니다.

"보세요. 젊고 아름답지 않아요? 하갈에게 들어가서 자식을 낳으세요." 말은 그렇게 하여도 사래는 속으로 "이건 아니야"를 기대했을 것입니다. 어느 여자가 자기 남편을 첩에게 기쁘게 줄 여자가 어디 있습니까? 그런 여성 있으면 손들어 보세요. 없어요! 자식을 자기가 못 낳을지라도 남편에게 첩 구해주는 여자가 어디 있겠습니까? 기쁘게 그렇게 할 수는 없지만, 그러나 유대 나라에서는 대를 이어주지 못하면 너무나 큰 악을 범하는 것이기 때문에 자기 종 여종을 불러서 아브람에게 소개를 했습니다.

아브람이 하나님을 믿었으니까 "여보! 무슨 그런 노망끼 들린 소리를 하는 거요? 하나님이 아들 주겠다고 약속했느냐! 나는 끝까지 믿는다. 눈에는 아무 증거 안보이고 귀에는 아무소리 안 들려도 나는 믿음으로 행하고 보는 것으로 행하지 않는다. 여보! 그런 소리 하지 마세요! 하갈아 나가!" 그랬으면 하나님도 좋아서 박수를 쳤을 것이고 사래도 "과연 우리 남편이야! 할렐루야! 원더풀!" 그렇게 했을 것입니다. 하나님의 시험에도 합격을 하여 15년이란 긴 세월 동안 훈련을 더 받지 않았을 것입니다.

그랬는데, "어디 하갈 한 번 보자. 와! 과연 젊고 젊고 이쁘구나! 여보 고마워." 그만 그날 저녁에 하갈에게 들어갔습니다. 믿음이 어디가 버렸습니까? 믿음으로 행하고 보는 것으로 하지 말아야 되는데 그만 믿음을 놓쳐 버리고 보는 것에 끌려가서 하갈하고 동침하고 하갈이 잉태하여 이스마엘을 낳으니 온 집안이 풍비박산입니다. 하갈이 어깨에 힘주고 사래에게 큰소리 하므로 사래가 가슴을 치고 아브람의 멱살을 잡고 "너! 때문에 이렇게 되었다."고 야단법석을 하고 그리고 아브람은 아브람대로 하갈과 사래 가운데 서서 이리 꼬집히고 저리 꼬집히고 온몸이 멍투성이가 되고 이스마엘 때문에 고통이 말로 다 할 수 없습니다.

왜 믿음으로 행하지 않고 눈으로 보임으로 행했습니까? 만일 그때 아브람이 믿음으로 행했으면 오늘날 이스라엘과 저 아랍이 처참한 전쟁을 하지 않았을 것입니다.

오늘날의 전쟁도 본처와 첩의 자식들이 끝까지 물고 찢고 싸우지 않습니까? 아브람이 믿음으로 행했으면 세계 평화를 가져왔을 것인데 아브람이 보는 것으로 행했기 때문에 얼마나 큰 마귀의 시험과 고통에 떨어지고 말지 않았습니까? 그러므로 아브람은 85세에 보는 것으로 행했다가 시험에 빠져서 99살이 될 때까지 고통을 당했는데 99세에 하나님이 아브람을 찾아 오셨습니다.

"아브람아 네 이름을 이제는 아브람이라고 하지 말고 아브라함이라고 해라. 많은 민족의 조상이 될 것이다. 너희 아내는 이제 사래가 아니고 사라다. 많은 자식의 여주인이 되었다." 혼이 났기 때문에 이제 자기 나이가 99살이 되고 아내가 89살이 되어도 보는 것으로 행하지 않고 하나님의 말씀만 믿기도 작정했습니다. 보이는 것으로 행했다가 고통만 당하더니 이제 믿음으로 행합니다.

보이는 것으로 행했다가 당한 고통을 그는 뼈저리게 느꼈기 때문에 믿음으로 돌아서서 99살에 89살 된 자기 아내를 통해서 하나님이 주신 정통 자녀를 낳을 것을 굳게 믿었습니다. 도저히 눈으로 보아서는 불가능합니다. 인간의 이성으로 상상해서도 불가능합니다. 경험을 통해서도 불가능합니다.

그러나 하나님의 말씀을 믿었습니다. 하나님의 말씀은 우리의 오감으로 이해할 수 없습니다. 하나님의 말씀은 오직 성령으로 충만한 믿음으로 알고 믿을 수가 있는 것입니다. 그 결과 아브라함이 100세가 되었을 때 90살이 된 자기 아내를 통해서 자식을 낳았으니 그가 오늘 유대민족의 조상인 이삭이었습니다. 아브라함이 믿었다가 보는 것으로 타락했다가 믿었다가 보는 것으로 타락했다가 했지만 그가 믿음의 조상이 된 것은 마지막 장엄한 믿음을 보여주기 때문인 것입니다. 그의 아들이삭이 10대가 되어서 눈에 넣어도 아프지 않습니다. 아버지께 세숫물 떠다주고 잠자리 깔아주고 아버지와 같이 친구가 되고 수족 주물러 주고 얼마나 좋습니까? 눈에 넣어도 아프지 않습니다.

그런데 어느 날 하나님이 말씀하기를 "아브라함아 네 사랑하는 독자 이삭을 모리아 산에 데려가서 내게 번제로 드려라. 잡아서 각을 떠서 장작위에 올려 불로 태워서 재물로 드려라." 이게 무슨 청천벽력 같은 소립니까? 눈에 넣어도 아프지 않는 눈으로 보는 내 아들, 내 눈에 보니까 얼마나 귀하고 아름답고 좋은 아들이 아닙니까?

그러나 아브라함은 "눈에 보이는 그 아들을 위해서 내가 하나님 명령을 거역할 것이냐, 하나님 말씀을 믿고 따를 것이냐?"의 갈등에 조금도 주저하지 않고 장엄한 믿음을 실천합니다. 앞으로 다시는 실수 안하기로 결심하고 과거의 모든 실수를 능히 만회하고도 남음이 있은 결단을 내렸습니다. 자기 아내하고 의논도 하지 않고 자기 아들과 "애야! 하나님께 제사 드리러 가자."라고 하며 아들에게 장작 짊어지게 하고 칼을 손에 들리고 불을 손에 들려서 사흘 길을 걸어가서 모리아 산에 갑니다. 아들이 "아버지, 여기에 장작도 있고 불도 들고 칼도 가져가는데 재물로 드릴 양은 어디 있습니까?"하고 이삭이 물을 때, 아버지 아브라함은 "아들아! 양은 하나님이 준비하신다."며 눈도 깜짝하지 않았습니다.

올라가서 재단 만들고 장작 펴놓고 아들을 묶어서 장작위에 엎어놓고 목을 발로 밟고 칼로써 목을 베려고 할 때, 창세기 22:12 에 보면 "사자가 가라사대 그 아이에게 네 손을 대지 말라 아무 일도 그에게 하지 말라 네가 네 아들 네 독자라도 내게 아끼지 아니하였으니 내가 이제야 네가 하나님을 경외하는 줄을 아노라", "시험을 해보고 난 다음에 이제야 네가 하나님 경외하는 줄 내가 알았다."라는 어떠한 것과도 비교할 수 없는 장엄한 믿음입니다.

자기의 외독자 100세에 낳은 아들도 하나님이 말씀하시면 타협하지 아니하고 말씀을 의지하여 그 아들을 하나님께 드리려고 하는 아브라함의 믿음은 이제 보는 것으로 행하지 않고 믿음으로 행하는 최종의 피날레를 이룩한 것입니다. 그렇기 때문에 아브라함은 믿음의 조상이라고 말하는 것입니다.

둘째, 우리가 믿음으로 행하고 보는 것으로 행하지 않기 위해서는 믿음의 조건이 필요하다. 그냥 무조건하고 "믿습니다!"하면 안 됩니다. 우리가 믿음으로 행하고 보는 것으로 행하지 않기 위해서는 하나님과 아버지와 자녀관계가 확실히 이루어져야 되는 것입니다. 아버지가 내 아버지고 내가 그 아버지의 자녀가 되고 사랑의 관계가 이루어져야 믿을 수 있지 않습니까? 아무나 믿을 수 있어요? 길에 걸어가는 사람 잡고 "여보! 나 당신 믿어요." 그것은 미친 사람이나 그런 소리를 하는 것입니다. 내 아버지, 내 아들 서로 사랑하니 믿는 것입니다. 믿음은 사랑으로 말미암아 역사하는 것입니다. 그렇기 때문에 하나님과 우리 사이에 사랑의 관계가 이루어져야 믿을 수가 있는 것입니다.

하나님을 어떻게 사랑합니까? "하나님이 세상을 이처럼 사랑하사 독생자를 주셨으니 이는 저를 믿는 자마다 멸망치 않고 영생을 얻게 하려 하심이니라" 누구든지 예수를 구주로 모셔야 하나님의 자녀가 됩니다. 요한복음 1:12에 "영접하는 자 곧 그 이름을 믿는 자들에게는 하나님의 자녀가 되는 권세를 주셨으니"

하나님의 자녀로 태어나고 하나님의 성령이 우리 속에 들어와서 하나님을 아바 아버지라고 할 때 하나님은 우리를 사랑하시고 우리는 하나님을 사랑하니 사랑의 관계가 이루어지니 믿을 수가 있는 것입니다. 우리는 집에서 우리 부모님을 믿습니다. 왜, 부모님과 자식 사이는 사랑의 관계가 이루어졌기 때문입니다. 형제간도 서로 한 부모 밑에 태어났기 때문에 우애하고 사랑하기 때문에 서로 믿을 수 있지요. 우리의 사회도 서로 사랑하게 되면 서로 믿을 수가 있습니다.

인생은 사랑의 관계가 이루어지지 않으면 서로 믿을 수 없는 것처럼 하나님과 우리의 관계도 예수 그리스도 십자가를 통하여 사랑의 관계가 맺어질 때에 하나님도 우리를 믿으시고 우리도 하나님을 믿을 수가 있는 것입니다. 그 아들 예수가 있는 자에게는 하나님 아버지도 있고 아들이 없으면 아버지도 없는 것입니다. 예수를 믿어야 하나님 아버지와 우리 가운데 사랑의 관계가 이루어지고 우리가 서로 믿을 수가 있게 되는 것입니다. 그리고 믿어도 하나님을 주인으로 모시고 순종해야 합니다. 좋은 관계가 성립되어야 되지요. 부모와 자식이 아무리 사랑해도 자식이 자꾸 부모를 거역하고 부모가 원치 않은 일을 하고 불순종하면은 사랑을 하고 믿어도 자식의 소원을 이루어 줄 수 없습니다.

우리가 믿음으로 행하고 보는 것으로 행치 않기 위해서는 하나님과 사랑의 관계가 맺어질 뿐 아니라 순종해야 되는 것입니다. 하나님의 뜻을 순종해야 돼요. 그런데 이 순종에 대한 재미있는 일화가 있습니다. 유명한 성 프란시스의 일화인 것입니다. 성 프란시스가 수도원을 설립하고 세계적으로 이름을 내었을 때 두 젊은이가 수도사가 되기 위해서 성 프란시스에게 찾아왔습니다. "우리도 이 수도원에서 제자가 되게 하여 주십시오." 마침 그때 성 프란시스가 밭에서 채소를 옮기고 있었습니다.

손을 털털 털면서 "두 사람 내 대신 채소를 좀 옮겨줘." 한 사람뿐 아니라 두 사람이 함께 와 있으니까. "너희 채소를 심되 뿌리를 전부 하늘로 보고 심어라. 뿌리를 하늘로 보고 잎을 땅으로 채소를 심어라. 내가 저녁에 와서 볼 것이다." 하고 손을 털털 털고 갔습니다. 그 중 한 제자가 가만히 생각하니 "선생님이 우리를 시험하나 보다. 세상에 채소 뿌리를 하늘로 두면 말라 죽을 것 아니야. 그러므로 나는 사리에 합당하게 생각하고 뿌리를 땅으로 심자. 상식적인 것이 아닌가!" 그래서 땅으로 한 제자는 심었습니다.

그러나 다른 제자 되기를 원하는 사람은 "선생님이 명령하셨기 때문에 우스워도 내 생각으로 하지 않고 선생님 뜻대로 하자." 전부 뿌리를 하늘을 보고 심었습니다. 한쪽에는 정상적으로 상식적으로 뿌리를 땅으로 다 심어 놓았고 한쪽에는 완전히 뿌리를 하늘로 보도록 거꾸로 심어 놓았습니다.

그래서 성 프란시스가 저녁 늦게 찾아와서 두 제자 중에 뿌리를 땅으로 심은 제자를 불러서 "너는 참 지혜롭고 총명하다. 상식적으로 봐서 채소는 뿌리를 땅으로 심어야 채소가 자라지 뿌리를 하늘로 하면 죽지 않느냐. 너 꾀가 많고 지혜가 있고 상식적인 사람이니까 네 밑에 있지 말고 따로 세상에 가서 살아라." 그리고 뿌리를 하늘로 심은 제자는 "너는 우직스럽고 바보같이 보이지만 명령에 순종하는 사람이니까 너는 내 제자가 되어라." 그렇게 말했다는 우화가 있습니다.

정말입니다. 우리 상식으로 하나님 말씀을 생각하면 안 됩니다. 하나님은 우리보다 높기가 하늘과 땅 차이입니다. "내 생각은 너희 생각보다 높으며 내 길은 너희 길보다 높아서 하늘이 땅보다 높음같이 내 생각은 높고 내 길은 높다"고 말한 것입니다. 하나님의 길을 우리의 상식으로 우리 생각으로 해석해서는 안 됩니다.

위대한 부흥사였던 무디 목사는 믿음에 대해서 이렇게 말했습니다. "나는 믿음을 달라고 기도했다. 그리고 믿음이 하늘로부터 뚝! 뚝! 떨어질 것을 기대했다. 그러나 믿음은 오는 것 같지 않았다. 그러던 어느 날 로마서 10장 17절 '믿음은 들음에서 나며 들음은 그리스도의 말씀으로 말미암았느니라'는 말씀을 읽는 순간 지금까지 성경은 덮어 놓고 믿음을 위해 기도했던 나의 어리석음을 깨달았다. 이제 나는 성경을 공부하는 동안 성경 말씀이 마음속에 들어오자 믿음이 부쩍 자라나는 것을 깨달았다."고 말하였습니다.

말씀을 알아야 믿을 수가 있습니다. 성령으로 말씀이 심령에 들려서 온몸에 새겨져야 믿음이 자랍니다. 성령이 믿을 수 있게 믿음을 주기 때문입니다. 말씀 없이는 믿을 수가 없어요. 세상 말을 믿으면 안 됩니다. 그러나 하나님 말씀을 믿어야 합니다. 저 하늘이 무너지고 이 땅이 꺼져도 일점일획도 변화가 되지 않습니다. 하나님을 사랑하고 순종하면은 하나님의 말씀을 우리가 믿고 나갈 수가 있는 것입니다.

우리가 믿음을 활용하기 위해서는 성령님의 인도를 받아야 되는 것입니다. 성령님이 인도하는 데로 순종하며 따라가면 성령님이 인도하십니다. 반대로 성령님이 감동하시고 인도하는데 자기의 마음대로 하면서 순종하지 아니하면 성령님이 "이제부터 인도를 그만두겠다. 네 멋대로 살아라." 성령은 인격입니다. 그러므로 성령님의 감동이나 음성을 믿고 순종하면 인도하시지만 믿지 않고 순종하지 않으면 침묵하시는 것입니다. 우리 육신의 눈으로 보고 육신의 귀로 듣고 육신의 마음으로 깨닫지만 하늘나라는 성령을 통해서 보고 성령을 통해서 듣고 성령을 통해서 깨닫습니다.

셋째, 우리가 알아야 될 것은 믿음과 감각과의 대결인 것이다.
믿음으로 살려고 하면은 엄청나게 감각이 대결해 옵니다. 마귀가 감각을 통해서 자꾸 '야! 환경을 보라. 환경을 보라. 너 이제 물에 빠진다. 야! 느껴보라. 어림도 없는 소리하지 마라. 이성적으로 상식적으로 생각해 봐라. 너 잘못되었다. 상식적으로 생각해보라' 마귀는 합리를 가지고 엄청나게 우리를 공격해 옵니다.

그러나 성경은 우리는 믿음으로 행하고 보는 것으로 행하지 않는다고 말한 것입니다. 우리의 신앙생활에는 믿음과 감각의 대결이 있습니다. 마귀는 감각의 세계를 통하여 엄청난 공격을 퍼붓습니다. 믿음으로 행하는 삶에는 의심과 불신앙의 적과 엄청난 마음의 투쟁을 해야 됩니다.

우리가 믿음에 선다는 것은 하나님의 말씀을 확실히 깨닫고 그 위에 서는 것입니다. '진리를 알찌니 진리가 너희를 자유케 하리라'고 진리는 말씀인데 말씀에 꽉 서서 동남풍이 불고 서북풍이 불고 온갖 힘이 들어와서 나를 흔들어도 말씀에 서서 움직이지 말아야 되는 것입니다. 아예 말씀에 딱 서서 어떠한 일이 있어도 말씀 밖으로 안 나가겠다고 말해야하는 것입니다. 왜? 말씀은 바로 하나님이시기 때문입니다.

말씀 속에 있는 하나님의 약속의 말씀을 가슴속에 깊숙이 받아들여야 됩니다. 말씀을 그냥 눈으로 보고 머릿속에 생각하지 말고 마음속에 끌어안고 어머니가 어린 아기를 품듯이 가슴속에 받아 들여야 돼요. 성경에 요한복음 15장 7절에 "너희가 내 안에 거하고 내 말이 너희 안에 거하면 무엇이든지 원하는 대로 구하라 그리하면 이루리라"고 말씀합니다. 오늘날 말씀을 사람들은 깊이 마음속에 받아들이지 않고 머릿속에서 뱅글뱅글 돌리다가 던져 버리는 것입니다. 말씀이 깊이 마음속에 받아들여서 말씀이 내속에 들어와서 내가 말씀 안에 말씀이 내 안에 일치가 되어야 되는 것입니다. 이러기 위해서는 말씀을 우리가 깊이 묵상하고 말씀이 내속에 들어와서 나와 일심동체가 되도록 해야 될 것입니다. 말씀을 삶에 적용해야 합니다.

하나님의 말씀을 가슴속에 깊이 받아들이면 흔들리지 않습니다. 어떠한 일이 있어도 흔들리지 않아요. 말씀에 설수가 있는 것입니다. 그리고는 마음에 결단을 내립니다. 타협 없이 믿을 것을 엄히 결심해야 되는 것입니다. 사람이 결단내리지 못하고 우유부단하면 안돼요. 결단을 해야 됩니다. 믿음도 나는 살든지 죽든지 흥하든지 망하든지 성하든지 쇠하든지 믿겠다. 믿다가 죽으면 죽으리라는 결단이 필요합니다. 아브라함의 결단 보십시오. 눈에 넣어도 아깝지 않은 아들을 모리아 산에 죽여서 각을 떠서 태워 재물로 드리라는 명령을 받았을 때 그렇게 하겠다고 결단을 내리고 좌우로 살피지 아니하고 나가는 것입니다.

4부 5차원의 믿음을 개발하는 비결

19장 응답되는 겨자씨 믿음을 개발하는 비결

(히11:1)"믿음은 바라는 것들의 실상이요 보지 못하는 것들의 증거니"

예수를 믿고 성령으로 거듭난 성도에게 믿음은 참으로 중요합니다. 믿음에 대하여 여러 가지 논쟁도 있습니다. 그러나 우리 한 사람, 한 사람에게 진실로 당신은 믿음이 무엇인지 아십니까? 이렇게 물으면 당황하지 아니한 사람이 별로 없을 것입니다. 수많은 사람들이 저에게 와서 믿음에 관해서 실망에 꽉 들어찬 이런 질문을 할 때가 많습니다. "목사님! 저는 진짜로 믿었습니다. 조금도 의심하지 않고 확실히 믿었다고요. 그랬는데도 불구하고 왜 하나님께서는 저의 믿음에 응답하지 아니하시고 주님께서 등을 돌리셨을까요?" 실망해 꽉 들어찬 얼굴로 이런 질문들을 하옵니다.

아마 책을 읽는 분들 가운데도 이와 같은 질문을 해보지 않은 사람 거의 없을 것입니다. 믿음을 가지고 시험해본 결과에 마음에 실망을 체험하고 낙심하지 아니해본 사람은 별로 없을 것입니다. 왜 그럴까요? 이것은 인간적인 믿음과 하나님의 믿음에 관한 분별을 잘하지 못했기 때문에 그런 것입니다. 오늘 저는 이 문제에 관해서 밝히 보여드리고자 하는 것입니다.

첫째, 믿음이란 하나님의 기적적인 역사가 필요하기 때문에 믿음이 필요한 것입니다. 우리가 하나님의 기적을 믿지 아니하고, 인간의 수단과 생각과 방법으로 모든 일을 다 해결할 수 있다면 믿을 필요가 전혀 없는 것입니다. 오늘날 우리의 죄악의 문제 우리의 삶의 허무와 무의미의 문제 우리의 죽음의 문제 이와 같은 문제들을 인간의 지식으로 인간의 과학으로 해결할 수 있다면 우리는 하나님을 믿을 필요가 없는 것입니다.

그러나 인간의 힘으로는 죄악의 문제를 해결할 도리가 없고, 아무리 애를 써도 삶의 의미의 문제, 죽음의 문제, 영혼의 문제들을 해결할 수 없기 때문에 오직 기적적으로 이 문제를 해결해주시는 하나님을 믿을 수밖에 없는 것입니다. 우리의 현실적인 일반생활 속에서도 우리의 다가오는 수많은 문제들 가운데 인간의 힘과 지혜를 초월해서 우리의 힘으로 도저히 해결할 수 없는 문제들이 수없이 많습니다.

이와 같은 문제들을 하나님께서 기적적으로 기도응답을 통해서 해결해 주실 것을 믿을 때 이것이 믿음이 되는 것이지, 하나님께서 우리에게 직접 간섭하셔서 기적으로 이런 문제들을 해결해 줄 수 없다고 생각한다면 우리는 하나님 앞에 나와서 기도할 필요도 없고, 믿으려고 애쓸 필요도 없는 것입니다.

또 믿음이란 것은 하나님의 뜻에 그 기초를 두는 것입니다. 내 마음대로 뜻대로 믿는다고 해서 다 이루어진다고 보증된 것은 아무 것도 없습니다. 하나님의 뜻과 일치되어야 합니다. 하나님과 관계가 열려야 합니다. 하나님이 함께 하시며 믿음에 보증하여 주셔야 합니다. 우리가 하나님의 성품에 거슬리는 삶을 살고 하나님의 뜻에 위배된 행동을 하면서도 하나님께 기도해서 우리의 소원대로 응답을 받겠다고 한다는 것은 이건 미신이지 복음적 신앙은 아닌 것입니다.

이러므로 우리가 믿음을 활용하려면 우리의 마음속에 반드시 하나님의 뜻을 분명히 알고, 그 하나님의 뜻에 따라서 우리가 간절히 기도하고 믿을 수가 있는 것입니다. 그러므로 믿음이란 하나님의 기적적인 역사가 필요할 때 믿음이 필요합니다. 자신의 힘으로 할 수가 없어서 하나님의 기적적인 역사가 필요하기 때문에 믿는 것입니다. 하나님의 뜻을 따라서 기도하고, 기적적인 역사를 일으킬 것을 순수하게 믿을 때 믿은 것이 이루어질 수가 있는 것입니다.

둘째, 그 믿음이 도대체 어떻게 우리 속에 작용하는가? 믿음의 정의를 알아보아야 되겠습니다. 오늘 읽은 성경말씀 가운데 보면 믿음은 바라는 것들의 실상이요. 보지 못하는 것들의 증거라고 말한 것입니다. 믿음은 바라는 것들의 실상이란 그 의미를 우리가 분명히 알아야 되는 것입니다. 우리가 믿는다는 것은 바라는 그것이 있어야 되는 것입니다. 분명한 목표를 두고서 우리의 마음속에 바라는 열화 같은 소원이 일어나서 그래서 열렬히 이것을 믿고 기도할 때 마음속에 실상이 되는 것입니다.

이러므로 실상이란 것은 헬라원어로 보면 '쿠포스타시스'라고 말하는데 '쿠포스타시스'라는 것은 '쿠포'라는 말과 '히스템'이란 말이 합쳐진 것입니다. 다시 말하면 '쿠포'라는 말은 밑에서 있는 것을 말하고 '히스템'이란 말은 받친다는 말인 것입니다. 이러므로 믿음은 바라는 것들의 실상이란 그 실상은 믿음은 그 바라는 것의 받침대란 것입니다. 그러므로 우리 인간적인 마음속에서 '하나님을 믿습니다'라고 말할 때 이것은 즉 하나님의 말씀이 놓여진 인간 편에서 받침대를 만드는 것에 불과한 것입니다.

우리가 하나님의 말씀을 듣고 깨달음이 와서 하나님을 믿는 믿음이 생겨서 주님 앞에 믿고 기도할 때 이것은 실상이 되는 것입니다. 다시 말하면 하나님의 역사가 일어날 수 있는 받침대를 만드는 것입니다. 이와 같이 받침대위에 하나님의 말씀이 주어지고, 하나님의 은혜가 주어질 때 이것이 참 믿음이 되는 것입니다.

이렇기 때문에 인간 편에서 믿는 것은 예비 믿음인 것입니다. 이 예비믿음을 가지고서 하나님께 부르짖어 기도할 때, 거기에 하나님의 말씀이 우리 마음속에 임합니다. 그래서 하나님의 말씀이 우리 마음속에 임하니 참 믿음이 되고, 그 참 믿음이 행동하도록 성령으로 역사하게 될 때 하나님의 기적적인 역사가 이루어지는 것입니다.

로마서 10장 17절에 "바로 믿음은 들음에서 나며 들음은 그리스도의 말씀으로 말미암는다고"했는데, 그리스도의 말씀이 성령으로 말미암아 우리 마음속에 계시되 오던지, 그렇지 않으면 성령으로 말미암아 하나님께서 꿈이나 환상이나 음성을 통하여서 우리에게 응답했다는 말씀이 임하시던지, 하나님의 말씀이 내게 임해 와야 우리 예비적인 믿음이 참 믿음으로 변화되는 것입니다. 이렇기 때문에 믿음은 우리 간절히 바라는 것의 실상입니다. 다시 말하면 받침대에 불과한 것입니다. 여기에 아무리 강단의 받침대를 내어놓아도 여기에 성경을 얹어놓아야 진실로 참된 강단이 되는 것입니다. 성경책을 얹어놓지 않은 강단은 교회에서 강단이라고 말할 수가 없는 것입니다.

그러므로 똑 이 강단이 없으면 성경을 얹어 놓을 수도 없는 것입니다. 이와 같이 믿음이란 이 강단의 받침대와 같은 것입니다. 믿음이란 우리가 간절히 바라는 것의 실상 즉 받침대가 되어서 있고, 이 받침대가 있을 때 하나님께서 '내가 네게 응답했노라'하고서 약속의 말씀을 얹어줄 때 이것이 예비믿음에서 참 믿음이 되어 버리고 마는 것입니다.

이렇기 때문에 오늘날 수없이 많은 사람들이 하나님의 말씀을 부여잡고서 '주여! 내가 믿습니다.'로 발버둥을 치고 부르짖을 때, 하나님의 응답이 내려올 수 있는 받침대를 만든 것이지, 자신의 마음속에 믿은 그 자체가 응답받는 믿음은 아닌 것입니다. 당신의 마음속에 믿음, 그 자체가 응답은 아닙니다. 이것은 하나님이 응답을 해줄 수 있는 받침대에 불과한 것입니다. 이러한 받침대를 가지고서 주님께 무시로 기도하고 때로는 금식하며 부르짖어 기도를 하는데 언제까지 해야 될 것이냐? 하나님의 말씀이 임할 때까지 집중하며 몰입하며 기도를 해야만 되는 것입니다.

그렇지 않고 내 마음속에 '그저 내 하나님 말씀을 믿습니다. 이 약속의 말씀을 믿습니다. 그대로 된 줄 믿습니다. 할렐루야!' 이제 믿었으니 잠이나 자자 그렇게 해서는 안 되는 것입니다. 사람 편에서 하나님을 믿은 것은 예비 믿음입니다. 이건 받침대의 믿음인 것입니다. 하나님의 약속이 임할 수 있는 받침대를 제공한 것입니다. 받침대를 제공해놓고 난 다음에 우리 하나님을 바라고 간절한 마음으로 기도하며 기다려야 되는 것입니다.

그래서 그 위에 하나님의 약속의 말씀이 임할 때 참 믿음으로 변화되고 이것이 기적을 가져오게 되는 것입니다. 믿음을 가지고 기도할 때 레마가 들리고, 레마를 따라 행동할 때 성령이 역사하여 믿은 대로 기적을 체험하는 것입니다.

셋째, 제가 이 믿음의 실례를 들어서 말씀해 드리겠습니다. 성경에 보면 마태복음 15장 21절로 28절에 수로보니게 여인에 관한 이야기가 있는 것입니다. 이 두로와 시돈 지방에 사는 헬라인의 속한 이 수로보니게 여인은 그 마음속에 크나큰 번뇌를 가지고 있었습니다. 그의 딸이 정신병에 걸려서 인사불성입니다. 이 딸을 고치려고 수없이 애를 써봤자 인간의 힘으로는 이 딸을 고칠 수가 없었습니다. 그러나 이 수로보니게 여인은 하나님의 아들 나사렛 예수께서는 모든 죄를 사하시고 모든 병을 고치시고 어떤 귀신도 내어 쫓는다는 이야기를 듣고서 익히 알고 있었습니다.

그러므로 이 수로보니게 여인은 그 마음속에 예비적 믿음을 가진 여자였었습니다. 즉 실상을 가지고 있었습니다. 왜? 예수님의 기적을 믿었으며 예수님께서는 한 사람도 남김없이 고쳐주는 좋으신 하나님이라는 예수님의 뜻을 알고 계셨으며, 그는 그 딸을 고치겠다는 분명한 목표가 있고 열화 같은 믿음으로 말미암아 간절히 구하고 기다리고 있었습니다.

그러므로 믿음은 바라는 것들의 실상인 그 마음속의 받침대가 이루어져 있었습니다. 이 마음에 인간적인 편에서의 믿음의 받침대에 예비적 믿음을 가지고 있었기 때문에 예수님이 두로와 시돈 지역으로 지나간다는 말을 듣자말자 그는 뛰어나와서 주님께 향하여 부르짖었습니다. "다윗의 아들 예수여 나를 불쌍히 여기소서! 내 딸이 비참하게 귀신 들렸나이다." 예수님께서 들은 체 만체했습니다.

주님께서 응답하지 않았었습니다. 그래서 이 여인은 뒤에 따라간 제자들을 붙잡고서 '예수님께 부탁해서 나의 기도를 응답해 주시고 내 딸을 고쳐 주시옵소서.' 간청을 했습니다. 그러나 예수님의 제자들이 예수께 나와서 저 여인이 심히 부르짖사오니 주님께서 응답해서 보내는 것이 좋겠습니다. 그렇게 말하자 "예수님께서 하시는 말씀이 나는 이스라엘의 잃어버린 양들 이외에는 보냄을 받지 아니했다. 저 이방 여자에게는 나와 상관이 없다." 단호하게 주님께서 부인해 버리고 말은 것입니다.

그러나 수로보니게 여인은 그 마음속에 인간 편에서 예비적인 믿음이 조금도 흔들리지 않았었습니다. 그는 예수님이 기적을 행하시고, 또 예수님께서는 모든 병을 고치시고, 자기 딸이 귀신들린 것에서 놓여남을 받을 수 있다는 그 인간 편에서의 예비적인 믿음 실상을 가지고 있었기 때문에 그는 물러가지 않고서, 예수님 발 앞에 뛰어와서 엎드려서, 그 가는 길을 막고서 간청을 했습니다. "주님! 내 딸이 귀신들려 죽게 되었으니 불쌍히 여겨 주소서." 예수님께서 여인을 내다보시고 단호하게 말했습니다. "자녀들에게 줄 떡을 취해서 개에게는 줄 수 없다."

그럴 때 여인이 눈물에 젖은 얼굴을 가지고 예수님을 쳐다보고 하는 말이 "주여! 옳소이다. 물론 자녀의 떡을 취하여 개에게는 줄 수 없지요. 유대인은 주님의 선민의 자녀요. 우리 이방인은 개요. 그러므로 선민에게 줄 떡을 취해서 이방 개에게는 못 주는 것은 사실입니다. 그러나 개들도 자녀들의 상 밑에서 떨어지는 부스러기는 받아먹습니다. 그러므로 나는 떡을 달라는 것이 아니라 부스러기 하나만이라도 주시면 내 딸이 낳겠나이다."

그는 인간 편에서 놀라운 실상의 믿음을 가지고 있었습니다. 흔들리지 않는 인간편의 받침대의 믿음을 가지고서 첫 번 거부당해도 낙심하지 아니하고, 두 번 거부당해도 낙심하지 아니하고, 세 번째는 개라는 이름까지 들으면서도 물러가지 아니하고 주님께 내어 부르짖는 믿음을 가지고 있었습니다.

예수께서 이 믿음을 보자 마음에 크게 감동을 해서 "여인아~ 네 믿음이 크도다. 네 믿은 대로 될지어다." 주님의 약속의 말씀이 그 여인의 예비적 믿음이 받침대 위에 척 얹히자 말자, 그 예비적 믿음은 본 믿음이 되고 말은 것입니다. 실상의 믿음은 이제는 본격적인 믿음이 되고 말은 것입니다. 그래서 이 여인이 그리스도의 이 말씀을 이제 받아듣고서 마음에 기쁨이 넘쳐서 집으로 가보니 그 딸에서 귀신이 나가고 딸은 침상에 드러누워서 건강한 사람이 되어서 엄마가 오기를 기다리고 있었습니다.

여기에서 보십시오. 이 수로보니게 여인이 처음부터 안 믿은 것이 아닙니다. 그는 열렬하게 믿었습니다. 그는 예수님의 기적을 믿었습니다. 예수님의 뜻은 한사람도 병들어 있는 것이 주의 뜻이 아니란 것을 알고 있었습니다. 그는 그의 딸 병이 낫겠다는 분명한 목표를 가지고서 열렬히 믿고 구했었습니다. 이 여인의 믿음에는 조금도 모자람이 없었습니다.

그러나 그렇게 열렬하게 믿었다고 해서 그 딸의 병이 나았나요? 천만에요. 열렬히 믿기는 믿었으나 그 딸의 병은 낫지 않았었습니다. 언제 그 딸의 병이 나았느냐? 그의 믿음 위에 예수님의 말씀이 주어 졌었을 때 그 딸의 병이 낫고 말은 것입니다. 이러므로 인간적인 편에서 주님 앞에 열렬히 믿는 것은 예비적인 믿음이요, 받침대의 믿음인 것입니다.

그러므로 예비적인 믿음도 없으면 하나님께서는 아예 아무 것도 허락해 주지 않습니다. 왜냐하면 여기에 강단이란 받침대가 없으면 아예 성경도 얹어놓을 수가 없기 때문인 것입니다. 그러나 사람 편에서 믿는 그 예비적인 믿음, 그 받침대의 믿음, 그 자체가 응답이 아닙니다. 그렇기 때문에 수많은 사람들이 내가 믿었는데 왜 주님께서 역사해 주지 않습니까? 그렇게 탄식을 합니다. 당신이 믿은 것은 주님의 응답이 올 수 있는 예비적인 믿음이요. 받침대의 믿음이기 때문에 이 받침대의 믿음을 가지고 끝까지 주님께 매달리고, 주님께 몰입하며, 끝가지 참고 기다리며, 끝까지 주님에게 외쳐야만 되는 것입니다.

그래서 그냥 기도로서 안 되면 새벽기도도 하고, 그렇게 해도 안 되면 무시로 기도하고 금식하면서 하루를 기다리다 안 되면 열흘을 기다리고, 열흘을 기다리다가 안 되면 백날을 기다리고, 예비적인 믿음을 가지고, 주님 앞에 불퇴전의 기도를 드리면서 물러가지 않고 기다리고 있을 때, 주님께서 때가 이르매(주님과 같은 영적인 상태가 되니) 그 인간의 예비적인 믿음, 받침대의 믿음 위에 주의 말씀을 척 얹어 주시면 그때로부터 하나님의 기적은 이루어져버리고 마는 것입니다. 이러므로 오늘날 수없이 많은 사람들이 인간 편에서 예비적인 믿음을 진짜의 믿음으로 오해해서 그래서 믿었는데 안 된다고 그렇게 해서는 안 되는 것입니다.

많은 병자들이 병 낫기를 위해서 주님께 열렬히 간구합니다. 예수님의 기적을 믿고 병 낫는 것이 하나님의 뜻인 줄도 알고 내 치료를 분명한 목표로 삼고 '믿습니다.'로 기도하는 것입니다. 그러면 이와 같은 기도는 이제 주님께 응답을 받을 수 있는 받침대가 이루어진 것입니다. 예비적인 믿음이 된 것입니다.

그러나 그런 믿음 그 자체로서 병이 낫는 것은 아닌 것입니다.

주님께서 우리의 마음속에 이제 네 믿은 대로 낳았다는 이와 같은 하나님의 약속의 말씀이 임해야 그 받침대의 믿음이 온전한 믿음이 되어버리고 마는 것입니다. 이렇기 때문에 인간 편에서 약속을 이렇게 믿었으면 그 다음 이것을 가지고서 끈질기게 주님께 나아와서 "주님! 나는 인간 편에서 주님을 이렇게 믿고 있습니다. 나의 주의 약속을 믿고 있습니다. 여기에 주의 음성을 주시옵소서. 주의 허락을 얻어 주시옵소서. '네 믿음대로 될지어다.'라고 말씀하여 주시옵소서." 주님께 부르짖고 계속해서 기다릴 때 어느 날 어느 시에 주님께서 '네 믿음대로 될지어다.' 저가 채찍에 맞으신 대로 너는 나음을 입었다고 말씀 한마디 주시면 말씀을 믿고 그 말씀대로 행동할 때 그 길로 하나님의 기적적인 역사가 이루어져버리고 마는 것입니다. 이렇기 때문에 우리의 신앙이란 것은 끈질긴 기도, 응답을 받을 때까지 기도가 필요한 것입니다.

그냥 말씀을 듣고 난 다음에 네 인간 편에서 믿었다고 생각하고 그대로 내버려두면 안 됩니다. 반드시 하나님 편에서 내게 고요하고 잠잠한 음성으로 혹은 꿈으로 혹은 환상으로 혹은 기적으로 응답이 다가올 때까지 우리는 하나님께 기다리고 외치고 믿고 추구해야 되는 것입니다. 그래서 예비적인 믿음에 하나님의 성령의 역사가 일어나서 하나님의 말씀이 임하시면 이것이 참 믿음이 되어버리고 받침대 위에 하나님의 약속이 얹히면 그 말씀대로 이루어지게 되는 것입니다.

우리의 마음속에 예비적인 믿음 즉 받침대의 믿음을 가지고서 하나님께 부르짖어 기도하고 기다리고 몸부림을 치며 성령으로 기도하고 있으면 하나님의 응답이 마음속에 확 임하시는 것입니다. 그러면 어떤 변화가 일어나느냐? 마음속에 갑자기 의심이 구름과 안개처럼 사라져 버리고 마는 것입니다. 마음이 평안해집니다. 환경에 보이는 역사가 일어납니다. 인간적인 예비의 믿음을 가지고 있을 때는 기도하면서도 늘 마음속의 의심이 끝나지 않습니다.

그러나 갑자기 기도하는 가운데 하나님의 이제 응답이 우리의 예비믿음 위에 임하시면 받침대의 믿음 위에 임하시면 일시에 마음속에 의심의 구름이 전적으로 사라져 버리고 마음속에 광명한 빛이 꽉 들어차 버리게 되는 것입니다. 그리고 또 평안과 확신으로 충만해 집니다. 전에는 늘 기도하면서도 마음이 불안하고 초조하고 그리고 확신이 없습니다. 그러나 주님께서 응답이 우리의 예비적 믿음 위에 임하시면 그만 마음속이 뱃속까지 편안해지고 그리고 확신으로 충만해져서 이제는 동남풍이 불고 서북풍이 불어도 추호도 요동하지 않는 그와 같은 마음의 상황으로 변화돼 버리고 마는 것입니다.

그리고 또 어떠한 것이냐? 애쓰고 힘쓰는 마음이 사라져버리고 마는 것입니다. 전에는 주님께 애쓰고 힘쓰며 부르짖고 간구했는데 그만 애쓰고 힘씀이 다 사라지고 "마음속에 이루어졌다. 이제는 네 믿음대로 되었다. 다 이루었다." 이와 같은 평안이 채워지고 인간의 힘으로서 애쓰고 힘쓰는 것이 사라져 버리고 마는 것입니다. 거기에 또 보태어서 어찌하던지 이제 기도만 하면 이미 받은 것으로 깨달아지는 것입니다. 그래서 없는 것이 있는 것처럼 생각이 되고 없는 것이 있는 것처럼 환상과 꿈으로 보이고, 없는 것이 있는 것처럼 입에서 담대하게 말해지고, 이미 받아진 것으로 깨달아집니다. 누가 와서 가르친 것도 아닌데 마음속에 이미 이루어진 것으로 깨달아지는 것입니다.

이렇게 되면 의심도 사라지고 평안과 확신으로 충만해지고 애쓰는 마음 주께 다 맡겨 버리고, 그리고 이미 받은 것으로 마음속에 확실히 깨달아지면 그때는 이 마음속에 이제는 진실한 믿음으로 꽉 들어차게 되고, 이와 같은 믿음은 눈에는 아무 증거 안보이고 귀에는 아무 소리 안 들리고 손에는 잡히는 것 없어도 하나도 요동치 아니하고서 그대로 밀고 나가게 되고, 이러한 믿음 위에 주님께서는 '네 믿은 대로 될지어다'고 말씀하는 것입니다.

이렇기 때문에 우리 인간적인 믿음 위에 하나님의 말씀이 임하셔야만 참 믿음이 된다는 이 사실을 우리가 등한히 하면은 인간적으로 믿고 난 다음에 왜 하나님께 부르짖었는데 이루어지지 않습니까? 이와 같은 말들을 자꾸 하게 되는 것입니다.

인간 편에서의 믿음만 가지고 모험을 했다가는 그는 나중에 뒷감당을 하지 못하고 믿었는데 왜 하나님이 응답하지 않습니까? 이런 원망하게 되는 것입니다. 인간 편에서만 믿었지 하나님의 계시적 응답을 성경으로나 꿈으로나 환상이로나 음성으로 받아서 이것이 예비믿음이 참 믿음이 되지 못했기 때문에 하나님께서 책임져 주지 아니하는 것입니다. 이러므로 마음속에서 하나님의 약속의 말씀을 믿었으면 그 믿음에 상응하는 하나님의 응답의 말씀이 올 때까지 부르짖어 기도하는 것이 필요한 것입니다.

수많은 성도들이 예비믿음이 본 믿음 인줄알고 오해한 결과 왜 믿었는데 이루어지지 않느냐고 탄식합니다. 예비믿음은 인간 편에서 믿는 받침대이며 거기에 하나님의 말씀이 임하여야 본 믿음이 되고 그때는 없는 것을 있는 것같이 생각하고 보고 말해도 되는 것입니다. 그 때문에 예비믿음을 갖고 하나님의 허락이 임하도록 열렬히 기도하고 기다려야만 하는 것입니다. 오직 하나님의 말씀이 성령으로 임할 때 그때만이 참 믿음으로 변화되지 그 말씀이 임하기 전에는 끝까지 받침대로 남아있고 예비믿음으로 남아있는 것입니다. 이러므로 항상 기도하고 낙심하지 말며 끈질기게 인간 편의 믿음을 가지고 하나님을 찾게 되어서 하나님의 믿음이 임하시게 되기를 주의 이름으로 축원합니다.

제가 몇 년 전에 직접 체험한 사례가 있습니다. 그때 구정명절 때였습니다. 구정명절 부흥회를 했습니다. 주변에 많은 분들이 치유를 받으러 오셨습니다. 환자들 중에 박 권사님의 딸인데 무도병으로 7년을 고생한 분이 참석하였습니다. 그분이 앞에 앉아서 몸을 흔들어대면 말씀전하기가 어려울 정도로 정신없이 온 몸을 흔들어 댑니다. 그 날이 구정 날이었는데 오후 집회 때에 말씀을 전하는데 성령께서 이번 집회 기간 동안, 무도병 환자를 치유하신다는 것입니다. 제가 선포했습니다. 이번 집회 기간 동안 김 집사의 무도병이 치유될 것이라고 담대하게 말했습니다. 성령의 감동을 받고 선포함으로 믿음의 예비적인 믿음, 즉 믿음의 받침대를 준비한 것입니다. 집회를 마치고 성도들이 돌아갔습니다.

저는 우리 교회 성도들을 봉고차로 데려다 주었습니다. 마지막으로 내리는 권사가 김 권사입니다. 성도들이 다 내리고 자기 혼자 남았습니다. 저에게 이렇게 말하는 것입니다. 목사님! 박 권사 딸의 질병이 고쳐질 수 있을까요? 아니 목사는 치유된다고 하는데 권사가 치유될 수 있느냐고 부정적인 말을 하는 것입니다. 그래서 제가 속으로 하나님! 김 권사 집에 오늘밤 손님을 보내셔서 교회 집회에 나오지 못하게 하여주옵소서. 성령께서 응답을 하셔서 김 권사 집에 그날 밤 손님이 와서 집회에 참석하지 못했습니다. 말씀을 전하고 기도했더니, 그렇게 정신없이 흔들던 무도병이 현장에서 치유된 것입니다.

제가 성령의 감동을 받아 믿음의 받침대를 준비하니 하나님이 응답하셔서 7년 된 무도병을 치유하신 것입니다. 치유할 때는 부정적인 사람이 있으면 성령의 역사가 반감합니다. 이렇게 우리의 마음속에 예비적인 믿음 즉 받침대의 믿음을 가지고서 하나님께 부르짖어 기도하고 기다리고 몸부림을 치며 성령으로 기도하고 있으면 하나님의 응답이 마음속에 확 임하시는 것입니다. 그러면 어떤 변화가 일어나느냐? 마음속에 갑자기 의심이 구름과 안개처럼 사라져 버리고 마는 것입니다. 환경에 보이는 역사가 일어납니다.

20장 기적을 체험하는 믿음을 개발하는 비결

(눅 4:25-30)"내가 참으로 너희에게 이르노니 엘리야 시대에 하늘이 세 해 여섯 달을 닫히어 온 땅에 큰 흉년이 들었을 때에 이스라엘에 많은 과부가 있었으되 엘리야가 그 중 한 사람에게도 보내심을 받지 않고 오직 시돈 땅에 있는 사렙다의 한 과부에게 뿐이었으며, 또 선지자 엘리사 때에 이스라엘에 많은 문둥이가 있었으되 그 중에 한 사람도 깨끗함을 얻지 못하고 오직 수리아 사람 나아만 뿐이니라. 회당에 있는 자들이 이것을 듣고 다 분이 가득하여 일어나 동네 밖으로 쫓아내어 그 동네가 건설된 산 낭떠러지까지 끌고 가서 밀쳐 내리치고자 하되 예수께서 저희 가운데로 지나서 가시니라"

하나님은 순종하는 성도에게 축복을 허락하십니다. 그러나 예수님은 믿는 성도라도 하나님의 말씀에 순종하지 아나하면 복을 허락하지 않으십니다. 하나님은 좋은 하나님이십니다. 하나님은 우리에게 화 대신에 복을 주기를 원하시는 것입니다. 불안 대신에 평안을 주시기를 원하시는 것입니다. 패배 대신에 승리를 주시기를 원하시는 것입니다. "사랑하는 자여 내 영혼이 잘됨같이 내가 범사에 잘되며 강건하기를 내가 간구한다"고 간증했습니다. 그런데 하나님께서 친히 애굽에서 해방시켜 인도해 내신 이스라엘 백성을 광야에서 다 멸망하게 하신 이유는 그들이 계속된 불신앙과 불순종 때문이었습니다.

첫째, 고향땅 나사렛의 불신앙과 불순종. 젖과 꿀이 흐르는 가나안 복지의 경계인 가데스 바네아에서 하나님을 격노하게 만든 것이 바로 집단적인 불신앙과 불순종이었습니다. 열 두 명의 정탐꾼이 40주 40야 가나안 땅을 정탐하고 와서 보고할 때 열사람의 정탐꾼이 그 땅을 악평하고 공포와 불안을 넣어 주었습니다. 그 열 정탐꾼의 가슴속에는 하나님이 계시지 않았습니다. 인본주의적으로 보고, 듣고, 관찰한 것을 말했습니다. 그들은 하나님에 대한 신앙이 없었고 하나님에 대한 순종함이 없었습니다. 그들의 영향력으로 말미암아 온 이스라엘 백성이 밤새도록 통곡을 하고 울며 지도자를 세워서 애굽으로 돌아가자고 했습니다. 하나님에 대한 집단적인 반항이요, 불신앙이요, 불순종이었습니다.

그 결과로 하나님은 진노하사 그들을 광야로 회진시켜 40년 동안 방황하게 하면서 다 멸하시게 한 것입니다. 바로 하나님이 가장 미워하시는 것이 불순종과 불신앙인 것입니다. 우리 주 예수님께서 고향땅 나사렛에 오셔서 회당에서 말씀을 증거할 때 바로 꾸짖은 것도 이 사실인 것입니다. 주님께서는 회당에서 구약의 예를 들어 말씀을 하셨습니다. 엘리야 시대에 하늘이 3년 6개월을 온 땅에 큰 흉년이 들었을 때 많은 사람이 굶어 죽어서 이스라엘에 과부가 많았습니다. 그런데 그 많은 과부가 이스라엘 땅에 있었으면서도 그 과부들은 하나님을 믿지 아니하고 순종치 아니했습니다. 그러므로 하나님은 그들에게 도움을 베풀지 아니했습니다. 이스라엘이 아닌 이방 사렙다에 과부가 있었습니다. 사렙다 과부는 시돈 땅에 사는데 시돈 땅은 하나님이 아닌 바알을 섬기는 이방 땅입니다. 그럼에도 불구하고 사렙다의 과부는 하나님을 두려워하고 하나님을 믿고 순종하는 사람이었습니다.

그분에게는 비록 이방인이지만 하나님께서 엘리야를 보내셨습니다. 엘리야가 가니까 이 사렙다의 과부가 나무를 줍고 있었습니다. 엘리야는 말했습니다. "빨리 가서 빵을 만들어서 물 한 사발 가지고 내게 오너라." 그때 과부가 말했습니다. "나는 밀가루 한 움큼과 기름 조금밖에 없고 이것을 가지고 마지막 빵을 구워서 먹고 나와 내 아들은 죽으려고 합니다. 그래서 나무를 줍고 있습니다." 이 말은 들은 엘리야가 "그것은 당신 마음대로 하려니와 먼저 가서 당신이 그 밀가루와 기름으로 빵을 만들어서 내게 가지고 오시오. 나에게 물 한사발도 가지고 오시오. 그러면 이 가뭄이 끝날 때까지 당신의 밀가루 통에 밀가루가 떨어지지 아니하고 기름병에 기름이 마르지 아니할 것입니다." 사렙다의 과부는 이 엘리야의 말을 믿었습니다.

배가 고팠습니다. 밥을 달라고 우는 어린아이를 데리고 있었습니다. 그럼에도 불구하고 그는 믿음과 순종을 가지고 우는 어린아이를 떨치고 그것으로 떡을 구워서 엘리야에게 갖다 주었습니다. 엘리야가 그 떡을 받아먹고 물을 마시고 난 다음에 하나님의 축복이 임하여서 그 3년 6개월 동안 가뭄이 지나갈 동안에 밀가루 통에 밀가루가 떨어지지 아니하고 기름병이 기름이 말라지지 않았 었습니다. 하나님의 기적이 일어난 것입니다. 믿음과 순종이 있는 곳에는 주님이 찾아가시는 것입니다.

또한 엘리사 때에 이스라엘에 많은 문둥이가 있었는데 그 문둥 이들이 하나님이 문둥병을 고쳐줄 것이라고 믿는 사람은 한사람 도 없었습니다. 하나님을 순종치 않았습니다. 그러나 이스라엘을 늘 침략하던 이웃 원수의 나라 수리아의 대 장군 나아만은 장군이 었지만 문둥병 환자였습니다. 그런데 그들이 포로로 잡아온 이스 라엘의 조그마한 어린 소녀가 주모를 돕고 있었는데 하루 주모에 게 말했습니다. "우리 주인께서 이스라엘에 가서 엘리사 앞에서 섰으면 좋았겠습니다. 왜냐하면 엘리사 선지자가 기도하면 우리 주인님의 문둥병이 나을 것입니다."

믿음은 들음에서 나며 들음은 그리스도의 말씀으로 말미암는 다고 이 조그마한 어린 소녀의 말을 듣고 대장군 나아만이 이스 라엘을 찾아 왔습니다. 이스라엘 왕에게 찾아왔고 왕이 "내가 신 이 아닌데 사람을 죽이고 살릴 수 없는데 어떻게 문둥이를 고치 냐"고 옷을 찢고 시리아가 빌미를 만들어서 우리나라를 쳐들어오 려고 한다고 할 때 엘리사가 "그러지 말고 그 사람을 내게로 보내 라"했습니다. 나아만 장군이 장군 복을 입고 큰 군대를 거느리고 엘리사의 집 문 앞에 와서 섰는데 엘리사는 나오지도 아니하고 그 종이 나와서 하는 말이 "저 요단강에 가서 일곱 번 목욕을 하고 돌 아가시오." 나아만 장군은 화가 났습니다. "내가 불온천리 마다하고 하나님의 기적을 믿고 찾아 왔는데 나를 이렇게 박대하다니 엘리사가 직접 나와서 나에게 거룩한 물을 뿌리고 손을 흔들어 축도를 하고 고쳐줄 줄 알았는데 나를 저 요단강물에 가서 목욕하라고? 요단강물은 흙탕물인데 우리나라에는 아바나 강과 바르바르 강 푸르고 맑고 깊은 강이 있는데 목욕할 바에야 우리나라 강에서 하지 여기서 할 것이냐?"하며 분해서 돌아서는데 밑에 사람들이 달려들어서 "아버지여! 그렇게 하지 마소서. 문둥병을 나으려면 이보다 더 큰일 하라고 해도 할 것 아니겠습니까? 강에 가서 목욕하라는데 못할 것 뭐가 있습니까? 갑시다." 그러자 그들의 간청에 그는 마음을 돌이켰습니다. 지도자는 아랫사람을 잘 두어야 합니다. 그래서 요단강에 가서 일곱 번 목욕을 하고 나니까 문둥병이 깨끗이 사라지고 어린아이와 같이 부드러운 살을 갖게 된 것입니다. 주님께서 이 말을 나사렛 회당에서 하셨습니다. 이 사렙다의 과부도 시돈 땅의 이방 여인이고, 나아만 장군도 이스라엘과 원수가 되었던 수리아의 대장군이었습니다. 하나님께서는 친 백성이라도 믿지 않고 순종치 아니하면 도와주지 않는다는 것입니다. 원수의 나라 이방인이라도 하나님의 말씀을 공경하고 믿고 순종하면 주님께서 주의 사자를 보내어서 돌보아 주신다는 것입니다.

시편 81편 10절로 11절에 "나는 너를 애굽 땅에서 인도하여 낸 여호와 네 하나님이니 네 입을 넓게 열라 내가 채우리라 하였으나 내 백성이 내 소리를 듣지 아니하며 이스라엘이 나를 원치 아니하였도다" "듣지 아니하니까"라는 말은 순종하지 않는다는 말입니다. "원치 않는 것은" 믿지 아니하는 것입니다. 대개 하나님은 변혁치 아니하십니다. 하늘과 세계와 만물을 지으신 하나님은 지금도 전능한 능력으로 우리의 요구를 채워주시기를 원하시고 계신 것입니다. 네 입을 넓게 열라 내가 채우리라고 말씀하신 것입니다. 그러나 오늘날 주를 믿는다는 사람들이 주의 말씀을 듣지 아니하고 믿지 아니하므로 하나님께서는 그 가운데 나타나지 아니하는 것입니다. 말만 "나는 예수 믿는다. 나는 세례 받았다. 나는 교회 출석한다. 나는 안수 집사다." 그렇게 한다고 해서 하나님이 역사하는 것은 아닙니다. 하나님이 찾는 것은 형식과 의식이 아니라, 마음속에 있는 순종과 믿음을 찾고 계신 것입니다. 살아 계신 예수님을 만나 체험하는 신앙을 요구하시는 것입니다.

순종이 있고 믿음이 있으면 오늘날도 하나님은 기사와 이적을 나타내시는 것입니다. 그러나 아무리 장엄한 종교적인 의식을 집행한다 하더라도 순종이 없고 믿음이 없으면 하나님과 우리는 관계가 끊어져 버리고 마는 것입니다.

하나님의 손이 짧아 우리를 구원하지 못함이 아니요, 하나님의 귀가 둔하여 우리 기도를 듣지 못하는 것이 아닙니다. 불순종이 있고 불신앙이 있으므로 하나님께서 우리 가운데 운신하시지 아니하시는 것입니다. 하나님의 말씀이면 믿으시기를 바랍니다. 믿고 순종하셔서 하나님의 기적을 체험하시기를 바랍니다.

둘째, 마르다와 마리아의 불신앙과 불순종 및 회개. 신약성경에 마르다와 마리아의 사건을 보십시오. 그 오라버니 나사로가 죽었습니다. 일찍 조실부모하고 오라버니만 믿고 살았는데 오라버니가 병들어서 시름시름하다가 죽어 버리고 그를 장사지낸 지 나흘이 되어서 예수님이 찾아 오셨습니다. 그때에 마르다는 예수께 나와서 원망을 했습니다. "주는 나흘 전에 이 자리에 계셨더라면 우리 오라버니가 죽지 않았을 것인데 나흘 후에 이제 오시니 우리는 희망이 없다는 것입니다." 마르다와 마리아는 절망했습니다. 예수님은 어제나 오늘이나 영원토록 동일하시는데 여기 마르다는 나흘 전에 예수님은 인정하나 지금의 예수님은 인정하지 않았습니다. 이것이 큰 문제인 것입니다. 나흘 전에 오셨으면 우리 오라버니가 죽지 않을 것인데 이제 오셨으니 우리 오라버니는 죽어서 무덤에 들어 간지 나흘이 되었다는 것입니다.

예수님 말씀을 들어 보세요. 요한복음 11장 21절로 26절에 "마르다가 예수께 여짜오되 주께서 여기 계셨더면 내 오라비가 죽지 아니하였겠나이다. 그러나 나는 이제라도 주께서 무엇이든지 하나님께 구하시는 것을 하나님이 주실 줄을 아나이다. 예수께서 가라사대 네 오라비가 다시 살리라. 마르다가 가로되 마지막 날 부활에는 다시 살줄을 내가 아나이다. 예수께서 가라사대 나는 부활이요, 생명이니 나를 믿는 자는 죽어도 살겠고 무릇 살아서 나를 믿는 자는 영원히 죽지 아니하리니 이것을 네가 믿느냐"

예수님은 여기에 필사적인 노력을 하는 것입니다. 지금 네 오라버니가 살 것이다. 마르다는 "하하~ 부활의 날에나 살 것입니다."

이에 예수님이 "내가 지금 부활이요, 생명인데 지금 나를 믿는자는 죽어도 살겠고 살아서 나를 믿는자는 영원히 죽지 않을 것이니 이것을 믿느냐?" 마르다는 "주님이 예수 그리스도요 구주인 것을 믿습니다." 자꾸 뒷북을 칩니다.

주님은 지금 살아있는 하나님, 지금 기적을 행하시고 "지금 네 오라버니를 살리겠다."고 하는데 마르다는 "부활의 날에나 살아날 것입니다." "지금 내가 부활이라."고 하니까 "주님이 구주인 것을 믿습니다." 예수 그리스도가 지금 살아서 역사할 것을 마리아는 마르다는 인정하지 않았었습니다. 예수님께서는 마르다와 마리아를 데리고 무덤에 가서 울었습니다. 예수님께서는 나사로가 부활할 것을 알고 계셨는데 왜 울었을까요? 마르다와 마리아의 불신앙과 불순종 때문에 우신 것입니다. 그들이 믿고 순종했더라면 어떠한 역경에 처해도 두려워하고 놀라지 않고 좌절하고 절망하지 않았을 것인데, 현재 주님이 살아계심에도 불구하고 그 주님과 함께 있음에도 불구하고 믿지 않고 순종하지 아니하므로 그들은 수고하고 무거운 짐을 지고, 고통과 괴로움으로 슬퍼하는 것을 주님이 탄식하시고 너무나 가련하게 여기셔서 눈물을 흘리신 것입니다.

주님이 마르다와 마리아를 데리고 무덤가에 와서 마르다를 보고 말했습니다. "예수께서 가라사대 돌을 옮겨 놓으라 하시니 그 죽은 자의 누이 마르다가 가로되 주여 죽은 지가 나흘이 되었으매 벌써 냄새가 나나이다"(요11:39) 반항입니다. 주님께서 그처럼 사랑하사 가르친 제자인 마르다와 마리아가 이처럼 불순종하고 불신앙할 줄 예수님은 몰랐습니다. 예수님이 저들을 데리고 나사로의 무덤가에 와서 살려 놓을 테니 무덤 돌문을 옮겨놓으라고 하는데 마르다와 마리아는 반항했습니다. "우리 오라버니가 무덤에 들어간 지 나흘이 되어 썩은 냄새가 나는데 무덤 문의 돌을 옮겨놓으면 무슨 소용이 있겠습니까? 창피만 당할 것이고 같이 온 사람들이 우리를 뭐라고 말하겠습니까? 옮겨놓지 않겠습니다." 예수 그리스도를 믿고 사랑한다는 사람들이 위기에 처했을 때 그리스도의 명령에 반항하고 불순종한 것입니다.

오라버니가 살아날 것을 믿지 않았었습니다. 그러자 예수님은 통분히 여기셔서 통렬하게 꾸짖었습니다. "예수께서 가라사대 내말이 네가 믿으면 하나님의 영광을 보리라 하지 아니하였느냐 하신대"(요11:40) 많은 안 믿는 유대인들이 그곳에 모여 있었습니다. "내가 믿으면 하나님의 영광을 보리라 하지 않았느냐? 불순종하고 불신을 하면 하나님의 영광이 나타나지 못할 것 아니겠는가?" 예수님은 마르다와 마리아의 의식을 바꾸십니다. 한편으로 예수님의 노하심에 마르다와 마리아는 가슴이 아팠습니다. 그들은 마음을 고쳐먹었습니다. 그들은 회개했습니다. 우리가 불순종하고 불신앙해도 주님이 꾸짖으심을 받고 회개하면 주님이 우리를 사용하여 주시는 것입니다. 회개하라 천국이 가까웠다. 우리는 인간이기 때문에 약해서 불순종하고 불신앙할 수 있습니다.

그러나 주님께서 꾸짖었을 때 회개해야 되는 것입니다. 회개하지 아니하면 주의 영광은 지나가 버리고 마는 것입니다. "왜! 오늘 우리 교회에는 하나님의 영광이 나타나지 않습니까?" 왜! 우리 가정에는 영광이 나타나지 않습니까?" 왜! 나의 사업장에는 영광이 나타나지 않습니까?" "왜! 나의 생애에는 영광이 나타나지 않습니까?" 그렇게 묻습니다. 그러면 주님께서 말씀합니다. "회개하라. 불순종을 회개하라. 불신앙을 회개하라. 그리고 순종하고 믿으면 하나님의 영광이 나타난다." 마르다와 마리아는 믿기로 마음을 바꿔 먹었습니다. 지금까지 불순종하고 불신앙했더라도 오늘 이 시간에 하나님 말씀을 듣고 마음을 바꾸면 하나님은 영접하여 주시는 것입니다. 그들은 믿기로 마음을 바꿔먹고 달라 들어서 둘이가 돌을 옮겨 놓으려고 하는 것입니다. 돌문은 큽니다. 굴을 파고 시체를 넣고 큰 돌문으로 막아 놓아서 짐승이 들어가서 시체를 훼손하지 못하게 해놓은 것입니다.

마르다와 마리아는 이 돌에 매달려서 돌문을 옮겨 놓으려고 하는 것입니다. 행함이 없는 믿음은 죽은 믿음입니다. 그들이 믿었으면 순종하여 행해야 되는 것입니다. 그 돌문은 예수님이 옮겨주지 않습니다. 이웃사람들도 도와주지 않습니다. 자기가 할 수 있는 일은 자기가 해야 됩니다. 할 수 없는 것은 주님이 하시지만은 행함이 없는 믿음은 죽은 믿음인 것입니다. 순종하여 돌을 옮겨놓고 믿으면 주님께서 기적을 행하시는 것입니다. "주님! 나를 구원해 주시옵소서." 주님에게 구원을 받으려면 예수를 믿어야 되요. 그리고 교회에 나와야 돼요. "주여! 나를 축복해 주시옵소서." 소득의 십일조를 드려야 돼요. "주님! 나를 고쳐 주소서." 하나님을 주인으로 모시고 기도해야 됩니다. 내가 할 수 있는 일은 해야 되는 것입니다. 행함이 없는 믿음은 죽은 믿음인 것입니다. 주님은 자신의 믿음을 보시기를 원하시고 계신 것입니다. 눈에 보이지 않는 믿음은 믿음이 아닙니다.

주님은 크고 적은 일에 있어서 행함 있는 믿음을 보시기를 원하시는 것입니다. 항상 성경에는 주님이 저들의 믿음을 보시고 "네 믿음 데로 될찌어다."라고 말씀하신 것입니다. 보이는 믿음이 믿음입니다. 보이지 않는 믿음은 믿음이 아닙니다. 물속에 가라앉은 땅은 땅이 아닙니다. 물위에 솟아오른 땅이 땅입니다. 보이지 않는 믿음은 믿음이 아닙니다. 보이도록 나타난 믿음이 믿음인 것입니다. 그러므로 마르다와 마리아가 눈에 보이는 믿음을 실천하라고 주님께서 강요하는 것입니다. 그러므로 믿고 순종하라. 그들은 돌을 매달려 옮겨 놓아 돌문이 굴러가자, 무덤 문이 펑 열리고 썩은 냄새가 코를 찔렀습니다. 그럴 때 예수님께서는 그 무덤 앞에 서서 말씀했습니다. "나사로야 나오라!" 모든 사람들이 긴장을 하고 보고 있습니다. 마르다와 마리아도 가슴을 조이고 보고 있습니다.

그들은 전부 무덤 문을 들여다보고 있습니다. 캄캄한 무덤 속에 무엇이 일어날까. 얼마 있지 않자 하얀 물체가 움직이는 것이 보이더니만 나사로가 수의를 입은 채로 걸어 나온 것입니다. 예수 그리스도는 어제나 오늘이나 영원토록 동일하신 것입니다. 하나님의 기적이 일어난 것입니다. 믿고 순종하면 오늘날도 기적이 일어납니다. 우리가 가짜로 믿고, 가짜로 순종하지 말고 진짜로 믿고 진짜로 순종하면 오늘날도 하나님의 영광이 우리 가운데 나타나게 되는 것입니다. 온전하고 순수하게 믿고 순종하여 하나님의 기적을 날마다 체험하시기를 바랍니다.

셋째, 우리를 믿음으로 초청하시는 예수님. 그렇기 때문에 예수님은 마태복음 11장 28절로 30절에 우리를 초청하고 계십니다. "수고하고 무거운 짐 진 자들아 다 내게로 오라 내가 너희를 쉬게 하리라 내 멍에 밑으로 들어오너라. 내 멍에 밑에 들어오면 쉽고 가볍게 인생을 살아갈 수 있다." 짐은 주님께서 지시고 일을 주님께서 하시겠다고 하신 것입니다. 우리를 쉬게 하자면 우리의 짐을 주님이 대신 짊어지시고 우리 일을 해주셔야 우리가 쉬지 우리 짐 잔뜩 짊어지고 우리 일 잔뜩 하는 데 어떻게 쉴 수 있습니까?

예레미야 33장 2절로 3절에 "일을 행하는 여호와, 그것을 지어 성취하는 여호와, 그 이름을 여호와라 하는 자가 이같이 이르노라 너는 내게 부르짖으라 내가 네게 응답하겠고 네가 알지 못하는 크고 은밀한 일을 네게 보이리라" 네가 일을 짊어지지 마라. 일은 내 것이요, 내가 한다. 내게 부르짖어 기도하고 맡기라는 것입니다. 마태복음 6장 33절에 "너희는 먼저 그의 나라와 그의 의를 구하라 그리하면 이 모든 것을 너희에게 더하시리라"고 말씀한 것입니다. 예수님은 사람들이 무거운 짐을 지고 고생하는 것을 보시고 수고하고 무거운 짐진자들아 다 내게로 오라 하시며 예수님은 우리에게 쉽고 가볍게 인생을 살아갈 수 있도록 짐을 대신 져주시겠다고 초청하시는 것입니다.

"죄 짐이 무거우냐? 세상의 짐이 무거우냐? 마귀의 멍에가 무거우냐? 병의 짐이 무거우냐? 먹고 사는 삶이 그렇게 수고하고 무거우냐? 인생살이가 고생스러우냐? 죽는 고통이 괴로우냐? 그 짐 네가 지지 말아라. 나에게 맡겨라. 내가 짊어져 주마. 내가 멍에를 짊어지고 내가 짊어져주마. 내 십자가의 멍에 내가 다 짊어졌으니 그냥 믿고 순종하고 내 밑에 들어오너라. 그러면 너는 평안하게 인생을 살아갈 수 있다." 이 얼마나 놀라운 초청입니까?

예수님께서 나는 온유하고 겸손하니 나의 멍에를 메고 내게 배우라고 했으니 예수님의 멍에 밑에 들어가기 위해서는 두 가지 조건이 필요합니다. 온유해야 되고 겸손해야 됩니다. 온유하다는 것은 길들임을 잘 받은 따뜻하고 부드러운 성품을 말하는 것입니다. 가축들은 온유한 짐승입니다. 사람에게 길들임을 잘 받아서 개나 소나 말이나 다 온유한 짐승들입니다. 사자나 호랑이나 여우나 이리와 같이 사나운 짐승들은 사람에게 길들여지지 않아요. 온유하다는 것은 길들임을 받아서 순종하는 것을 말하는 것입니다.

히브리서 3장 18절에 "또 하나님이 누구에게 맹세하사 그의 안식에 들어오지 못하리라 하셨느뇨 곧 순종치 아니하던 자에게가 아니냐" 온유하지 못하면 하나님의 도움을 받지 못합니다. 히브리서 5장 8절로 9절에도 "그가 아들이시라도 받으신 고난으로 순종함을 배워서 온전하게 되었은즉 자기를 순종하는 모든 자에게 영원한 구원의 근원이 되시고" 그렇게 말씀하셨습니다. 시편 37편

11절에 "오직 온유한 자는 땅을 차지하며 풍부한 화평으로 즐기리로다" 오늘날 우리가 왜 예수 믿으면서 많은 시험을 당하고 환난을 겪고 풍랑을 통할 때가 있습니까? 하나님은 우리가 깨어져서 순종하기를 원하시기 때문에 교육시키는 것입니다. 하나님의 아들 예수님도 받으신 고난으로 순종함을 증명했는데 우리가 순종하지 아니하면 하나님이 우리에게 땅을 차지하게 할 수가 없습니다.

그러므로 인생의 굽이굽이마다 골목골목마다 하나님은 우리의 순종을 시험해 보시는 것입니다. 고난이 닥쳐와야 살든지 죽든지 흥하든지 망하든지 성하든지 쇠하든지 나는 주님을 따르겠습니다 하고 순종하느냐, 그렇지 않으면 네게 손해나니까 탁탁 털어 버리고 돌아서는지 주님이 테스트 해보시는 것입니다. 주님의 멍에 밑에 들어가서 주님이 우리 짐을 짊어지게 하기 위해서는 주께 순종해야 됩니다. 온유한 마음으로 주님을 따라가야 되는 것입니다. 존 칼빈은 말하기를 "믿음이란 눈을 감고 귀를 기울이고 무조건 따르는 것이다. 하나님은 우리에게 완전복종을 요구하신다." 고 말한 것입니다. 자꾸 눈으로 보고 환경을 바라보고 요동하지 말고 눈 딱 감아 버리고 귀에 들리는 데로만 따라가요. 절벽이라도 하나님이 그냥 가라면 가는 것입니다. 그러면 성령님이 길을 내십니다. 주를 믿는다는 것은 겸손한 마음이 있어야 주를 믿습니다. 교만한 마음 있는 사람은 자꾸 주님을 비평하고 판단하고 의심하고 믿지 않습니다. 겸손한 사람은 끝까지 믿고 따라가는 것입니다. 끝까지 주님을 믿고 따라가서 기적을 체험하시기를 바랍니다.

21장 삶을 성공하는 믿음을 개발하는 비결

(히 11:6)"믿음이 없이는 기쁘시게 못하나니 하나님께 나아가는 자는 반드시 그가 계신 것과 또한 그가 자기를 찾는 자들에게 상주시는 이심을 믿어야 할지니라"

주님께서 우리에게 주신 믿음은 태산을 옮길만한 능력이 있습니다. 그러나 우리는 그 믿음을 매일의 일상 생활 속에 어떻게 사용할지를 모르고 있습니다. 그래서 믿음의 위대한 힘이 우리를 끌고 가는 것이 아니라 우리가 낑낑거리면서 믿음을 끌고 가려고 무척 애를 쓰고 있습니다. 지금 우리는 코로나19로 인하여 경재의 한파 속에 큰 고통을 당하고 있습니다. 지금이야말로 우리 속에 하나님이 주신 믿음의 힘을 의지하고 살아갈 때입니다. 어떻게 해야 우리 앞에 있는 믿음을 사용할 수가 있을까요? 거기에 대한 해답을 하나님 말씀을 통해서 찾아보려고 합니다.

첫째, 성경은 말씀하기를 믿음은 바라는 것이라고 말했습니다.
우리가 아무리 믿으려고 하더라도 바라는 목표가 분명하지 아니하면 결코 믿을 수가 없습니다. 많은 사람이 헛되이 믿으려고 발버둥 쳐도 성과를 거두지 못하는 것입니다. 그들의 마음속에 믿음의 목표가 분명치 않기 때문인 것입니다. 경주할 때에 목표 없이 뛰면 아무리 그 사람이 잘 뛰어도 상을 타지 못합니다. 우리가 믿음을 활용하려면 우리의 삶 속에 분명한 믿음의 목표가 있어야 합니다. 믿음은 바라는 것이 있어야 하는 것입니다. 그러므로 우리가 어떻게 믿음의 목표를 가질 수가 있겠습니까? 우리 하나님께서는 우리 마음속에 뜨거운 소원을 일으켜서 우리의 인생의 목표를 정하게 만들어 주는 것입니다.

빌립보서 2장 13절에 "너희 안에서 행하시는 이는 하나님이시니 자기의 기쁘신 뜻을 위하여 너희로 소원을 두고 행하게 하시나니" 우리가 간절히 하나님께 부르짖어 기도할 때에 하나님께서는 우리의 마음속에 뜨거운 소원을 일으켜 주시는 것입니다. 이렇게 하나님과 교통하는 인생을 살라는 것입니다. 이러한 목표를 정하라고 마음에 소원이 줄기차게 일어나는 것입니다. 이 소원을 통해서 우리는 이런 사회의 목표와 방향을 정할 수가 있는 것입니다. 우리가 어떤 목표를 정하더라고 그 목표가 탐욕이나 욕심이 되어서는 안 됩니다.

야고보서 4장 3절에 "구하여도 받지 못함은 정욕으로 쓰려고 잘못 구함이니라"고 말씀하셨습니다. 우리의 정하는 목표는 언제나 하나님을 기쁘시게 하는 그러한 목표가 되어야 하는 것입니다. 그렇기 때문에 우리의 마음은 분명한 목표를 설정할 때부터 시작해서 믿음의 역사가 출발하는 것입니다. 이스라엘 백성이 애굽에서 떠나 젖과 꿀이 흐르는 가나안 땅으로 갈 때에 구름 기둥과 불 기둥이 그들이 간 목표를 향해서 분명히 인도해 준 것입니다. 오늘날도 우리들 속에는 하나님의 성령이 와 계신 것입니다.

하나님의 성령께서 우리의 삶의 목표를 분명히 우리에게 설정해 주는 것입니다. 그렇기 때문에 우리의 마음을 비우고 주님 앞에 기다리며 간절히 간구할 때에 하나님께서 우리가 해야 될 목표를 보여주는 것입니다. 직장을 잃어버리거나 명예퇴직을 했거나 사업이 다 무너졌을 때에 우리는 어떻게 해야 하느냐! 새로 목표 설정을 해야 하는 것입니다. 그 곳에서 우리가 주저앉아 버리면 안 되는 것입니다. 그러면 우리의 새로운 목표 설정은 누가 시킵니까? 우리 하나님께서 우리를 위해서 새로운 목표를 설정해 주시는 것입니다. 하나님께서는 우리를 위해서 예비해 놓으신 하나님이신 것입니다.

고린도전서 2장 9절에 "기록된바 하나님이 자기를 사랑하는 자들을 위하여 예비하신 모든 것은 눈으로 보지 못하고 귀로도 듣지 못하고 사람의 마음으로도 생각지 못하였다." 하나님께서는 우리를 위해서 이미 모든 것을 예비해 놓으신 하나님이신 것입니다. 이러므로 우리 하나님의 예비하신 그 길을 하나님께서 우리에게 들려주시기 위해서 우리가 간절히 기도하며 기다릴 때에 성령 하나님의 구름 기둥과 불기둥이 우리의 마음속에 뜨거운 소원을 일으키든지 우리의 앞에 열린 문을 허락하든지 우리에게 분명히 나아갈 목표를 설정해 주시는 것입니다. 하나님이 우리에게 보여주시는 그 목표를 향해서 우리가 뛰어 가야만 되는 것입니다. 성경에는 성령으로 인도함을 받는 그들이 곧 하나님의 아들이라고 말했습니다. 이 말은 하나님의 아들이면 성령의 인도를 받을 권리가 있다는 것입니다. 그러므로 성령님께 인도해 달라고 간절히 기도드리십시오. 간곡히 기도하면 반드시 하나님이 우리를 위해서 예비한 그 길로 가는 목표를 우리에게 분명하게 보여 주시는 것입니다. 우리가 보여주신 목표를 따라서 순종하면서 준비하면서 성령의 인도를 받아야 되는 것입니다.

히브리서 11장 6절에는 "믿음이 없이는 기쁘시게 못하나니 하나님께 나아가는 자는 반드시 그가 계신 것과 또한 그가 자기를 찾는 자들에게 상주시는 이심을 믿어야 할지니라"고 말씀하셨습니다. 하나님은 그를 찾는 자에게 빈 손들고 돌아가게 하지 않습니다. 상을 주시는 것입니다. 은혜와 복을 주시는 하나님이신 것입니다. 이러므로 우리의 신앙생활은 하나님께서 제시한 마음속에 분명한 목표로부터 출발하는 것입니다.

둘째, 우리는 믿음은 바라봄의 법칙을 사용함으로 마음속에서 활동하는 것입니다. 하나님은 없는 것을 있는 것 같이 부리신다고 하셨습니다. 그러면 우리도 없는 것을 있는 것 같이 바라봐야 하는 것입니다. 마음속에 바라본다는 것은 대단히 중요합니다. 자신의 마음의 스크린에 하나님이 이루어 놓으신 것을 비추어 보는 것, 이것은 우리의 신앙생활에 굉장히 중요한 것입니다. 아브라함이 애굽 땅에서 가나안으로 올라왔을 때에 그는 가난하고 헐벗고 굶주린 처지를 잊지 않았습니다. 하나님께서 금과 은을 많이 주셨고 짐승도 많이 주셨습니다. 그러나 그 조카 롯과 함께 작은 땅 때문에 삶으로 늘 분쟁이 있었습니다. 그래서 조카 롯과 헤어지고 난 다음에 하나님께서는 아브라함을 부르셔서 말씀하십니다. 아브라함아 네가 고개를 들어 동서남북을 바라보라. 네 눈에 보이는 그 땅을 내가 너의 자손에게 주리니 영원하리라고 말씀하신 것입니다.

아직까지 가나안의 땅은 아브라함의 것이 아닙니다. 가나안 땅은 가나안의 7족이 점령해서 살고 있었습니다. 그럼에도 불구하고 없는 것을 있는 것같이 부르시는 하나님께서는 아브라함으로 하여금 동서남북을 바라보게 하면서 자기 소유가 되지 아니하고 아직 없는 것을 마치 자기 소유가 된 것처럼 있는 것처럼 바라보라고 말한 것입니다. 하나님께서는 원래 없는 것을 있는 것 같이 부르시는 하나님이기 때문에 우리도 하나님과 함께 일하기 위해서는 없는 것을 있는 것같이 바라보라는 것입니다. 그리고 마음으로 소유하라는 것입니다.

아브라함이 가나안 땅에 들어 온지 10년이 넘어 85세 이상이 되었을 때에 자식이 없었습니다. 자녀를 달라고 간구할 때에 하루 중에 하나님이 아브라함을 밤중에 불러내셔서 하늘을 쳐다보고 별들을 바라보게 합니다. "별들을 헤아려라." 아브라함이 별들을 마음껏 헤아렸습니다. "이제 그만 헤아려라. 네 자손이 저 하늘의 별들처럼 많을 것이다." 하나님이 무엇 때문에 밤중에 자는 아브라함을 불러내어서 그런 쓸 데 없는 일에 신경 쓰겠습니까? 거기에는 바라봄의 법칙이 믿음의 역사에 중요하기 때문인 것입니다.

아브라함이 하늘을 바라보고 별들을 헤아림을 통해서 내 자손이 저 별들처럼 많다는 그러한 꿈을 갖게 만들어 준 것입니다. 아브라함은 그 별들을 바라보고 난 다음에 그의 나이 85세가 되고 그의 아내가 75세가 되고 생리학적으로 말하면 자식을 얻을 수 없는 자기들의 자신을 잊어 버렸습니다. 그 차원을 넘어서 그들은 꿈속에 들어간 것입니다. 그는 수많은 자녀들의 아버지라는 것을 마음속에 바라보고 믿을 수가 있는 것입니다. 성경은 아브라함이 그것을 보고 믿었다고 말한 것입니다. 바라봄의 법칙입니다. 하나님께서 그것을 주야로 마음속에 바라볼 때에 그를 통해서 하나님의 성령의 놀라운 역사를 베풀 것을 말씀하고 있는 것입니다.

오늘날 왜 교회에 오면 저 강단 앞에 십자가를 세워 놓았습니까? 왜 교회마다 십자가가 있는가? 바라봄의 법칙입니다. 십자가가 무슨 의미가 있습니까? 그곳에 우리 하나님이 아들 예수 그리스도께서 2천 년 전에 우리를 위해서 못 박혀 몸 찢고 피를 흘리고 죽은 것을 보여 주는 것입니다. 아무 의미 없이 십자가를 바라보라는 것이 아닙니다. 십자가를 바라볼 때마다 그 십자가상에서 일어났던 역사적인 사건을 우리가 기억하고 우리가 바라보아야 합니다. 저기에 그리스도의 고난을 통해서 내 죄가 다 심판을 받고 그로 말미암아 죄악에서 해방되었다는 것을 바라보라고 십자가를 세워 놓은 것입니다. 십자가를 바라볼 때마다 그 예수 그리스도를 통해서 일생의 죄가 용서된다는 것을 마음에 바라보라. 십자가를 통하여 하나님과 우리가 원수 된 그 담이 다 헐어지고 막힌 담이 다 무너지고 하나님과 우리 사이에 소통이 이루어지며 하나님의 성령이 우리 안에 우리가 하나님 안에 들어가 있다는 그 현실을 바라보라는 것입니다. 십자가를 바라볼 때마다 예수님은 저곳에서 나의 염려하는 것을 친히 담당하시고 병을 짊어지고 내가 앓는 그 고통을 다 당하시고 주님께서 우리에게 치료를 베풀어 주었다는 사실을 그 십자가를 바라보고 마음속에 믿으라는 것입니다. 바라보라는 것입니다. 코로나19로 인하여 경재 한파에 서 있으나 우리에게는 십자를 힘차게 바라보아야 될 것입니다.

우리는 열심히 저주를 다 짊어지고 가시와 엉겅퀴를 다 제하시고 우리의 삶의 모든 가난을 주님께서 오셔서 처벌하시고 "우리가 주 예수 그리스도의 은혜를 너희가 알거니와 부요하신 자로서 너희를 위하여 가난하게 되심은 그의 가난함을 인하여 너희로 부요케 하려 하심이니라"라는 고린도후서 8장 9절의 말씀대로 십자가를 바라보아야 되는 것입니다.

"그리스도께서 우리를 위하여 저주를 받은바 되사 율법의 저주에서 우리를 속량하였으니 이는 기록된바 나무에 달린자마다 저주 아래 있는 자라" 했으면 우리는 그리스도 예수 안에서 아브라함의 복이 이방인에게 미치게 하려 함이라는 사실을 십자가를 바라보고 주장해야만 하는 것입니다. 십자가를 바라보고 그곳에서 내가 내 인생의 악몽을 탈피하는 체험을 해야 되는 것입니다. 십자가를 통하여 나의 옛사람은 죽어서 아담의 죄를 벗어버리고 다시 하나님의 자녀로 태어난 사실을 바라보고 믿으라는 것입니다.

내가 십자가를 바라볼 때에 죽어서 지옥에 가는 내 모습은 사라지고 그곳에서 사망과 음부를 철폐하고 천국과 영생을 가져오는 그리스도를 바라보라는 것입니다. "누구든지 그리스도 안에 있으면 새로운 피조물이라 이전 것은 지나갔으니 보라 새것이 되었도다" 십자가를 바라보고 새것이 된 내 모습을 마음속에 받아들이라는 것입니다. 그래서 우리는 교회에 고층 탑에 십자가를 세워놓고, 교회 강단 앞에 십자가를 세워 놓는 이유가 거기에 있는 것입니다. 바라봄의 법칙입니다. 항상 바라보고 내가 그 안에서 어떠한 사람이 된 것을 마음속에 깊이 인식을 하는 것입니다.

그렇기 때문에 나의 꿈꾸고 계획한 목표가 이루어지는 모습을 늘 바라보아야 되는 것입니다. 내가 목표가 분명하면 그 목표가 이루어지는 모습을 마음속에 늘 바라보라는 것입니다. 마치 야곱이 살구나무와 심풍나무와 버드나무로 얼룩덜룩이 나무를 만들어서 짐승 앞에 세워 놓고 짐승들이 그 앞에서 새끼를 가질 때마다 그 새끼가 얼룩덜룩이 새끼를 낳을 것이라는 것을 마음속에 늘 바라보고 그를 시인했고, 그러자 그 순수한 색깔의 양이나 염소들이 새끼를 모두 얼룩덜룩이를 낳았다는 그러한 사건이 성경에 기록되어 있습니다. 바라봄의 법칙입니다. 그러므로 우리는 마음에서 언제나 목표가 이루어진 모습을 마음속에 바라보아야 하는 것입니다.

하나님께서는 바라봄의 법칙을 사용하는 사람을 통해서 성령의 역사를 베풀어주시는 것입니다. 성령이 이 땅에 오시면 젊은이에게는 환상을 늙은이에게는 꿈을 주겠다고 하는 것입니다. 환상이라는 것도 현실이 아닙니다. 그러나 그것을 바라봄으로 말미암아 하나님의 성령께서는 그 꿈과 환상이 현실에 생겨나도록 역사하겠다는 것입니다. 이러므로 꿈과 환상을 가슴에 품지 않은 사람은 내일에 창조적인 현실을 가져올 수가 없게 되는 것입니다.

셋째, 이제는 마음속에 믿어야 됩니다. 사람들은 자꾸 '주님이여 믿음을 주시옵소서' 그렇게 말을 하는데 그렇게 말하지 말고 하나님이 주신 믿음을 감사해야 되는 것입니다. 우리가 어린 아이로 태어날 때에 이목구비를 다 가지고 태어납니다. 하나님이여~ "눈을 주시옵소서, 코를 주시옵소서, 귀를 주시옵소서, 입을 주시옵소서, 팔을 주시옵소서" 그래서 주는 것이 아닙니다. 이미 주신 것입니다. 주신 것을 잘 사용하고 지키면 그것이 더 건강해지고 튼튼해지는 것입니다. 우리가 태어날 때에 이미 믿음을 주신 것입니다. 우리가 예수를 믿고 거듭난 사람은 거듭날 때에 벌써 하나님께서 믿음을 주신 것입니다.

로마서 12장 3절에 "내게 주신 은혜로 말미암아 너희 중 각 사람에게 말하노니 마땅히 생각할 그 이상의 생각을 품지 말고 오직 하나님께서 각 사람에게 나눠주신 믿음의 분량대로 지혜롭게 생각하라" 이미 주님은 분량대로 믿음을 주어서 태어나게 한 것입니다. 그 믿음을 자꾸 활용하는 사람은 믿음이 자라게 되는 것입니다. 믿음을 사용하지 않으면 그 믿음은 위축되어 버리고 마는 것입니다. 믿음이 없는 사람은 없습니다. 그러므로 마음속에 믿음이 이미 있기 때문에 그 믿음을 가지고 믿기로 마음에 결정을 내려야 되는 것입니다. 안 믿기로 작정하면 안 믿어지는 것입니다. 예수님께서는 언제나 주님께 나와서 은혜를 받은 사람을 보시고 네 믿음이 너를 구원했다, 네 믿음이 너를 치료했다, 네 믿음이 너를 축복했다고 말씀하신 것은 우리 속에 이미 믿음이 있기 때문인 것입니다. 주님께서 우리에게 믿음이 없으면 왜? 믿지 않는 것을 꾸짖었습니까? 왜 의심하였냐고 꾸짖으시고 믿음이 적은 자라고 꾸짖으신 것입니까? 그것은 우리가 마음속에 믿기로 작정 안 했기 때문인 것입니다.

우리가 일단 마음속에 믿기로 작정하는 것은 바로 우리 마음의 선택에 달린 것입니다. 믿음이 없는 것이 아니라 믿기로 선택을 하든지 안 믿기로 선택을 하든지 그 둘 중에 하나인 것입니다. 눈에는 아무 증거 안보이고 귀에는 아무 소리 안 들리고 손에는 잡히는 것 없을 지라도 내가 믿기로 선택하고 작정하면 믿음의 길로 나아가게 되는 것입니다.

야고보서 1장 6절로 8절에 "오직 믿음으로 구하고 조금도 의심하지 말라 의심하는 자는 마치 바람에 밀려 요동하는 바다 물결 같으니 이런 사람은 무엇이든지 주께 얻기를 생각하지 말라 두 마음을 품어 모든 일에 정함이 없는 자로다"라고 말한 것입니다. 그러므로 믿음이라는 것은 일단 우리의 마음속에 하나님이 주신 것이기 때문에 우리가 믿음을 선택해야 되는 것입니다. 동남풍이 불고 서북풍이 불어도 나는 믿기로 작정해야 되는 것입니다. 그리고 흔들리지 말아야 하는 것입니다. 그리고 믿고 난 다음에는 우리가 인내해야 하는 것입니다. 낙심될 때가 종종 다가옵니다. 그럴 때에 말씀을 읽고 기도하며 믿음이 있는 자들의 격려와 도움을 받아야 되는 것입니다. 조금만 더 참으면 믿음의 결실이 될텐데 조금을 참지 못할 때에 낙심하는 것입니다.

필자가 한 책을 읽어보니까 미국의 금광을 개발한 사람이 있었는데 있는 재산 다 통틀어서 기계를 사서 금광을 개발하는데 굴을 또 뚫고 또 뚫고 뚫는데 아무리 뚫어도 금광은 나오지 않습니다. 꼭 금이 있어야 될 것인데 안 나옵니다. 나중에는 지칠 데로 지쳤습니다. 더 이상 버틸 수가 없어 그만 헐값에 광산 기계를 팔고 광까지 팔았습니다. 그것을 산 사람이 불과 10M를 파고들어 갔는데 거대한 금광을 발견한 것입니다. 처음 시작한 사람이 10M만 참았으면 조금만 더 참고 뚫었으면 거대한 금을 발견했었을 것입니다. 그만 바로 성공 직전에 지쳐서 주저앉아 버리고 말았던 것입니다.

믿음도 꼭 그와 같은 것입니다. 조금만 더 믿었으면 하나님의 역사가 일어날 것인데 그만 목표에 도달하기 전에 가장 지치고 피곤합니다. 아침에 해가 뜨기 전에 가장 어두운 것처럼 믿음의 목표에 도달하기 전에 가장 낙심이 됩니다. 그럴 때에 옆에서 목사나 장로나 권사나 집사나 또한 형제들이 용기를 내라 힘을 내라! 낙심하지 말고 일어나라! 한번만 조금만 더 노력을 해 보라! 이렇게 힘을 주면 그 힘을 받아서 믿음을 유지할 수 있는 것입니다.

이렇기 때문에 믿음은 나 혼자서 믿는 사람은 참으로 고난을 당합니다. 믿음은 두 세 사람이 함께 모여서 믿는 것이 좋습니다. 한 사람이 넘어지면 다른 사람이 일으켜 주는 것이고 한 사람이 낙심하면 다른 사람이 붙들어 주는 것입니다. 그래서 서로 용기를 북돋아 주면 밀어 주고 당겨줌으로 우리가 믿음의 결실을 볼 수 있는 것입니다.

로마서 10장 17절에 "그러므로 믿음은 들음에서 나며 들음은 그리스도의 말씀으로 말미암았느니라"고 믿음이 약해지려고 할 때에 자꾸 말씀을 들려주어야 되는 것입니다. 고린도 후서 5장 7절에 "이는 우리가 믿음으로 행하고 보는 것으로 하지 아니함이로라" 눈에 보이는 현상이 어려워져서 낙심하고 흔들릴 때 믿음을 북돋아 줘야 되는 것입니다.

히브리서 10장 38절에 "오직 나의 의인은 믿음으로 말미암아 살리라 또한 뒤로 물러가면 내 마음이 저를 기뻐하지 아니하리라"고 말씀하신 것입니다. 한번 믿었으면 끝까지 믿음으로 나아가야지 믿다가 포기해 버리고 뒤로 물러가 버리면 안 되는 것입니다. 그리고 이와 같은 인내하는 믿음을 가지면서 우리는 담대히 믿음을 입술로 선언해야 되는 것입니다.

마가복음 11장 22절로 24절에 "예수께서 대답하여 저희에게 이르시되 하나님을 믿으라. 내가 진실로 너희에게 이르노니 누구든지 이 산더러 들리어 바다에 던지우라 하며 그 말하는 것이 이룰 줄 믿고 마음에 의심치 아니하면 그대로 되리라. 그러므로 내가 너희에게 말하노니 무엇이든지 기도하고 구하는 것은 받은 줄로 믿으라. 그리하면 너희에게 그대로 되리라" 우리가 믿고 난 다음에는 입술로 말할 수 있습니다. 이 산더러 명하여 저 바다에 던지라 말하고 그러므로 우리가 믿음의 선언을 해야 되는 것입니다.

우리 하나님께서는 아브라함에게 별들만 바라보라고 말하지 않았습니다. 그 다음에 아브라함이 99세가 되었을 때는 하나님께서 그 이름을 바꾸어 주셨습니다. 네가 꿈을 꾸던 것을 입으로 시인하라 너희 이름은 아브라함이 아니냐, 아브라함, 나는 많은 민족의 조상이다. 나의 아내는 사래가 아니라 사라, 즉 여주다. 이러므로 그들은 꿈으로 본 것이 현실로 이루어진 것처럼 입으로 매일같이 시인하게 만든 것입니다. 사람이 마음으로 믿어 의에 이르고 입으로 시인하여 구원에 이른다고 말한 것입니다. 그들이 매일 같이 시인하니까 아브라함도 사라도 이삭이라는 아들을 얻게 된 것입니다.

이러므로 우리는 강하고 담대하게 긍정적인 입술을 시인해야 되는 것입니다. 바로 우리의 속에 있는 신앙을 우리 생활로 하는 것은 이 세 가지 단계를 거쳐서 생활해야 되는 것입니다. 크고 작은 목표를 분명히 설정하여 목표를 바라보고 우리가 기도하고 믿어야 됩니다. 그 다음 우리는 끊임없이 꿈을 꾸어야 됩니다. 이루어진 모습을 바라보아야 합니다. 아침에도 점심때도 저녁때도 바라보아야 합니다. 병든 자는 자기의 몸이 고침 받은 모습을 늘 마음속에 바라보아야 됩니다. 사업을 시작하는 그 사업이 성공하는 모습을 바라보아야 되는 것입니다.

가족의 구원을 바라는 자는 그 가족이 구원받아 교회에 나오는 것을 바라보아야 되는 것입니다. 성공을 원하는 사람은 자기가 성공하는 모습을 마음속에 늘 바라보아야 되는 것입니다. 바람봄의 법칙을 늘 생각해 보고 그 다음에 믿음을 선택하는 것입니다. 그 다음에는 믿습니다. 눈에는 아무 증거 안보이고 귀에는 아무 소리 안 들리고 손에는 잡히는 것 없어도 믿습니다. 믿음을 늘 바라보아야 되는 것입니다. 늘 믿어야 되는 것입니다. 늘 믿어야 됩니다.

그리고 난 다음에 감사하고 기도하며 그러한 세 가지를 합쳐가지고서 주님께 기도를 드려야 되는 것입니다. 하나님 아버지 이루어 주시옵소서. 내가 목표가 분명하고 내가 바라봄의 법칙을 사용하고 내가 믿습니다. 믿음대로 주님께서 역사하시고 이루어 주시옵소서. 믿음대로 주님께서 기적을 베풀어 주시옵소서. 이것을 실천하면 당신의 속에 하나님이 주신 믿음을 생활 속에 사용할 수 있습니다. 가장 많이 사용해야 할 것은 기도할 때마다 십자가를 바라보고 십자가에 달린 예수 그리스도께서 우리를 위해서 무엇을 이루어 놓은 것을 늘 마음속에 상상하며 바라보시기 바랍니다.

그 바라봄의 법칙을 통하여 결국에는 성령이 역사해서 생활 속에 영혼이 잘 되고 범사가 잘 되며 강건하고 생명을 얻되 넘치게 얻는 역사를 베풀어주시는 것입니다. "할 수 있거든이 무슨 말이냐 믿는 자에게는 능치 못하심이 없느니라"고 말씀하고 있습니다. 성경에는 "네 믿음이 크도다 네 소원대로 되라"고 말씀하셨습니다. 오직 믿음을 통해서 하나님은 "네 믿은대로 될지어라" 하시며 믿은대로 역사하여 주시는 것입니다.

22장 환란을 이기는 믿음을 개발하는 비결

(왕하 6:14-17)"왕이 이에 말과 병거와 많은 군사를 보내매 그들이 밤에 가서 그 성읍을 에워쌌더라. 하나님의 사람의 사환이 일찍이 일어나서 나가보니 군사와 말과 병거가 성읍을 에워쌌는지라 그의 사환이 엘리사에게 말하되 아아, 내 주여 우리가 어찌하리이까 하니, 대답하되 두려워하지 말라 우리와 함께 한 자가 그들과 함께 한 자보다 많으니라 하고, 기도하여 이르되 여호와여 원하건대 그의 눈을 열어서 보게 하옵소서 하니 여호와께서 그 청년의 눈을 여시매 그가 보니 불말과 불병거가 산에 가득하여 엘리사를 둘렀더라"

예수를 믿는 사람은 믿음은 눈을 뜨고 하나님을 바라보고 사는 것입니다. 믿음은 언제나 하나님이 함께 하므로 승리로 이끌고 갑니다. 믿음이 없음은 슬픈 것이요 절망적 이지만 믿음은 전능이요 능력이 내게 임하는 통로입니다. 믿음이 생명입니다. 믿음은 하나님을 주인으로 모시고 살게 합니다. 믿음 속에 천국이 있고 영생이 있습니다. 믿음 속에 약속이 있고 믿음만이 하나님께 시선을 고정 할 수 있는 능력이 있습니다. 믿음 있는 자 만이 내게 와 닿는 공기에도 감사 할 수 있고 믿음 있는 자 만이 세상을 긍정으로 볼 수 있습니다. 이것이 여호수아요, 갈렙의 믿음이었습니다.

열왕기하 6장 14절로 17절에 보면은 아람 왕 벤하닷이 이스라엘을 공격하여 점령하려고 무수히 애를 썼습니다. 그러나 군 작전을 짜고 난 다음에 보면 꼭 출정할 곳에 이스라엘 군대가 미리 알아 매복해 있어서 실패하곤 했습니다. 나중엔 왕이 가슴을 치고 통탄을 했습니다. 간부 회의에 모여서 "우리 가운데 스파이가 있다. 우리가 작전계획을 하기만 하면은 이스라엘 왕이 먼저 알아서 군대를 파견하여 매복시키니 이것이 어찌된 일이냐. 누가 스파이가 있는 것을 찾아내지 못할 것인가." 호통을 쳤습니다.

그러자 그들 장관 중 한 사람이 "왕이여, 이스라엘에는 엘리사라는 선지자가 있어서 왕이 침상에서 혼자 생각하는 것조차 다 알아서 이스라엘 왕에게 보고를 하나이다.""그러면 엘리사를 잡아라!" 보고가 들어오기를 엘리사가 도단성에 들어와서 하루 밤을 지낸다는 말을 듣자 전군을 동원해서 도단 성을 포위했습니다. 첩첩이 군대와 마병을 통해서 포위를 했습니다.

엘리사의 종이 아침 일찍 일어나서 밖에 나와서 기지개를 켜고 숨을 크게 들이쉬고 양편을 바라보니 안개가 자욱한 가운데 뭐가 번쩍번쩍하고 펄럭펄럭 깃발이 휘날리거든요. 가만히 살펴보니까 온 천지가 아람군대의 깃발과 창검이라. 그는 혼비백산했습니다. 피가 모두다 아래로 쏟아졌습니다. 그는 벌벌 기어서 방안에 들어가서 "엘리사 선생이여, 큰일 났습니다. 아람 군대가 온 성을 첩첩히 둘러 쌓여서 쥐새끼 한 마리도 도망칠 수가 없습니다." 그러자 엘리사가 "두려워 말고 가만히 있어. 편안하게 앉아있어. 우리와 같이 계신 이가 저 아람군대보다 많다." 어떻게 알아요?

하나님이여! 이 젊은이에게 눈을 뜨게 하사 실상을 보고 알게 하소서. 엘리사가 기도하자 젊은 시종이 눈을 뜨고 보니까 아람군대와 엘리사 선지자 사이에 하늘의 불 말과 불 병거가 장벽을 치고 있었습니다. 감히 아람의 군대가 한사람도 엘리사에게 접근하지 못하도록 첩첩히 하늘의 불 말과 불 병거가 둘러싸였습니다. 그 결과 엘리사는 아람군대를 모두다 포로로 잡아 다시는 벤하닷이 감히 이스라엘을 넘나보지 못하게 만들고 만 것입니다. 이 사실이 우리에게 굉장한 교훈을 주는 것입니다.

첫째, 사방에서 우겨 싸는 죄의 유혹. 왜냐하면 우리가 사는 인생길에는 사방에서 우리도 우겨 싸여 살고 있는 것입니다. 우리가 아무리 평안하게 살려고 해도 우리 주위에 영적인 아람군대가 첩첩히 둘러싸서 우리를 포위, 공격하고 있는 것입니다. 그 가장 무서운 것이 죄인 것입니다. 죄는 마음에 유혹을 가져와서 우리를 포위하고 우리를 끌어내는 것입니다.

에덴동산에서 조차도 죄가 아담을 포위한 것입니다. 에덴에 있었던 유혹을 보면 선악을 알게 하는 나무 열매는 먹지 말라. 내가 먹는 날에는 반드시 죽으리라고 하나님 말씀하셨는데도 불구하고 마귀가 진을 치고 둘러싸서 아담과 하와에게 같습니다. "뱀이 여자에게 이르되 너희가 결코 죽지 아니하리라 너희가 그것을 먹는 날에는 너희 눈이 밝아져 하나님과 같이 되어 선악을 알 줄 하나님이 아심이니라"(창 3:4~5)고 유혹을 했습니다.

그들은 유혹에 둘러싸여서 그것을 이겨내지 못하고 유혹의 포로가 되고 넘어지고 만 것입니다. 우리 제2의 인류 조상인 예수님도 유혹에 둘러싸였습니다. 40주 40야 금식하시고 나오실 때 마귀가 예수님을 유혹한 것입니다. 물질적인 유혹, 명예적인 유혹, 부귀 권력적인 유혹을 예수님께 가한 것입니다. 물질적인 유혹으로는 "시험하는 자가 예수께 나아와서 이르되 네가 만일 하나님의 아들이어든 명하여 이 돌들로 떡덩이가 되게 하라"(마 4:3). 배가 고프니까 만사를 제켜 놓고 금강산도 식후경인데 돌덩이를 떡으로 만들어 놓고 난 다음에 무슨 일이든 하라고 한 것입니다. 그것은 하나님 보다 식욕을 더 앞세우라는 것입니다. 인간은 이 세상에 살면서 육신의 정욕으로 포위되어 있는 것입니다.

태어날 때부터 육신의 정욕으로 부패하고 포위되어 있어서 아무리 몸부림을 쳐도 벗어날 수가 없는 것입니다. 구약성경에는 163개의 율법을 가지고서 우리에게 이를 지키라고 하는 것입니다. 육신의 부패한 욕심이 얼마나 많기 때문에 163개의 율법으로 우리를 둘러 싸놓고 이를 지키라고 하는 것입니다.

불교에서는 남자에게는 227개의 율법을 주어서 우리의 육신의 정욕을 제하려고 하는 것입니다. 사람이 살면서 227개의 율법을 어떻게 지키며 163개의 율법을 어떻게 지킵니까? 그러므로 율법으로써 의롭다함을 얻을 육체가 없습니다. 도무지 인간은 좋은 행위를 해서 선한 행동으로 율법을 지켜서 구원 받을 도리가 결코 없을 만큼 육체가 부패로 포위되어 있고 육신의 정욕으로 포위되어 있습니다. 예수님조차도 육신의 정욕으로 포위를 했습니다. "예수께서 대답하여 이르시되 기록되었으되 사람이 떡으로만 살 것이 아니요 하나님의 입으로부터 나오는 모든 말씀으로 살 것이라 하였느니라 하시니라"(마 4:4).

그러자 예수님을 명예욕으로 또다시 유혹했습니다. 성전 꼭대기에 세우고 이르되 네가 만일 하나님의 아들이어든 뛰어내리라. 발이 돌에 부딪히지 않고 사뿐히 내리면 만인이 박수를 치고 네가 명예와 영광을 얻을 것이다. 오늘날 명예욕은 무섭습니다. 우리가 세상에 살면서 명예욕에 고통을 안 당하는 사람 아무도 없습니다. 어느 곳에 가나 남보다 내가 칭찬을 받고 인정을 받고 높아지기를 원하는 것은 인지상정인 것입니다. 그러나 예수님을 짓밟고 일어나서 하나님의 영광을 빼앗아서 자기 영광을 삼으라는 유혹에 떨어져서는 안되는 것입니다. 우리가 다 명예를 구하는 것은 나쁜 것은 아닙니다. 그러나 신앙을 저버리고 명예를 취하면 그는 파멸하고 마는 것입니다.

"예수께서 이르시되 또 기록되었으되 주 너의 하나님을 시험하지 말라 하였느니라 하시고"(마 4:7). 명예욕을 거부했습니다. 그러자 부귀, 권력으로 그를 유혹한 것입니다. "천하만국과 그 영광을 보여 이르되 만일 내게 엎드려 경배하면 이 모든 것을 네게 주리라"(마 4:8-9). 부귀, 영화 공명이 얼마나 좋습니까? 높은 지위를 얻고 부를 얻고 공명을 얻는 것 싫어할 사람 아무도 없습니다.

모두 다 잘 먹고 잘 입고 잘살고 영화를 누리기를 다 원하지요. 그러나 그것이 나쁘다는 말은 아닌 것입니다.

그것이 하나님을 앞세우지 아니하고 하나님을 섬기지 않는 부귀, 영화, 공명은 독약이 되고 파멸이 되고 마는 것입니다. 그러므로 예수님은 당장 말씀하시되 "사탄아 물러가라 기록되었으되 주 너의 하나님께 경배하고 다만 그를 섬기라 하였느니라"(마 4:10).

그래서 주님은 그를 둘러싼 유혹을 물리친 것입니다. 우리는 유혹의 오염 속에 살고 있습니다. 대기가 지금 배기가스로 오염되어 있지 않습니까? 강물이 오염되고, 호수가 오염되고, 공기가 오염된 것처럼, 우리 주위에는 모든 도덕적인 오염으로 꽉 들어차 있는 것입니다. 육신의 정욕, 안목의 정욕, 이 세상 자랑이 오염되어서 우리에게 끊임없이 첨진하고 있는 것입니다. 요한일서 2장 16절에 "이는 세상에 있는 모든 것이 육신의 정욕과 안목의 정욕과 이생의 자랑이니 다 아버지께로부터 온 것이 아니요 세상으로부터 온 것이라"고 말하고 있는 것입니다.

그리고 이 세상에 살면 우리를 답답하게 하는 일이 얼마나 많습니까? 제일 답답하게 하는 것이 가정의 부부 갈등인 것입니다. 부부간의 갈등이 생기면 해결할 수 없는 어려움이 다가오는 것입니다. 불화가 다가오고, 자녀의 방종, 경제적인 어려움 이러한 가슴을 답답하게 하고 아침에 일어나면 간이 턱턱 내려앉고 가슴이 철렁하는 일들이 항상 있습니다. 이 세상에 사는 사람치고 답답한 일을 안당하는 사람이 아무도 없는 것입니다. 사는 그 자체가 답답한 일인 것입니다.

마태복음 10장 35절로 36절에 "내가 온 것은 사람이 그 아버지와, 딸이 어머니와, 며느리가 시어머니와 불화하게 하려 함이니 사람의 원수가 자기 집안 식구리라" 원수가 집안 식구가 되어서 고통을 갖다 줄 때가 있는 것입니다. 우리는 살면서 사회적인 갈등이 얼마나 많습니까? 높은 사람과 낮은 사람의 갈등, 이웃 간의 의견 갈등, 정치적인 갈등, 노사 갈등, 빈부 갈등, 사상 갈등 등 사람 사는 그 자체가 갈등인 것입니다.

세상 사람들과 삶의 목적이 다르기 때문에 생각이 다르고 말이 다르고 행동이 다른 것입니다. 삶의 가치가 완전히 다르지요. 우리의 가치는 주님을 영화롭게 하고 주님을 기쁘시게 하고 영생 복락을 누리는 것이 우리의 가치지만 세상 사람은 그렇지 않습니다. 이 세상 일락을 가치로 삼습니다. 삶의 방식이 다르지요. 우리는 성수주일하고, 십일조 드리고 주님의 영광을 위해서 희생하는 것을 즐겁게 여깁니다. 그러나 믿지 않는 사람은 믿음이 없는 사람은 주일날도 안 지키고 "십일조는 왜 주께 드려요? 내가 얼마나 고생하여 벌었는데…." 그리고 사고방식이 틀려서 세상 육신이 중심으로 살고 있지 않습니까?

마태복음 5장 11절로 12절에 "나로 말미암아 너희를 욕하고 박해하고 거짓으로 너희를 거슬러 모든 악한 말을 할 때에는 너희에게 복이 있나니 기뻐하고 즐거워하라 하늘에서 너희의 상이 큼이라"고 말한 것입니다. 이와 같이 우리는 예수 믿는다고 해서 핍박당하는 생활이 끊임없이 많습니다. 그뿐 아닙니다. 우리는 예수 때문에 순교 당하는 일도 종종 있는 것을 봅니다. 지금 우리나라에는 과거 우리 선조들이 순교를 당했기 때문에 우리가 평화를 누리고 있지만, 지금도 순교 당하는 성도들이 세상에는 많아요. 로마시대에는 10대 황제가 엄청나게 초대교회를 핍박해서 수많은 사람이 원형극장에서 횃불이 되어 불에 타죽고 사자에 찢겨 죽은 것입니다. 이와 같은 순교의 고통이 다가온 것입니다.

대원군시절에 우리 한국에 순교당한 숫자가 만여 명이라고 합니다. 그리고 일정 핍박시대에 얼마나 많은 사람들이 핍박을 당했으며 공산치하에서 교회가 공장으로 변하고 성도들이 노동수용소로 끌려가고 죽고 했지 않습니까?

둘째, 우리가 어찌해야 되겠습니까? 이 세상에 살면서 사방으로 죄가 우겨싸고 세상 문제가 가슴을 눌러 답답하고 우리가 핍박을 당하고 혹은 죽임을 당하는데 우리는 어떻게 대처해야 되겠습니까? 불안하고 초조하고 좌절하고 절망해야 되겠습니까? 아니면 우리가 담대하게 설수 있습니까? 우리가 어찌해야 될 것입니까? 열왕기하 6장 16절이 거기에 대한 대답을 주고 있는 것입니다. "대답하되 두려워하지 말라 우리와 함께 한 자가 그들과 함께 한 자보다 많으니라 하고" 하나님께서 우리를 둘러 보호하고 계십니다. 믿어야 합니다. 믿지 않으면 하나님께서 아무 것도 못합니다.

우리가 환경을 바라보지 말고 우리 속을 바라보아야 되는 것입니다. 환경을 바라보면 원수가 끊임없이 둘러 진치고 원수의 창검과 깃발이 휘날리지만 엘리사가 기도한 것처럼 우리가 기도하면 우리 속에서 하나님이 마음속에 꿈과 환상을 보여주는 것입니다. 우리와 함께 한 자가 원수보다 많다는 것을 알게 되고 함께 한 내적인 하나님의 능력에 의지하면 넉넉히 이길 수가 있는 것입니다.

요한일서 4장 4절에 "자녀들아 너희는 하나님께 속하였고 또 그들을 이기었나니 이는 너희 안에 계신 이가 세상에 있는 자보다 크심이라" 자신 안에 누가 계십니까? 옛날 자신 안에는 아담의 죄악을 타고 반역의 영, 원수 마귀가 들어와 있었습니다만, 예수 믿고 난 다음 자신 속에는 하나님의 성령이 와서 계시고 성령을 통하여 하나님의 아들과 아버지가 와서 계신 것입니다. 우리의 마음 성전에는 삼위일체 하나님이 주인으로 계신 것입니다.

우리가 어려움을 당할 때 눈을 밖으로 돌리지 말고 우리 마음속으로 돌려서 우리 속에 누가 계신지를 알아야 되는 것입니다. 하나님이 계신 것을 인정하고 환영하고 모셔 들이고 하나님께 의지하고 나가면 우리가 이길 수가 있는 것입니다. 우리가 의지할 자가 있으면 마음이 담대해지잖아요. 밤길을 걸어갈 때 어린아이라도 하나 손에 잡고 가면 마음이 든든해지는 것입니다.

하물며 우리 인생에 천지와 만물을 지으신 삼위일체 하나님이 우리 속에 같이 계셔서 동행하고 동거하신다는 것을 알게 되면 마음이 든든해지고 믿음을 가질 수가 있게 되는 것입니다. 염려하고 근심하면 우리는 자살행동을 하는 것입니다.

염려라는 것은 두려움으로 인하여 침투하는데 염려는 목을 조이듯이 다가와 우리의 시각을 흐리게 만들고 현실을 제대로 보지 못하게 만듭니다. 이처럼 두려움과 염려는 삶에 긍정적이고 건설적인 일을 할 수 없게 만드는 것입니다. 더욱 염려는 영적 무력증을 일으켜서 영적 감각을 잃게 하여 무력감에 빠지게 만들어 주는 것입니다. 우리는 두려워하지 말고 하나님의 돌보심을 믿음으로 확신해야 됩니다.

그럴 때 우리의 영적인 눈도 띄워지고 눈앞의 적병보다 더 많은 하나님의 불 말과 불 병거가 우리 마음속에 둘러 진치고 있다는 것을 알게 되는 것입니다. 영적인 세계를 들여다봐야지 물질적인 세계를 들여다봐서는 안 되는 것입니다. 안 믿는 사람은 영의 눈이 없기 때문에 영적인 세계를 볼 수가 없는 것입니다.

그러나 우리 믿는 사람은 물질적인 세계를 보는 육안만 있는 것이 아니라, 영적인 세계를 바라보는 영안이 열려 있는 것입니다. 영안을 통해서 하늘나라가 우리와 같이 계신 것을 알아야 되는 것입니다. 영적인 세계인 육신적인 세계를 정복하고 지배하고 다스리는 능력이 있는 것입니다. 물질적인 세계는 3차원 세계지만 영적인 세계는 4차원 이상의 세계로 차원이 높은 것입니다. 귀신은 4차원이지만 성령님은 5차원이십니다. 높은 차원이 낮은 차원을 다스리는 것입니다. 그러므로 우리는 두려워하지 말고 놀라지 말고 눈을 영적으로 향해서 믿음으로 서야 되는 것입니다.

셋째, 우리가 살아갈 길. 그러므로 우리가 살아갈 길은 영적인 실상을 바라보고 살아야 되는 것입니다. 3차원인 환경보다 크신 5차원인 하나님을 바라보고 살아야 되는 것입니다. 항상 하나님을 바라보고 사는 우리들이 되어야 되는 것입니다. 하늘을 쳐다보고 살아야 되는 것입니다. 아브라함을 보고 하늘을 들어 별들을 헤아려 보라고 한 것처럼 하늘을 바라보고 하나님이 주신 약속을 헤아려 보고 살아야 되는 것입니다. 사도행전 17장 24-25절에 "우주와 그 가운데 있는 만물을 지으신 하나님께서는 천지의 주재시니 손으로 지은 전에 계시지 아니하시고 (25) 또 무엇이 부족한 것처럼 사람의 손으로 섬김을 받으시는 것이 아니니 이는 만민에게 생명과 호흡과 만물을 친히 주시는 이심이라." 고 말씀한 것입니다.

히브리서 13장 5절로 6절에 "내가 결코 너희를 버리지 아니하고 너희를 떠나지 아니하리라 하셨느니라 그러므로 우리가 담대히 말하되 주는 나를 돕는 이시니 내가 무서워하지 아니하겠노라 사람이 내게 어찌하리요" 주님께서 결코 너희를 버리지 아니하고 너희를 떠나지 아니하리라 하셨으므로 우리가 담대해질 수밖에 없는 것입니다.

어느 선교사의 간증을 제가 읽었는데 불신의 종족들 가운데 복음을 전하러 갔는데 하루는 밤중에 믿지 않는 불신의 종족들이 횃불을 들고 손에 손에 몽둥이와 창검을 들고 이 집을 불태우고 선교사 부부를 죽이러 왔었습니다. 군중들이 모여오는 것을 보고 부부가 엎드려서 하나님께 부르짖어 기도했습니다. "하나님 우리는 단둘이인데 저 부족들은 떼가 많고 횃불을 들고 창검을 들고 오니 우리가 감당할 수 없습니다. 우리를 지켜 주소서." 간절히 기도했었습니다. 바깥에서 고함을 치고 꽹과리를 치고 발을 구리고 야단법석을 하면서도 집에 불을 붙이지 않고 다가오지 못하거든요. 거리를 두고 야단법석을 하더니만 일제히 돌아서서 걸음아 나 실려라고 도망을 쳤습니다. 아침까지 와도 조용하고 아무도 찾아오지 않고 그 일 지나고 난 다음 1년 동안 선교사들을 감히 공격하거나 욕하지 아니하고 모두다 친절히 대하고 굽신굽신 했습니다.

그 다음 1년이 지난 후 그 추장이 회개를 하고 예수를 믿고 난 다음에 선교사 집에 자꾸 와서 자꾸 두리번 두리번 찾거든요. "무엇을 찾느냐?" 하니까 "1년 전에 우리가 여기 왔을 때 이 집을 둘러싸고 있던 그 군병들이 어디 갔습니까? 빛난 옷을 입고 수많은 군인들이 집을 둘러싸고 있는데 우리는 혼비백산했습니다." "군인들이 없는데요. 그 누굴까요? 그래서 그날이후로 우리는 그 군인들이 어디에서 숙식을 하는가 찾아보려고 스파이를 보내서 아무리 찾아봐도 온데간데없어요. 없어진 것이 맞기는 맞군요." 그러니까 선교사가 "그는 육신의 군대가 아니라 하나님의 천사들이 와서 우리를 보호해 주었다."고 말한 것입니다.

그들을 결국 보호해 준 것은 하나님의 천사들이 엘리사를 보호한 것같이 보호해 준 것입니다. 오늘날도 우리들은 우리 주변에 하나님의 천사들이 끊임없이 보호한다는 것을 알고 믿어야만 되는 것입니다. 우리가 하나님을 피난처로 삼고 그를 의지하면 하나님이 그 사자들을 보내어서 우리의 모든 길에서 우리를 지켜 주시는 것입니다. 하나님이 우리를 붙들어 발이 돌에 부딪히지 않게 해주시는 것입니다. 우리는 뱀과 독사를 밟으며 젊은 사자와 뱀을 발로 누룰 수 있는 권세를 주신 것입니다.

우리의 자신을 알아야 되는 것입니다. 사람들은 예수를 믿고 난 다음 자기가 어떠한 신분을 가졌는지 이해를 못합니다. 우리는 사망에서 생명으로 옮긴바 되었으며 마귀의 자식에서 하나님의 자녀가 되었으며 육의 자녀에서 영의 자식으로 거듭났으며 하나님이 우리 아버지가 되고 예수님이 우리 구주가 되고, 성령이 우리 보혜사가 되고, 천군천사가 우리의 병사들이 되어서 우리와 함께 거하는 것입니다. 육신으로 보면 약하게 보지만 영적으로 보면 거대한 군대인 것입니다. 이러므로 우리 예수 믿는 사람은 육의 눈으로만 자기를 보고 환경을 봐서는 안 되고 항상 영의 눈이 깨어서 하나님을 바라보고 하나님의 약속을 의지해야 되는 것입니다.

우리나라에서 유명한 부흥사였던 길선주 목사님은 임종 시에도 그를 둘러 서있는 사람들을 향해 "하늘에서 전보가 왔으니 이제 가봐야 되겠다. 안녕히 계세요." 그리고 세상을 떠났습니다. 죽음 앞에서 목사님은 슬퍼하지 않으시고 떠나신 것입니다. 죽음조차도 우리에게 원수가 되지 않는 것입니다. 디엘 무디 목사님은 임종시에 눈물을 흘리는 아내와 자녀들에게 "땅이 물러간다. 천국이 열리고 세계가 내게로 다가온다. 하나님이 나를 부르시는구나. 내가 너희들 보다 먼저 가겠다!" 그리고 눈을 감았습니다. 여

행 떠나는 것이지 죽어 고통을 당하는 것이 아니었었습니다. 이 세상을 떠나 영원한 천국으로 이전하는 것입니다.

"너희는 마음에 근심하지 말라. 하나님을 믿으니 또 나를 믿으라. 내 아버지 집에 있을 곳이 많도다. 그렇지 않으면 내게 일렀으리라. 내가 너희를 위하여 처소를 예비하러 가노니 가서 처소를 예비하면 내가 다시 와서 나 있는 곳에 너희도 함께 있게 하리라"고 말씀하신 것입니다. 주님께서 우리 위해서 처소를 예비하고 때가 차면 우리를 데리러 오셔서 우리과 함께 천국에 들어가서 영원히 살게 만들어 주시는 것이므로 우리의 국적은 이 땅에 육신으로 있을 뿐 아니라, 영적으로 영원한 세계가 있다는 것을 알아야 되는 것입니다. 우리의 희망은 이 땅에서 끊어지는 것이 아니라, 영원히 계속 되는 것을 알아야 되는 것입니다. 썩어질 것을 향하여 살지 않고 썩지 않고 영원히 있을 것을 향하여 사는 우리들이 다 되어야만 되는 것입니다.

그러므로 우리는 이 땅에 사는 동안에 항상 하나님과의 올바른 관계를 맺고 살아야 되는 것입니다. 우리가 하나님과 올바른 관계만 맺고 있으면 "하나님이 우리를 위하시면 누가 우리를 대적하리요. 그 아들을 우리에게 주신이가 그 아들과 함께 무엇을 선물로 주지 아니하시겠느뇨, 환란이나 곤고나 적신이나 위험이나 기근이나 죽음이나 칼이랴 이 모든 일이 우리를 사랑하시는 이로 말미암아 우리가 넉넉히 이기면서 살아갈 수가 있는 것"입니다.

그러므로 하나님과의 올바른 관계를 놓치는 것은 너무나 큰 비극인 것입니다. 안 믿는 사람은 하나님과의 관계가 끊어져서 대적하고 있지만, 우리 예수 믿는 사람은 아버지와 자식의 관계가 끊어져서는 안 되고 그것이 훼방되어서도 안 될 것입니다.

죄를 짓지 않는 의인이 이 세상에 누가 있습니까? 사람이 죄를 안 짓고 어떻게 삽니까? 이 세상에 혼탁한 세상에 사니까 사람이 다 넘어지고 쓰러지고 걸리고 상처 입게 되는 것입니다. 안하면 제일 좋지요. 안해야 하나님과 가까이 할 수 있으니까 가장 좋지요. 그러나 이 세상은 죄를 짓기 때문에 죄 없다고 변명하지 말라고 하는 것입니다. 죄 없다고 하면 하나님을 거짓말쟁이로 만드는 것입니다. 하나님은 너희가 죄를 짓는 다고 말한 것입니다. 그러므로 우리가 해야 될 일은 매일같이 하나님의 법에 의지해서 우리의 죄를 고백해야 하는 것입니다.

우리는 항상 예수님의 보혈로 씻어서 정하게 되어야 되는 것입니다. 그래야 하나님과 교통함이 있는 것입니다. 어두움에 처해있지 말고 항상 빛을 향해서 돌아서는 우리들이 되어야 되는 것입니다. 그리고 난 다음 우리는 예수 그리스도의 은혜를 믿고 항상 입술의 고백을 강하게 잡아야 되는 것입니다. 예수 믿는 신앙이란 입술의 고백인 것입니다. "주는 그리스도시오. 살아계신 하나님의 아들이라"는 신앙고백을 강하게 하는 것이 우리 신앙인 것입니다. 우리의 신앙은 입술의 고백입니다. 혼자서도 고백하고 이웃사람에게도 고백하고 하나님 앞에서도 고백하고 세상사람 앞에서도 고백해야 되는 것입니다. 반드시 고백한 대로 이루어집니다.

23장 인내하는 믿음을 개발하는 비결

(약 5:10-11) "형제들아 주의 이름으로 말한 선지자들을 고난과 오래 참음의 본으로 삼으라. 보라 인내하는 자를 우리가 복되다 하나니 너희가 욥의 인내를 들었고 주께서 주신 결말을 보았거니와 주는 가장 자비하시고 긍휼히 여기시는 이시니라"

하나님은 인내하는 사람에게 능력을 주시고 복을 허락하여 주십니다. 오늘날 우리가 사는 세계의 분위기는 늘 의심하고 불신이 가득한 세상입니다. 그만큼 허위와 거짓이 난무하기 때문인 것입니다. 오늘날의 삶에는 인내라는 단어가 환영받지 못합니다. 모든 것이 바쁘고 조급합니다. 현대문명이라는 것이 항상 빠른 속도를 주장합니다. 더 빠른 자동차, 더 빠른 지하철, 더 빠른 비행기, 전화, 인터넷 등 그뿐 아니라, 귀신에게 고통을 당하던 성도가 한 번의 안수기도로 치유 받기를 원하고, 기적의 약이나 주사로 신속히 병이 낫기를 바라고 또 일거에 부자가 되기를 원합니다. 오래참고 기다린다는 말은 점점 사라지고 있습니다.

공부도 어떻게 하면 쉽고 빠르게 할까, 음식도 즉석에서 먹을 수 있는 패스트푸드, 결혼도 했는가 하면 벌써 이혼합니다. 고난을 참고 오래 기다려서 열매를 맺으려고 하지를 않습니다. 그러나 하나님을 믿는 신앙 안에서는 믿음, 인내, 기다림 이 세 가지는 반드시 요구하는 사항인 것입니다. 이 세 가지 요소가 부족하지 않는 한 성공적인 신앙을 할 수 있지만 이 세 가지 요소가 부족하면 결코 성공적인 신앙이란 있을 수가 없습니다.

첫째, 우리는 무엇을 믿어야 할까요? 먼저 일을 행하시는 하나님을 믿어야 합니다. 하나님은 우주와 만물을 지으셨고 우주와 만물의 중심이 되시고 우주와 만물과 인류와 역사를 지배하시는 하나님인 것입니다. 우리가 믿는 것은 하나님께서만이 우주와 만물을 지으시고 우주와 만물의 중심이 되시고 우주와 만물과 인간과 역사를 지배하시는 절대주권자라는 것을 믿는 것입니다. 창세기 2장 1절로 2절에 "천지와 만물이 다 이루니라 하나님의 지으시던 일이 일곱째 날이 이를 때에 마치니 그 지으시던 일이 다하므로 일곱째 날에 안식하시니라"고 말한 것입니다.

일은 하나님이 만드셔서 완성하신 것입니다. 그러므로 예레미야서 33장 2절에 "일을 행하는 여호와, 그것을 지어 성취하는 여호와, 그 이름을 여호와라 하는 자가 이같이 이르노라" 그렇게 말했습니다. 하나님은 일을 만드시고, 역사하시고, 완성하시는 하나님이신 것입니다. 그러므로 우리 개인의 일뿐 아니라 우리가정, 우리사회, 국가, 세계 모든 일은 하나님께서 속한 것입니다. 일은 하나님의 것입니다. 하나님이 일하시고 하나님이 완성하시는 것입니다. 우리는 하나님을 섬기는 사환에 불과한 것입니다.

그리고 우리 하나님은 항상 짐을 지시는 하나님이신 것을 알아야 되는 것입니다. 우리 하나님께서 그냥 보좌에 앉아 계신 것 아닙니다. 짐을 지십니다. 부모는 어떠한 것입니까? 부모는 항상 자식의 짐을 짊어집니다. 자식의 행복과 발전을 위한 무거운 짐을 짊어지고 뒷바라지를 하지 않습니까? 우리 하나님은 우리의 하나님이요, 우리의 아버지가 되시므로 우리의 성장과 발전과 삶을 위해서 무거운 짐을 지고 계신 것입니다.

마태복음 11장 28절에 "수고하고 무거운 짐 진 자들아 다 내게로 오라 내가 너희를 쉬게 하리라" 짐은 내 것이니 내게로 맡겨라. 그리하면 내가 짐을 지고 너희는 쉬게 해주겠다고 말씀한 것입니다. 시편 68편 19절에 "날마다 우리 짐을 지시는 주 곧 우리의 구원이신 하나님을 찬송할찌로다"고 말한 것입니다. 날마다 우리의 짐을 지신다. 무엇을 먹을까, 무엇을 입을까, 무엇을 마실까, 어떻게 살까하는 짐을 날마다 하나님이 짊어지십니다. 그러므로 날마다 짐을 하나님께 맡기게 되시기를 주의 이름으로 축원합니다.

예수님은 십자가 형틀에서 우리의 짐을 지지 않았었습니까? 우리의 죄짐을 짊어지셨습니다. 이사야 53장 6절에 "우리는 다 양 같아서 그릇 행하여 각기 제 길로 갔거늘 여호와께서는 우리 무리의 죄악을 그에게 담당시키셨도다" 주님은 우리의 일생의 죄를 짊어지셨습니다. 그리고 청산해 주셨습니다. 그러므로 그 은혜를 인하여 믿음으로 말미암아 우리는 용서와 의와 영광과 평안과 기쁨과 행복의 은혜를 받게 된 것입니다. 우리 주님은 항상 우리를 묶는 세속과 타락의 짐을 짊어지셨습니다. 갈라디아서 5장 24절로

25절에 "그리스도 예수의 사람들은 육체와 함께 그 정과 욕심을 십자가에 못 박았느니라 만일 우리가 성령으로 살면 또한 성령으로 행할찌니"라고 했는데 예수님께서 십자가에서 우리를 안고 세속과 마귀와 타락의 짐을 다 청산해 버린 것입니다.

그러므로 그 은혜를 인하여 믿음으로 말미암아 우리는 세상과 마귀를 벗어 버리고 성령과 거룩함을 얻을 수가 있게 된 것입니다. 주님은 우리의 병의 짐을 짊어지셨습니다. 베드로전서 2장 24절에 "친히 나무에 달려 그 몸으로 우리 죄를 담당하셨으니 이는 우리로 죄에 대하여 죽고 의에 대하여 살게 하려 하심이라 저가 채찍에 맞음으로 너희는 나음을 얻었나니"라고 말한 것입니다. 주님은 우리 연약한 것을 친히 담당하시고 병을 짊어지고 십자가에서 돌아가셨습니다. 그러므로 병의 짐도 주님이 짊어지셨으므로 그 은혜를 인하여 믿음으로 말미암아 병의 짐을 벗어 버리고 우리는 치료함을 얻을 수가 있는 것입니다.

가난과 저주의 짐도 주님이 짊어지셨습니다. 갈라디아서 3장 13절로 14절에 "그리스도께서 우리를 위하여 저주를 받은바 되사 율법의 저주에서 우리를 속량하셨으니 기록된바 나무에 달린 자마다 저주 아래 있는 자라 하였음이라. 이는 그리스도 예수 안에서 아브라함의 복이 이방인에게 미치게 하고 또 우리로 하여금 믿음으로 말미암아 성령의 약속을 받게 하려 함이니라" 우리의 저주의 짐을 주님이 짊어지고 우리의 가시채와 엉겅퀴를 주님이 짊어지고 내가 다 이루었다고 청산해 버렸기 때문에 우리의 저주와 낭패와 가난의 짐을 하나님께서 이미 짊어지고 청산해 버린 것입니다. 이러므로 우리는 그 은혜를 인하여 믿음으로 말미암아 이 저주에서 해방을 얻고 아브라함의 축복 속에서 살 수 있게 된 것입니다. 죽음과 멸망의 짐도 주님이 짊어지셨습니다.

요한복음 11장 25절로 26절에 "예수께서 가라사대 나는 부활이요 생명이니 나를 믿는 자는 죽어도 살겠고 무릇 살아서 나를 믿는 자는 영원히 죽지 아니하리니 이것을 네가 믿느냐"고 하셨으며, 로마서 6장 23절에 "죄의 삯은 사망이요 하나님의 은사는 그리스도 예수 우리 주 안에 있는 영생이니라"고 했습니다. 주님이 십자가에서 우리 대신 죽고 무덤에 들어가서 사흘만에 사망과 음부를 멸하시고 부활하신 것은 우리 때문인 것입니다. 우리의 죽음을 죽어 주시고 우리의 음부에 들어가셔서 그를 정복하시고 부활하시므로 우리는 그리스도 안에서 사망과 음부를 이기고 부활과 영생과 천국을 바라보게 된 것입니다. 주님은 우리의 죽음과 멸망의 짐도 짊어지셨습니다. 그 은혜를 인하여 믿음으로 말미암아 우리는 부활과 영생과 천국을 얻게 된 것입니다. 오늘날도 우리들의 삶의 수고로운 짐을 주님께서는 항상 지시는 하나님이신 것입니다. 그렇기 때문에 우리는 주님께 우리의 짐을 맡기고 살아야 됩니다. 또 우리 하나님은 다시 오시는 하나님이신 것을 알아야 된 것입니다.

예수님이 죽었다가 부활하신 것은 우리를 대표해서 하신 것입니다. 그러므로 예수죽음 내죽음, 예수부활 내 부활이 된 것입니다. 그리스도가 죽었다가 부활했다는 사실은 내가 그리스도를 통해서 죽었다가 부활할 것을 확실히 약속해 주는 것입니다.

그러므로 데살로니가전서 4장 16절로 17절에 "주께서 호령과 천사장의 소리와 하나님의 나팔로 친히 하늘로 좇아 강림하시리니 그리스도 안에서 죽은 자들이 먼저 일어나고, 그 후에 우리 살아남은 자도 저희와 함께 구름 속으로 끌어 올려 공중에서 주를 영접하게 하시리니 그리하여 우리가 항상 주와 함께 있으리라"

사망아 너희 이기는 것이 어디있느냐? 사망아 너희 쏘는 것이 어디 있느냐? 사망은 다 철폐되고 만 것입니다. 그러므로 우리는 하나님이라고 말하면 지금 우리를 이땅에서 천국 삶을 살게하시고 세상 삶이다하면 영원한 하늘나라로 데려 가시는 하나님을 우리 마음속에 믿어야 되는 것입니다. 일을 행하시는 여호와, 우리의 짐을 지시는 여호와, 그리고 우리를 영원한 죽음에서 건져서 천국으로 데려가는 좋으신 하나님을 믿어야만 되는 것입니다.

둘째, 무엇을 참아야 하는가? 우리는 참아야만 하는 것입니다. 우리의 신앙생활은 잊는 것입니다. 의심, 두려움, 분노, 낙심 등을 참아야 됩니다. 이스라엘 백성이 광야를 지날 때 가장 큰 결점이 참지 못하는 것입니다. 모세가 율법을 받기 위해서 시내산에 올라가서 40일 동안 하나님 앞에서 금식하며 기다릴 때 이스라엘 백성은 그것을 참지 못하고 모세가 없으니까 금송아지를 만들어서 금송아지에게 제사를 드리고 춤추고 야단법석을 하다가 하나님의 큰 징계를 받았습니다. 참지 못하는 것이 이스라엘 사람들인 것입니다. 그들은 참지 못하고 결정적으로 잘못을 범한 것이 바로 가데스 바네아였습니다. 그들의 광야를 지나서 가데스 바네아에 와서 이 제는 적과 꿀이 흐르는 땅으로 들어갈 곳이 되었는데 그곳에서 믿음으로 참고 들어가지 아니하고 원망, 불평, 탄식하고 장관을 세워서 애굽으로 돌아가자고 하나님을 반역하다가 하나님의 진노를 사서 그들은 광야로 회진하여 40년 동안을 광야에서 떠돌면서 1세대가 다 죽게 된 것입니다.

히브리서 3장 15절로 19절 "성경에 일렀으되 오늘날 너희가 그의 음성을 듣거든 노하심을 격동할 때와 같이 너희 마음을 강퍅케하지 말라 하였으니 듣고 격노케 하던 자가 누구뇨 모세를 좇아 애굽에서 나온 모든 이가 아니냐 또 하나님이 사십년 동안에 누구에게 노하셨느뇨 범죄하여 그 시체가 광야에 엎드러진 자에게가 아니냐 또 하나님이 누구에게 맹세하사 그의 안식에 들어오지 못하리라 하셨느뇨 곧 순종치 아니하던 자에게가 아니냐 이로 보건대 저희가 믿지 아니하므로 능히 들어가지 못한 것이라"

참고 순종치 않아 안식에 들지 못했고 결국 믿지 않아서 가나안에 못들어 갔습니다. 그러므로 하나님과 함께 일하기 위해서는 눈에는 아무 증거 안보이고 귀에는 아무 소리 안 들리고 손에는 잡히는 것 없어도 내 앞길 험해도 하나님의 말씀을 믿고 참아야만 되는 것입니다. 원수의 공격에나 환경의 어려움 등을 참아야만 되는 것입니다. 내 주위에 행악자가 있어서 나에게 끊임없이 자꾸만 악을 행합니다. 내가 참지 못하여 물고 찢고 같이 싸우고 싶습니다. 눈은 눈으로, 이는 이로, 주먹은 주먹으로 싸우고 싶습니다. 그러나 하나님께서는 뭐라고 말합니까? 악한자를 대적하지 말고 참으라고 말한 것입니다. 행악자를 인하여 불평하지 말고 불의를 행하는 자를 투기하지 말라. 왜! 하나님이 저들을 대적하기 때문에 저희는 풀과 같이 속히 베임을 볼 것이며 풀은 채소같이 쇠잔해진다는 것입니다.

우리는 이 악한자가 오른뺨을 치면 왼뺨을 돌려대고 송사하여 속옷을 달라하면 겉옷도 주고 억지로 오리를 가자면 십리도 가고 참고 사랑으로 품으면 하나님이 저들을 신속히 망하게 만드는 것입니다. 저들은 푸른 채소같이 쇠잔할 것이라고 말했었습니다. 그러므로 우리가 악한자에게 선으로 대하는 것이 손해나는 것 같지만은 하나님이 우리편에 계시므로 장구한 면에서 볼 때는 하나님은 악한자를 멸해 주시는 것입니다. 시편 37편 7-10절에 보면 "여호와 앞에 잠잠하고 참고 기다리라 자기 길이 형통하며 악한 꾀를 이루는 자 때문에 불평하지 말지어다 (8) 분을 그치고 노를 버리며 불평하지 말라 오히려 악을 만들 뿐이라 (9) 진실로 악을 행하는 자들은 끊어질 것이나 여호와를 소망하는 자들은 땅을 차지하리로다 (10) 잠시 후에는 악인이 없어지리니 네가 그 곳을 자세히 살필지라도 없으리로다" 하나님께서 우리의 목자가 되시고 우리와 함께 계시고 하늘과 땅의 모든 권세를 가진 절대 주권자가 계시므로 악이 성할 수가 없는 것입니다.

교부 크리스톰은 인내를 정의하기를 "인내란 복수할 힘이 있으면서도 자제하는 마음"이라고 했습니다. 내가 능히 함께 복수를 할 수 있는데도 불구하고 자제하고 참는 것이 인내인 것입니다. 아브라함이 두 가지 큰 낭패를 했습니다. 그것은 그가 가나안땅에 들어갔을 때 흉년을 참지 못하고 애굽으로 내려간 것입니다. 하나님이 가나안 땅으로 가라고 했지 애굽으로 가라는 말은 안했습니다. 가나안땅에 들어갔는데 큰 흉년이 다가왔습니다. 흉년이 다가와도 하나님을 의지하고 참고 기다려야 되는데 그 흉년을 참지 못하고 사라와 롯을 데리고 애굽으로 내려갔습니다. 그 결과 큰 시험에 빠져서 자기 아내를 바로에게 뺏기고 수치와 곤욕을 당한 것입니다. 참지 못했기 때문인 것입니다.

하나님의 약속은 더디지 않습니다. 믿고 참아야 되는 것입니다. 또 아브라함이 참지 못한 것은 가나안에 들어온 지 10년 후 85세에 자식이 없으니까 더 참지 못하고 여종 하갈을 취하여 86세에 이스마엘을 낳았습니다. 그 결과로 이 많은 슬픔이 중동에 있습니다. 중동에 이스라엘과 아랍민족이 끝없는 투쟁을 하는 것은 그 배후에 이삭의 자녀들과 이스마엘의 자손들입니다. 적자와 서자 간에 끝없는 싸움이 계속되는 것입니다. 아브라함이 조금만 참고서 첩을 얻어서 이스마엘을 낳지 않았더라면 오늘 중동에 저 무시무시한 피비린내 나는 전쟁도 피할 수 있었을 것이고 미국과 이라크의 전쟁도 피할 수가 있었을 것입니다. 아브라함 조상 한사람이 참지 못하므로 오늘날 이와 같은 큰 비극을 가져오게 된 것입니다.

히브리서 6장 14절로 15절에 "가라사대 내가 반드시 너를 복주고 복주며 너를 번성케 하고 번성케 하리라 하셨더니 저가 이같이 오래 참아 약속을 받았느니라" 하나님의 약속은 참아야만 받는 것입니다. 성급하게 날뛰면 하나님의 약속을 받을 수가 없습니다. 성공하는 사람들의 특징은 대체로 꿈이 있고 신념이 있고 실천력이 있고 고통을 극복하는 능력이 있고 주변 사람을 소중히 여기는 마음이 있는데 고통에 대처하는 능력은 인내심인 것입니다.

　탈무드에는 이런 격언이 있습니다. '성공의 절반은 인내심'이라고…. 인내한다고 모두 성공하는 것은 아니지만, 그러나 성공하는 사람은 오래 참을 줄 아는 사람이 성공하는 것입니다. 옛 말에 참을 인(忍)자 셋이면 살인을 면한다는 말이 있습니다. 참을성이 없으면 결국 큰 후회를 하게 되나 이미 늦게 된 것입니다. 항상 인내심을 가지고 돌아보는 지혜가 있으면 성공하는 반면 조급하여 참지 못하면 남는 것은 실패밖에 없습니다.

　저는 이런 이야기를 들어본 적이 있습니다. 새신랑이 직장 상사에게 꾸중을 듣고 마음이 아주 불편해서 퇴근을 했는데 새신부가 밥을 해서 차렸는데 첫 숟가락을 뜬 순간 입에 돌이 바삭하고 씹혔습니다. 그래서 그는 아내에게 소리를 버럭 질렀습니다. "이봐! 도대체 정신이 나갔어? 밥도 하나할 줄 몰라?" 인내심이 없는 신부의 용감한 맛불작전이 전개되었습니다. "남자가 뭐 그까짓 일로 화를 내고 그래?" 남편이 말합니다. "잘못했으면 사과를 해야지 뭘 잘했다고 말대꾸야?"신부는 입을 삐죽거리며 "남자가 좁쌀같이 쫀쫀하기는…." 아내의 이 말에 화가 난 신랑은 신부의 뺨을 찰싹

때렸습니다. 신부는 화를 삭이지 못하고 가방을 챙겼습니다. "이제는 때리기까지 해? 우리 결혼은 완전히 실패야. 나는 맞곤 못살아!" 남자도 대꾸합니다. "그래. 좋다! 갈라서자. 나도 너하고 못살겠다." 결국 이 신혼부부는 순식간에 이혼을 하고 어이없게도 모래알만한 돌 하나 때문에 둘 다 조금만 인내하고 조금만 더 상대방을 배려했으면 괜찮을 것인데 가정이 깨어지고 말았습니다. 모래알 하나 때문에 깨졌습니다. 조금만 참고 조금만 이해하고 동정하고 사랑하고 화해하고 평안을 가졌더라면 행복하게 살았을 것인데 그렇게 무참하게 깨진 것입니다.

성경 잠언서 16장 32절에 "노하기를 더디하는 자는 용사보다 낫고 자기의 마음을 다스리는 자는 성을 빼앗는 자보다 나으니라"고 말한 것입니다. 문학인들은 대체로 고생을 많이 했지만 그중에서도 수많은 고통과 싸워야 했던 괴테는 60년간에 걸쳐 파우스트를 완성했습니다. 괴테는 후에 그의 전기를 쓰게 되었는데 그 제목은 '고통과 환희'였습니다. 그는 고통을 인내했으며 결국 환희라는 진주를 캐내었습니다. '파우스트'라는 유명한 문학작품을 짓는데 60년이 걸렸습니다. 인내 안하고는 그러한 명작을 지을 수가 없는 것입니다. 과학자 아이삭 뉴톤은 말년이 이런 말을 했습니다. "내가 발견한 것 중에 가장 귀중한 것은 인내였다. 즉 인내가 모든 발견의 어머니가 되었다"는 말이 됩니다. 참고, 또 참고, 또 참고, 한번 돌아보고, 또 참고 인내하고 이것이 참된 신앙인 것입니다. 하나님의 뜻이면 참고, 인내해서 응답을 받아내시기를 바랍니다.

셋째, 참된 신앙은 기다림인 것입니다. 기다릴 줄 알아야 됩니다. 우리 한국의 어머니의 미덕과 어머니상은 뭡니까? '기다림'인 것입니다. 어머니는 남편을 기다리다가 남편이 죽으면 또 맏아들을 기다리고 맏아들을 기다리다가 끝이 나면 자신의 죽음을 기다립니다. 기다리다가 볼일 다봅니다. 그러나 기다림이 우리에게 굉장히 큰 복이 되는 것입니다. 하나님의 시계는 인간의 시계와 다릅니다. 내 시계 잘못 들여다보고 왜 하나님이 내 시간을 안 지키느냐고 하면 안 됩니다. 하나님의 시간하고 우리 시계는 틀립니다. 하나님의 시계는 오래참고 기다리는 것입니다.

야고보서 5장 7절로 8절에 "그러므로 형제들아 주의 강림하시기까지 길이 참으라 보라 농부가 땅에서 나는 귀한 열매를 바라고 길이 참아 이른 비와 늦은 비를 기다리나니 너희도 길이 참고 마음을 굳게 하라 주의 강림이 가까우니라" 이처럼 기다리라는 것입니다. 베드로후서 3장 9절에 "주의 약속은 어떤이의 더디다고 생각하는 것 같이 더딘 것이 아니라 오직 너희를 대하여 오래 참으사 아무도 멸망치 않고 다 회개하기에 이르기를 원하시느니라"

그러므로 우리는 하나님과 같이 인생을 살아가려면 우리의 생각으로 조급하게 생각하지 말고 기다리고, 또 기다리고 또 기다리는 그러한 마음을 가져야 합니다. 하나님이 하실 때까지 기다려야 합니다. 하나님은 절대로 조급하지 아니하십니다. 예레미야애가 3장 25절로 26절에 보면 "무릇 기다리는 자에게나 구하는 영혼에게 여호와께서 선을 베푸시는도다 사람이 여호와의 구원을 바라고 잠잠히 기다림이 좋도다"고 말한 것입니다.

하나님의 약속을 받는 데는 시간이 걸립니다. 야곱은 하나님께 축복받겠다고 한 다음 20년이 걸렸습니다. 외삼촌 나반 집에서 20년 머슴살이 한끝에 하나님의 축복을 받아 귀환하게 된 것입니다. 요셉은 17살에 형들에게 종으로 애굽에 팔려가서 종살이, 감옥살이 13년에 30세에 국무총리가 되었습니다. 요셉은 그의 약속을 꿈으로 받았지만 그것이 이루어지는데 13년의 세월이 걸렸습니다. 모세는 무려 40년이 걸렸습니다. 미디안에 피신해서 40년간 장인 이드로의 양치기, 호렙산에서 하다가 호렙산에서 부르심을 받아 이스라엘에 들어가서 이스라엘을 인도해낸 위대한 지도자가 되는데 그는 40세에 이스라엘을 인도하려다가 실패했는데 40년을 기다려서 80세에 이스라엘을 애굽에서 인도해 낼 수 있었습니다.

이스라엘은 출애굽한 후에 가나안 땅에 들어갔는데 40년이 걸렸습니다. 2주일이면 들어갈 곳에 하나님을 반역하고 불평하고 원망하다가 2주일에 들어갈 그 거리를 40년 동안 방황하다가 들어갔습니다. 하나님은 성급하지 않습니다. 하나님은 우리처럼 빨리빨리 그렇게 하지 않습니다. 우리 한국 사람이 예수도 잘 믿지만 하나님의 약속도 잘 못받는 것은 "빨리빨리" 때문인 것입니다. 해외에 가면 외국 사람들이 제일 한국 사람보고 먼저 하는 말이 뭐냐면 '빨리빨리 빨리빨리' 라는 말이라고 합니다. 하나님은 우리가 아무리 빨리빨리해도 하나님은 빨리빨리하지 않습니다. 하나님은 오래 참고 하나님의 계획대로 하시는 것입니다.

야고보서 5장 10절로 11절에 "형제들아 주의 이름으로 말한 선지자들로 고난과 오래 참음의 본을 삼으라 보라 인내하는 자를 우리가 복되다 하나니 너희가 욥의 인내를 들었고 주께서 주신 결말을 보았거니와 주는 가장 자비하시고 긍휼히 여기는 자시니라" 그렇기 때문에 하나님 앞서 뛰거나 원망하지 마십시오. 주권자는 하나님이시요, 우리는 따르는 자인 것입니다. 하나님이 하시는 데로 우리는 믿고 따라만 가면 되는 것입니다. 히브리서 3장 12절로 14절에 "형제들아 너희가 삼가 혹 너희 중에 누가 믿지 아니하는 악심을 품고 살아 계신 하나님에게서 떨어질까 염려할 것이요 오직 오늘이라 일컫는 동안에 매일 피차 권면하여 너희 중에 누구든지 죄의 유혹으로 강퍅케 됨을 면하라 우리가 시작할 때에 확실한 것을 끝까지 견고히 잡으면 그리스도와 함께 참예한 자가 되리라"고 말한 것입니다. 잠언 16장 3절에 "너의 행사를 여호와께 맡기라 그리하면 너의 경영하는 것이 이루리라"고 말씀하신 것입니다. 하나님의 무궁하신 지혜와 섭리를 우리가 믿어야 됩니다.

하나님은 지혜가 한이 없으십니다. 하나님의 섭리는 우리의 생각을 뛰어넘는 것입니다. 그러므로 우리는 원망과 불평하지 말고 무궁히 역사하시는 하나님을 바라보고 하나님 앞에 기다려야 되는 것입니다. 우리는 하나님께서 가장 알맞은 때에 가장 좋은 것으로 주실 줄을 우리는 믿고 기도해야 되는 것입니다. 하나님 아버지께서는 당신의 계획대로 응답해 주시는 것입니다. 우리가 믿고 참고 기다리면 하나님의 응답과 일하심을 경험하게 됩니다.

24장 시험을 통과하는 믿음을 개발하는 비결

(히 10:37-39)"잠시 잠깐 후면 오실 이가 오시리니 지체하지 아니하시리라 나의 의인은 믿음으로 말미암아 살리라. 또한 뒤로 물러가면 내 마음이 그를 기뻐하지 아니하리라. 하셨느니라. 우리는 뒤로 물러가 멸망할 자가 아니요. 오직 영혼을 구원함에 이르는 믿음을 가진 자니라"

삶의 벼랑 끝에 서는 우리가 여러 가지 마음에 시련과 고통을 많이 당합니다. 사람들은 삶의 벼랑 끝에 서는 체험을 여러 가지 말로써 표현하지요. 진퇴유곡이란 말이 있습니다. 즉 전진도 후퇴도 할 수 없는 곤궁한 처지에 놓임을 말합니다. 또 배수의 진을 친다는 말도 있습니다. 뒤로 물러가면 바다나 강에 빠져 죽는데 앞에는 강력한 적의 공격을 받을 때 쓰는 말입니다. 그 어느 것이나 쉬운 것이 없습니다. 모두 다 죽기 아니면 살기로 사생결단을 내려야 한다는 것을 말하는 것입니다. 이럴 때 살 수 있는 길은 믿음의 길 밖에는 다른 길이 없습니다. 옛 말에 백척간두에 진일보란 말이 있습니다. 높디높은 벼랑에 섰을 때 뒤로 물러갈 길도 없고 앞으로 한발자국 발을 내딛는다는 것입니다.

그것은 믿음으로 발을 내딛는 길밖에는 다른 길이 없습니다. 어떠한 인간의 수단과 방법을 가지고서 살아남을 수 없습니다. 오직 살리시는 하나님을 믿고 천길만길 벼랑에서 한걸음 내딛을 수 있는 것입니다. 천길만길 벼랑 끝에서 눈 딱 감고 벼랑으로 한 발자국 내미는 용기는 믿음 이외에는 절대로 찾을 수 없습니다. 두려움을 따라 뒤로 물러갈 것이냐 믿음을 가지고 어렵고 위태로운 지경에서 한발자국 내딛을 것이냐 이러한 결단을 우리가 늘 내려야만 하는 것입니다. 우리는 진퇴유곡의 상황에서 믿음과 두려움 중에 어떤 손잡이를 잡을 것인가를 선택해야만 합니다.

첫째, 홍해 가에 온 이스라엘 백성들을 한번 생각해 보십시오. 이스라엘 백성이 홍해에 왔는데 뒤에는 바로 왕이 애굽 군대를 거느리고 포위 공격해 오지요. 앞에는 창렬한 홍해바다입니다. 정말 진퇴유곡입니다. 뒤로도 물러갈 수 없고 앞으로 나갈 수 없는 것입니다. 벼랑 끝에 섰습니다. 어찌할 도리가 없지요. 이스라엘 백성들은 모두 다 통곡하고 탄식하고 모세를 원망하고 차라리 "애굽에 있었던 게 좋았다." 바로 왕에게 두 손 들고 항복할 태세였습니다. 좌절과 절망에 처했습니다.

성경은 출애굽기 14장 9절에 "애굽 사람들과 바로의 말들, 병거들과 그 마병과 그 군대가 그들의 뒤를 따라 바알스본 맞은편 비하히롯 곁 해변 그들이 장막 친 데에 미치니라"고 말한 것입니다. 백척간두에서 진일보냐 인생포기냐의 처지에 놓인 것입니다. 이스라엘 백성은 그 곤궁한 처지에서 원망과 탄식과 절망을 가지고 인생을 포기할 지경에 놓였습니다.

출애굽기 14장 10-12절에 "바로가 가까이 올 때에 이스라엘 자손이 눈을 들어 본즉 애굽 사람들이 자기들 뒤에 이른지라 이스라엘 자손이 심히 두려워하여 여호와께 부르짖고 그들이 또 모세에게 이르되 **애굽에 매장지가 없어서 당신이 우리를 이끌어 내어 이 광야에서 죽게 하느냐**"고 원망이 하늘에 치솟았습니다.

그들은 바로 왕에게 두 손 들고 항복할 그러한 태세였습니다. 모세를 원망하여 말하기를 "어찌하여 당신이 우리를 애굽에서 이끌어 내어 우리에게 이같이 하느냐 우리가 애굽에서 당신에게 이른 말이 이것이 아니냐 이르기를 **우리를 내버려 두라 우리가 애굽 사람을 섬길 것이라 하지 아니하더냐 애굽 사람을 섬기는 것이 광야에서 죽는 것보다 낫겠노라**"

이스라엘 백성이 어렵고 위태로운 지경에 처했을 때 어렵고 위태로운 지경의 낭간에 섰을 때 이스라엘 백성들이 이 낭간에서 그냥 뒤로 물러서기를 원했습니다. 눈에는 아무증거 안보이고 귀에는 아무 소리 안 들리고 손에는 잡히는 것 없고 앞길이 칠흑같이 어두운 낭간입니다. 이스라엘 백성이 다 탄식하고 뒤로 물러설 때 유일하게 이 낭간에서 믿음으로 한발자국에 내딛는 분이 있었으니 모세였습니다. 모세는 뒤로 물러가지 않았습니다. 그는 인간으로 생각할 때는 절대절망에서 벼랑 끝에서 믿음으로 한발자국 내딛었습니다. 살든지 죽든지 흥하든지 망하든지 성하든지 쇠하든지 주님을 의지했던 것입니다. 하나님을 전적으로 믿었습니다.

출애굽기 14장 13-14절에 "모세가 백성에게 이르되 너희는 두려워하지 말고 가만히 서서 여호와께서 오늘 너희를 위하여 행하시는 구원을 보라 너희가 오늘 본 애굽 사람을 영원히 다시 보지 아니하리라 여호와께서 너희를 위하여 싸우시리니 너희는 가만히 있을지니라" 이것은 하나님께서 모세의 입을 통해서 믿음의 신앙고백을 하게 한 것입니다. 그는 눈에 보이지 않는 하나님께서 자신을 통해서 역사하신다는 것을 눈에 보는 것처럼 믿고, 담대한 믿음의 선언을 하고 어렵고 위태로운 지경에서 한발자국 믿음으로 내딛었습니다. 중요한 것이 하나님께서 하신다는 믿음의 고백입니다. 그러자 하나님이 기적을 베푸신 것입니다. 그대로 내버려 두면 떨어져서 죽을 수밖에 없는데 하나님이 바로 모세의 기도를 통하여 홍해를 갈라놓은 것입니다. 홍해 깊은 바다가 갈라진 것입니다. 모세의 기적이 일어난 것입니다. 이스라엘 백성은 갈라진 바다 사이로 마른땅처럼 지나갔고, 그 뒤를 따라오는 애굽 군대는 물이 도로 합쳐져서 흐르매 다 물에 빠져 전멸하고 만 것입니다.

둘째, 사드락과 메삭과 아벳느고도 똑같은 체험을 했습니다. 느브갓네살 왕이 두라 평지에서 금신 상을 세웠습니다. 그리고 난 다음 자기가 다스리는 중동의 모든 나라 문무백관들을 다 불러 모아서 이 금신 상을 제막하는 날에 그 앞에 경배하게 만든 것입니다. 어느 명령이라고 안 오겠습니까? 온 느브갓네살이 다스리는 바벨론왕국의 두라 평지로 천하 각지에서 사람들이 모여 왔습니다. 그래서 그 제막식 날 음악을 연주할 때 모두다 금신 상에 절하라고 엄명을 내렸습니다.

다니엘 3장 6-7절에 보면 "누구든지 엎드려 절하지 아니하는 자는 즉시 맹렬히 타는 풀무 불에 던져 넣으리라 하였더라. 모든 백성과 나라들과 각 언어를 말하는 자들이 나팔과 피리와 수금과 삼현금과 양금과 및 모든 악기 소리를 듣자 곧 느부갓네살 왕이 세운 금 신상에게 엎드려 절하니라" 어느 명령이라고 거역하겠습니까? 금신 상에 절하지 아니하면 불 풀무 불에 던져서 태워 죽이겠다고 하니까 모두다 엉덩이를 들고서 엎드려서 절을 했습니다. 한 사람도 절을 하지 않는 사람이 없었는데 오직 사드락과 메삭과 아벳느고 유대인 세 사람만 절하지 않고 우뚝 섰습니다. 그들은 죽느냐, 사느냐의 기로에 서서 어렵고 위태로운 지경에서 믿음의 진일보를 한 것입니다. 왜냐하면 성경말씀에 너희는 내 앞에 다른 신을 두지 말라. 우상에 절하지 말라고 했습니다.

비록 바벨론에 포로로 잡혀 왔지만 그들이 금신 상에 절하면 그들의 양심을 팔아먹고 신앙을 팔아먹고 하나님을 배반하는 길인 것입니다. 그렇기 때문에 그들은 정말 진퇴유곡에 빠졌습니다. 벼랑 끝에 섰습니다. 이제 절하지 아니하면 벼랑에 떨어져야 되는 것입니다. 무엇을 택했겠습니까? 그들은 죽으면 죽으리다. 왕의 명령을 거역하고 다 엎드려서 엉덩이를 곧추 들고 절할 때 그들은 뻣뻣하게 서있었습니다. 용감하고 담대한 믿음인 것입니다.

사드락과 메삭과 아벳느고는 목숨을 바쳐서 다른 신에 절하지 않고 우상에 절하지 않았습니다. 그말을 즉시로 왕에게 고자질하매 왕이 진노해서 사드락과 메삭과 아벳느고를 불러서 "너희 과연 그렇게 했느냐?" 그리고 왕이 명령하기를 "이제라도 너희가 준비하였다가 나팔과 피리와 수금과 삼현금과 양금과 생황과 및 모든 악기 소리를 들을 때 내가 만든 신상 앞에 엎드려 절하면 좋거니와 너희가 만일 절하지 아니하면 즉시 너희를 맹렬히 타는 풀무 불 가운데에 던져 넣을 것이니 능히 너희를 내 손에서 건져낼 신이 누구이겠느냐 하니" 최후의 통첩을 내렸습니다.

그들은 벼랑 끝에 섰습니다. 어찌할까요? 뒤로 물러가서 임금의 명령대로 금신 상에 절을 할까요? 믿음으로 하나님을 의지하고 죽음을 향해서 한발자국 내딛을까요? 이 세 사람은 믿음을 택했습니다. "왕이여 우리가 섬기는 하나님이 계시다면 우리를 맹렬히 타는 풀무 불 가운데에서 능히 건져내시겠고 왕의 손에서도 건져 내시리이다. 그렇게 하지 아니하실지라도 왕이여 우리가 왕의 신들을 섬기지도 아니하고 왕이 세우신 금 신상에게 절하지도 아니할 줄을 아옵소서"

느브갓네살왕이 치를 떨고 분도막심해서 군사들에게 명령하여 풀무 불을 칠 배나 뜨겁게 하고 사드락과 메삭과 아벳느고를 묶어서 당장 저 불 가운데 던져라 했습니다. 불길이 얼마나 센지 던지러 들어간 군인들조차 타 죽었습니다. 그런데 놀랍게도 그들은 불 속에 들어가는데 결박이 풀리자 세 사람이 아닌 네 사람이 풀무 불 가운데서 춤을 추고 함께 손을 잡고 뛰놀았습니다.

"왕이 또 말하여 이르되 내가 보니 결박되지 아니한 네 사람이 불 가운데로 다니는데 상하지도 아니하였고 그 넷째의 모양은 신들의 아들과 같도다 하고" 어렵고 위태로운 지경에서 진일보했을 때 낭떠러지에서 믿음으로 나갔을 때 하나님의 아들 예수님이 오셔서 받아 주신 것입니다. 불의 세력을 멸하고 하나님의 아들 예수님이 사드락과 메삭과 아벳느고와 손을 잡고 춤을 춘 것입니다. 불은 모든 묶은 밧줄은 태워 버렸지만 그들은 조금도 불에 상함을 받지 않았습니다. 놀란 느브갓네살이 사드락과 메삭과 아벳느고 하나님의 종이여 밖으로 나오라. 그들이 나왔는데 보니 머리도 타지 않고 옷에 그은 냄새도 없었습니다. 얼마나 느브갓네살이 감탄을 했던지 그가 조서를 만들었습니다.

"그러므로 내가 이제 조서를 내리노니 각 백성과 각 나라와 각 언어를 말하는 자가 모두 사드락과 메삭과 아벳느고의 하나님께 경솔히 말하거든 그 몸을 쪼개고 그 집을 거름 터로 삼을지니 이는 이같이 사람을 구원할 다른 신이 없음이니라 하더라. 왕이 드디어 사드락과 메삭과 아벳느고를 바벨론 지방에서 더욱 높이니라"고 말씀한 것입니다. 벼랑 끝에 서서 세상을 택하지 않고, 말씀에 순종하니 하나님이 그들을 시험하지 못하게 하신 것입니다. 우리도 이 세상에 살면서 크고 작은 벼랑 끝에 서게 됩니다. 예수 그리스도를 믿는다고 해서 온갖 비난을 당합니다.

많은 분들이 제사로 시험을 당합니다. 집안에 함께 모여서 제사를 드리는데 갈 것이냐? 안 갈 것이냐? 내가 안가면 온 집안사람에게 손가락질을 당하고 욕을 얻어먹고 비난을 당할 것인데 벼랑 끝에 섰습니다. 타협할 것이냐, 믿음으로 갈 것이냐? 이것도 벼랑 끝에 선 것입니다. 그런데 제사하러 간다면 시험을 통과하지 못한 것입니다. 이일로 하나님과의 관계가 멀어지는 것입니다. 주일날 모임이 있는데 하나님께 예배를 드리러 교회에 나갈 것이냐, 안 나갈 것이냐. 이것도 선택의 벼랑 끝에 선 것입니다. 내가 빚을 지고 생활이 굉장히 어렵고 먹고 살기도 힘든데 하나님께 십일조를 드릴 것이냐, 드리지 말 것이냐. 선택의 벼랑 끝에 섰습니다.

우리의 신앙이 벼랑 끝에 설 때가 너무나 많습니다. 적은 벼랑 끝에 설 때도 있고 큰 벼랑 끝에 떨어져서 다리나 부러질 정도의 벼랑이면 좋겠지만 천길만길 벼랑위에 서있으면 떨어지면 가루가 되는 것입니다. 벼랑 끝에 서서 우리가 살아남을 길은 믿음의 길 밖에는 다른 길이 없습니다.

셋째, 우리가 당하는 크고 작은 벼랑 끝 인생을 우리가 한번 살펴보십시다. 왜 우리는 벼랑 끝에 서야 되는 것입니까? 하나님께서는 우리에게 하나님이냐, 세상이냐를 결단할 것을 요구합니다. 정말 네가 하나님을 택하겠느냐? 그렇지 않으면 세상을 택하느냐? 그 선택을 시험해 보기 위해서 벼랑 끝에 세우는 것입니다. 죽고 망하더라도 하나님을 사랑하고 믿겠느냐? 하나님이 물으신 것입니다. 바로 다니엘이 그런 벼랑 끝 체험을 했습니다.

파사왕 다리오가 전 나라를 새로운 총리에게 맞기고 총리 밑에 관리들을 세워서 나라를 다스렸습니다. 그 중에 한 사람이 다니엘 이었습니다. 다니엘은 지혜와 총명이 탁월하고 정직, 성실, 근면,

충성했습니다. 다리오 왕이 다니엘을 특별히 사랑해서 총리 중에 수장 총리로 만들려고 했습니다.

그러니까 다른 총리들이 시기를 하고 관리들은 동원해서 다니엘을 아무리 책잡으려고 해도 흠 잡을 데가 없어요. 그래서 그들은 다니엘의 신앙으로 책을 잡은 것입니다. 착실한 신앙으로 포로로 잡혀온 땅에 있으면서도 하루에 세 번씩 꼭 예루살렘을 향해서 창문을 열어놓고 기도하는 다니엘을 보았기 때문인 것입니다.

그래서 그들이 다리오 왕에게 가서 "다리오 왕이여 다리오 왕만 숭배하기 위해서 30일 동안 이 나라에 어떠한 사람이나 신에게 절하든지 기도하면 사자 굴에 던져 넣는 어명을 내리소서. 나라의 기강을 잡아야 됩니다." 왕이 들으니 귀에 고소한 소리란 말입니다. 그래서 30일 동안 어떠한 사람이나 어떠한 신에게 기도하거나 절하면 사자 굴에 던진다는 어명을 발표하고 의인을 찍었습니다.

그리고 난 다음 그들은 다니엘의 집에 숨어서 망을 봤습니다. 그때는 감시 카메라가 없었기 때문에 눈 카메라를 쓸 수밖에 없어요. 두 총리와 관원들이 다 다니엘을 보니까 다니엘은 그러함에도 불구하고 하루에 세 번씩 동쪽 창문을 열어놓고 다락에 올라가서 하나님께 기도하고 감사를 드렸습니다. 다니엘은 어렵고 위태로운 지경에 진일보한 것입니다. 벼랑 끝에 서서 타협하지 않고 죽으면 죽으리다. 믿음으로 발을 내디딘 것입니다. "다니엘이 이 조서에 왕의 도장이 찍힌 것을 알고도 자기 집에 돌아가서는 윗방에 올라가 예루살렘으로 향한 창문을 열고 전에 하던 대로 하루 세 번씩 무릎을 꿇고 기도하며 그의 하나님께 감사 하였더라"

그러니 뭐 다니엘이 별도리 없이 잡혔지요. 다리오가 다른 총리들과 관리들이 시기해서 그런 줄 알아서 다니엘을 구출하려고 했지만 자기가 스스로 어명을 내리고 도장을 찍었기 때문에 거부할 수 없어서 다니엘을 잡아서 포박해서 사자 굴에 던졌습니다. 그리고 난 다음 밤새도록 왕은 근심하고 염려하고 아침에 일어나서 사자 굴에서 "네가 항상 섬기는 하나님이 너를 능히 구원하였더냐? 다니엘아!" 사자 굴에서 다니엘이 말했습니다. "왕이여 만 세수 하옵소서. 나의 주인이신 하나님이 천사를 보내어서 사자의 입을 봉하여 나를 안전하게 지켜 주셨습니다. 이것이 바로 내가 아무 죄가 없다는 것을 증명하는 것입니다." 왕이 기뻐해서 다니엘을 끌어내고 다니엘을 참소한 총리들과 그 가족들은 사자 굴에 던져 넣으니 땅에 떨어지기 전에 사자가 일어나서 발톱으로 할퀴고 뼈를 깨물어서 먹어 버리고 만 것입니다.

어렵고 위태로운 지경에서 진일보를 할 때에 하나님이 받아 주시는 것입니다. 타협하면 안 됩니다. 뒤로 돌아서면 안 됩니다. 성경에는 뒤로 물러가면 내 마음이 저를 기뻐하지 아니하리라. 나의 의인은 믿음으로 말미암아 살리라고 말한 것입니다. 벼랑 끝에서 살아갈 길은 믿음의 길밖에는 없는 것입니다. 우리는 하나님 앞에 부름을 받았을 때 적고 큰 벼랑을 체험해서 그를 통하여 하나님이냐 세상이냐를 확실하게 마음속에 선택하도록 하십니다.

그리고 또 벼랑 끝에 서는 이유는 진짜 믿음이냐 가짜 믿음이냐를 시험하는 것입니다.

일정시대에 많은 성도들과 많은 주의 종들이 타협을 해서 일본신 앞에 절을 했습니다. 진짜 믿음이냐, 가짜 믿음이냐 시험해서 벼랑 끝에서 그들은 물러났습니다. 그러나 또 많은 주의 종들과 많은 신자들이 목숨을 걸고 일본 신에 절하지 않고 믿음으로 발을 내딛었습니다. 그들은 잡혀서 혹독한 고문도 당하고 죽임도 당했습니다. 대표적인 순교자가 주기철 목사님이 아니십니까? 나는 주기철 목사님을 생각할 때마다 마음이 저리는 것이 있습니다. 왜냐하면 일본 형사가 나중에는 판자에 못을 거꾸로 다 박아 놓고 못이 숭굴숭굴 난 곳에 주기철 목사보고 예수 그리스도를 배반하지 않으면 맨발벗고 그 못위로 걸어가라 했습니다.

못 위에 맨발벗고 어떻게 걸어갑니까? 그러나 주기철 목사님은 옷을 그대로 들고 맨발벗고 그 못이 박혀진 판자 위를 걸었습니다. 발자국마다 못에 찢어져서 피가 솟구쳐 올랐습니다. 그럼에도 그는 그 판자 끝까지 걸어 올라갔습니다. 그 이후로 주기철 목사님은 병을 얻어서 세상을 떴습니다. 순교하셨습니다.

그리고 그를 그렇게 핍박한 일본형사는 그 이후로 자살했습니다. 하나님의 심판이 임한 것입니다. 타협하지 않고 어렵고 위태로운 지경에서 진일보한다는 것은 진짜 힘든 일입니다. 진짜 믿음이냐, 가짜 믿음이냐는 것은 벼랑 끝에 세워야 증명이 됩니다. 진짜 하나님을 믿으면 벼랑에서 뛰어 내리라고 그럽니다. 못 뛰어

내리면 안 믿는 것이지요. 믿음이 약한 것입니다.

아브라함을 보십시오. 아브라함이 나이 75살입니다. 1살 때부터 75살까지 갈대아 우르에서 살았습니다. 이제 은퇴할 나이에 하나님께서 하루 그에게 나타나셔서 "아브람에게 이르시되 너는 너의 고향과 친척과 아버지의 집을 떠나 내가 네게 보여 줄 땅으로 가라" "하나님 내 나이 75살에 어디로 갑니까?" "갈 곳은 몰라도 좋다. 너는 아무것도 가지지 말고 빈 손들고 너의 아내와 함께 내가 지시할 땅으로 가라." 우리 그것 쉽게 생각하지만 요사이 하나님이 우리보고 이렇게 말하는 것과 한가지입니다.

"너 한국에 있는 모든 재산 다 버리고 아내 손잡고 이민을 떠나라." "어느 나라를 갑니까?" "그것 물을 필요 없다. 공항에 가면 알게 될 것이다." 기막힌 일입니다. 재산 다 버리고 아내 손만 잡고 어느 나라로 가는지도 모르고 그냥 공항으로 나가라고 하니 모든 사람이 미쳤다고 할 것이 아닙니까? 자기 자신도 자기를 미쳤다고 생각할 것 아닙니까? 정말 벼랑 끝에 선 믿음이 아닙니까? 하나님을 정말로 믿으면 그대로 순종할 것이고 안 믿으면 순종 안할 것입니다. 순종하세요. 하나님께서 함께 하시니 걱정할 필요가 없습니다. 하나님께서 주인이 되시면 어디서나 거부가 됩니다.

창세기 12장 1절에 "하나님께서 아브람에게 이르시되 너는 너의 고향과 친척과 아버지의 집을 떠나 내가 네게 보여 줄 땅으로 가라" 히브리서 11장 8절에 "믿음으로 아브라함은 부르심을 받았을 때에 순종하여 장래의 유업으로 받을 땅에 나아갈 새 갈 바를 알지 못하고 나아갔으며" 어디로 갈지 모르고 나갔어요. 그는 정말로 벼랑 끝에 서서 눈 딱 감고 믿음으로 인생을 재출발한 것입니다. 나이 75살에 인생을 새로 출발한다. 자기 아내를 데리고 이민을 떠난다. 참으로 결정하기 힘들고 무시무시한 일입니다.

그러나 아브라함은 그런 점에 있어서 우리보다 탁월한 믿음의 용사입니다. 그러나 아브라함의 나이 100세가 되어 아들을 얻었는데 그 아들이 소년이 되어서 눈에 넣어도 아프지 않습니다. 아브라함의 친구가 되고 대화의 대상이 되고 함께 자고 함께 먹고 함께 생활하는 그 귀한 아들을 하나님께서 하루 말씀하셨습니다. "네 독자, 네 외아들 이삭을 모리아산에 데려가서 잡아서 각을 떠서 장작불로 태워 재물로 드려라."

창세기 22장 1-2절입니다. "그 일 후에 하나님이 아브라함을 시험하시려고 그를 부르시되 아브라함아 하시니 그가 이르되 내가 여기 있나이다. 여호와께서 이르시되 네 아들 네 사랑하는 독자 이삭을 데리고 모리아 땅으로 가서 내가 네게 일러 준 한 산 거기서 그를 번제로 드리라" 청천벽력입니다. 이것이 웬 말입니까? 100살에 낳은 아들이 이제 소년이 되었는데 이를 잡아서 각을 떠서 장작불에 태워서 재물로 드리라니 벼랑 끝에 서도 보통 벼랑 끝이 아닙니다. 천길만길 낭간에 떨어질 벼랑 끝에 섰습니다.

순종을 안 하자니 하나님을 배반하고 버리는 것이고 순종하자니 너무나 힘이 들고 괴롭습니다. 아마 밤새도록 아브라함이 울고 부르짖었을 것입니다. '하나님 차라리 나를 재물로 드리게 해주십시오. 나를 죽여서 재물로 드리라면 내가 하겠습니다. 아들만은 면하게 하여 주시옵소서. 아버지여 이것만은 면하게 해주시옵소서.' 밤새도록 아브라함은 부르짖었을 것입니다.

밤이 새도록 기도해도 하나님의 뜻이 분명하니까, 아브라함은 묵묵하게 그 아들을 데리고 모리아 산으로 사흘 길을 걸어가서 아들을 묶어서 장작불 위에 묶어 놓고 그의 목을 자르려고 했습니다. 그때 하나님께서 천사를 통해서 말씀했습니다. '아브라함아! 아브라함아! 네 아들 네 독자 이삭에게 손대지 말라. 네가 외아들도 아끼지 않고 내게 드리는 것을 보니 참으로 나를 사랑하는 줄 아노라.' 하나님의 시험에 합격했던 것입니다.

히브리서 11장 11절에 "아브라함은 시험을 받을 때에 믿음으로 이삭을 드렸으니 그는 약속들을 받은 자로되 그 외아들을 드렸느니라" 어렵고 위태로운 지경에서 그는 믿음으로 발을 옮겨 놓았습니다. 그래서 아브라함이 믿음의 조상이 된 것입니다. 우리 보통 사람은 그렇게 못해요. 하나님이 이런 시험은 우리에게 내리시면 우리는 감당 못해요. 아브라함이 얼마나 위대한가. 그는 이런 시험을 당했을 때 어렵고 위태로운 지경에서 발을 내디딜 수 있었던 것입니다.

또한 벼랑 끝에 서는 이유는 천국 소망의 진실성을 시험하기 때문인 것입니다. 내가 진짜 천국 소망을 가지고 있느냐. 그렇지 않으면 그냥 종교적으로 형식적으로 의식적으로 왔다 갔다 하고 천국 소망이 진실하지 않느냐. 이것을 시험하는 것입니다. 우리에게 여러 가지 고난이 다가오는 것은 진짜로 믿느냐? 안 믿느냐? 진짜 천국 소망이 있느냐 없느냐를 시험하기 위한 것입니다.

또 벼랑 끝에 서는 이유는 믿음에는 기적의 날개가 있다는 것을 깨닫게 하기 위한 것입니다. 독수리가 새끼들을 길러서 상당히 자라게 한 이후로 둥지에서 아무리 새끼들을 나오라고 해도 안 나와요. 그러면 독수리가 새끼들을 굶주립니다. 굶어서 배가 고파서 못 견디니까 나중에는 어미 날개위에 올라타지요. 타면 높이 하늘로 올라가서 새끼를 떨어뜨립니다.

그때까지 독수리 새끼는 날개가 있는 줄 몰라요. 자기 날개가 있음에도 날개가 있는 줄 모르는데 높은데서 떨어뜨리니까 안 죽으려고 발버둥을 치다 보니까 '어? 날개가 있네? 내가 나는 줄 몰랐어. 왜 내가 높은 데를 두려워했는가!' 그렇게 깨닫게 되는 것입니다. 하나님이 벼랑에서 밀쳐 버리는 이유는 모르는 사이에 예수 믿을 때 믿음의 날개가 달린 것을 알게 하기 위한 것입니다.

왜, 믿음에는 기적이 따르기 때문인 것입니다. 벼랑에 떨어진 경험이 많이 있을수록 믿음이 있는 것을 깨닫게 되는 것입니다. 벼랑 끝에서 믿음의 날개가 있다는 것을 깨닫게 하기 위해서 하나님이 벼랑 끝 체험을 하게 되는 것입니다.

그래서 기독교를 체험의 종교라고 하는 것입니다. 지식이나 이론으로 알 수 없는 살아있는 생명있는 종교이기 때문입니다. 체험해 보아야 자신의 주인이신 성령하나님은 살아있고 생명있는 분이라고 믿고 담대하게 행할수가 있기 때문입니다.

이 책을 통해 예수님이 땅끝까지 전파 되기를 소원합니다.
(출판으로 인한 이익금은 문서선교와 개척교회 선교에 사용합니다.)

겨자씨만한 믿음이 산을 옮긴다.

발 행 일 l 2021. 04.09초판 1쇄 발행

지 은 이 l 강요셉

펴 낸 이 l 강무신

편집담당 l 강무신

디 자 인 l 강은영

교정담당 l 강무신

펴 낸 곳 l 도서출판 성령

신고번호 l 제22-3134호(2007.5.25)

등록번호 l 114-90-70539

주   소 l 서울 서초구 방배천로 2길 53(방배동)

전   화 l 02)3474-0675/ 3472-0191

E-mail l kangms113@hanmail.net

유   통 l 하늘유통. 031)947-7777

ISBN l 978-89-97999-80-4 부가기호 l 03230

가   격 l 16,000원